Andreas Kamper

Dezentrales Lastmanagement zum Ausgleich kurzfristiger Abweichungen im Stromnetz

Dezentrales Lastmanagement zum Ausgleich kurzfristiger Abweichungen im Stromnetz

von
Andreas Kamper

Dissertation, Karlsruher Institut für Technologie
Fakultät für Wirtschaftswissenschaften
Tag der mündlichen Prüfung: 27.07.2009
Referenten: Prof. Dr. H. Schmeck, Prof. Dr. W. Fichtner

Impressum

Karlsruher Institut für Technologie (KIT)
KIT Scientific Publishing
Straße am Forum 2
D-76131 Karlsruhe
www.ksp.kit.edu

KIT – Universität des Landes Baden-Württemberg und nationales
Forschungszentrum in der Helmholtz-Gemeinschaft

KIT Scientific Publishing 2010
Print on Demand

ISBN 978-3-86644-546-8

Dezentrales Lastmanagement zum Ausgleich kurzfristiger Abweichungen im Stromnetz

Zur Erlangung des akademischen Grades eines
Doktors der Wirtschaftswissenschaften

(Dr. rer. pol.)

von der Fakultät für Wirtschaftswissenschaften
der Universität Karlsruhe (TH)

genehmigte

DISSERTATION

von

Dipl.-Inform. Andreas Kamper

Referent: Prof. Dr. H. Schmeck
Korreferent: Prof. Dr. W. Fichtner
Tag der mündlichen Prüfung: 27.7.2009

Danksagung

Zuallererst möchte ich meinem Doktorvater Herrn Prof. Hartmut Schmeck danken, der mich in all den Jahren immer unterstützt hat und mir Gelegenheit gab, mein Thema dieser Arbeit selbst zu finden. Ich habe während meiner Arbeit in vielfältiger Weise von seinen Anregungen und Ideen profitiert.

Des Weiteren möchte ich besonders Urban Richter, Holger Prothmann und Matthias Bonn für die vielen interessanten Diskussionen danken, die mir vielfach einen anderen Blickwinkel eröffnet haben. Auch möchte ich ihnen für das geduldige Korrekturlesen danken.

Da viele der Untersuchungen in dieser Arbeit ohne das Werkzeug 'JoSchKa' von Matthias Bonn, mit dem man Rechenaufgaben auf vorhandenen Rechnern verteilen kann, in dieser Form nicht möglich gewesen wären, möchte ich mich an dieser Stelle auch für dieses Werkzeug bedanken.

Meinen Eltern und meinen Geschwistern danke ich dafür, dass sie mich bei allen Entscheidungen unterstützt und diese Arbeit erst ermöglicht haben.

Abschließend möchte ich Martina für ihre Geduld und Unterstützung danken und dafür, dass sie mich immer wieder angetrieben, hat die Arbeit zu vollenden.

Andreas Kamper
Karlsruhe, August 2009

Inhalt

Abbildungen

Tabellenverzeichnis

Kapitel 1

Einführung

In den letzten Jahren ist durch die stetig steigenden Energiekosten und die fortschreitende Klimaerwärmung die effiziente Nutzung von Rohstoffen zur Energieerzeugung immer wichtiger geworden. Steigende Kosten für den Bezug von Primärenergieträgern wie Erdöl und Erdgas, der geplante Atomausstieg und die zunehmende fluktuierende Einspeisung von Energie aus regenerativen Stromerzeugungsanlagen stellen neue Herausforderungen für das Energiesystem in Deutschland und Europa dar. Neben den ökonomischen Problemen haben in den letzten Jahren auch verstärkt ökologische Fragestellungen an Bedeutung gewonnen. Insbesondere die Reduzierung der Treibhausgasemissionen, allen voran der CO_2-Ausstoß, ist von erheblicher Bedeutung. Neben der Reduzierung des Primärenergiebedarfs kann auch durch einen effizienteren Einsatz der vorhandenen Ressourcen die Umwelt geschont werden.

Da elektrische Energie derzeit nicht effizient und ökonomisch sinnvoll in großen Mengen gespeichert werden kann und Ungleichgewichte zwischen Erzeugung und Verbrauch zu Schäden an Geräten und Kraftwerken führen können, werden Erzeugung und der Verbrauch über sogenannte Regelleistung im Gleichgewicht gehalten. Die Kosten für die Bereitstellung dieser Regelleistung können die normalen Erzeugungskosten von Elektrizität jedoch um ein Vielfaches übersteigen [Vat09, tsg09]. Ein Teil des Regelenergiebedarfs wird dabei durch die Einspeisung erneuerbarer Energien verursacht [Roh03, Ern03]. In den letzten Jahren wurde deshalb verstärkt nach Strategien gesucht, die es ermöglichen, durch verbesserte Prognosemodelle [EFK06a], automatisiertes Lastmanagement [Ene07], [Dit89] und bessere Messmethoden [Ene07, BBN+06] die Kosten zu reduzieren.

Schon seit längerer Zeit werden größere Energieverbraucher (z. B. in Stahlwerken) extern gesteuert, um bei Bedarf Ungleichgewichte abzufangen [Sta09b, Evo09, Rot05]. Die aktuelle Entwicklung, verstärkt auch kleinere Verbraucher in die Planung und Steuerung einzubeziehen, erreicht jetzt auch die Privatkunden. Über flexible Tarifmodelle und kurzfristige Preissignale soll auch bei Privat- und kleineren Industriekunden ein Bewusstsein für die Problematik geschaffen werden. Durch diese Anreize sollen auch diese Teilnehmer zu einer effizienten Energienutzung beitragen, auch wenn die Möglichkeiten des Einzelnen eher beschränkt sind. Der flexible Einsatz von elektrischen Verbrauchern und die Möglichkeit, ggf. auch kurzfristig das Lastverhalten zu beeinflussen, erlauben zudem eine bessere Steuerung des Stromverbrauchs bei Störungen oder sonstigen Problemen. Während der Stromausfälle in den letzten Jahren in Europa mussten vielfach ganze

Regionen oder Stadtteile abgeschaltet werden, weil es keine einfache Möglichkeit gab, die Last kurzfristig solange zu reduzieren, bis das System stabilisiert werden konnte.

In der vorliegenden Arbeit wird ein Konzept vorgestellt, das automatisiert und zeitlich sehr flexibel verschiedene Geräte in einem Haushalt steuern kann, um den Bedarf an Regelleistung zu reduzieren. Für den Besitzer der Geräte bedeutet die Steuerung keinen Aufwand und keinen Komfortverlust, da alle Anforderungen, die der Benutzer an die Geräte stellt, weiterhin eingehalten werden und der Benutzer nicht eingreifen muss. Es gibt heute bereits unterschiedliche Ansätze [AvRW06] von Forschungseinrichtungen und Energieversorgern, die damit Spitzenlasten vermeiden bzw. planbare Überkapazitäten effizient nutzen wollen. In vielen Fällen werden allgemeine Strompreissignale eingesetzt, mit denen das Lastverhalten global über den Tag hinweg beeinflusst werden kann [Ene07, BBN+06].

Mit dem hier vorgestellten Konzept sollen jedoch sehr kurzfristig Lastveränderungen initiiert werden, die mit Strompreissignalen gar nicht oder nur sehr schlecht erreicht werden können. An die Steuerung werden dabei besondere Anforderungen gestellt, da es zum einen nicht wirtschaftlich ist, jeden Privatkunden mit aufwendiger Steuerungstechnologie auszustatten und zum anderen auch datenschutzrechtliche Fragestellungen beachtet werden müssen. Im Folgenden soll ein vollständig dezentrales Modell ohne zentrale Steuerungszentren vorgestellt werden.

1.1 Motivation

In den meisten Gesellschaften ist der Alltag ohne Elektrizität kaum noch vorstellbar. Erdgas, Erdöl und andere Primärenergieträger werden in Privathaushalten meist nur zur Beheizung von Wohnräumen und zur Warmwasserbereitung genutzt. Die meisten der in Privathaushalten eingesetzten Geräte werden jedoch mit Elektrizität betrieben. Heutzutage besitzt fast jeder Haushalt mindestens einen Kühlschrank und deutlich mehr als die Hälfte aller Haushalte verfügen zusätzlich noch über einen separaten Gefrierschrank. Hinzu kommen elektrische Heizgeräte, elektrische Durchlauferhitzer, Klimaanlagen und zusätzlich noch elektrische Nachtspeicherheizungen die aber in den nächsten Jahren schrittweise stillgelegt werden [Bun10]. Diese Geräte verbrauchen im Schnitt mehr als ein Drittel des gesamten Strombedarfs von Privathaushalten. Trotz des hohen Verbrauchs werden diese Geräte nicht gesteuert, sondern verbrauchen Strom aufgrund von lokalen Vorgaben oder Restriktionen wie z. B. der Temperatur innerhalb der Wohnung.

Auch in der Industrie wird eine große Menge an elektrischer Energie für die Kühlung oder die Wärmebereitstellung genutzt. Dort ist es allerdings schon seit Jahren üblich, die Verbrauchszeitpunkte zumindest mit dem Energieversorger abzustimmen bzw. direkt in Schwachlastzeiten zu legen oder die Anlagen von den Energieversorgern direkt steuern zu lassen. Nicht alle Geräte und Anlagen benötigen eine durchgängige Stromzufuhr, z. B. ändert sich die Temperatur in Kühlhäusern nicht schlagartig, wenn die Kühlung abgeschaltet wird. Daraus ergibt sich eine große Flexibilität und Planbarkeit des Energieverbrauchs, die von den Energieversorgern genutzt und z. B. durch günstigere Tarife belohnt werden kann.

In Privathaushalten ist der Aufwand für eine individuelle Steuerung aufgrund der vielen Geräte mit geringer Leistung sehr hoch und wurde deshalb bisher nur selten in Erwägung gezogen. Die in den letzten Jahren durchgeführten Feldversuche und Studien zu Preissignalen (siehe Kapitel 3) zeigen jedoch, dass trotzdem eine sehr große Flexibilität bei der Energienutzung besteht. Der Erfolg solcher Maßnahmen hängt zu einem großen Teil davon ab, wie groß der Aufwand und der damit verbundene Komfortverlust im Verhältnis zu den Anreizen ist. Privathaushalte können durch gezielte Preisanreize z. B. dazu gebracht werden, vornehmlich in den Abendstunden Wäsche zu waschen und zu trocknen. Bei einer zeitlichen Verschiebung der Essenszubereitung wird aber in den meisten Fällen der Komfortverlust zu hoch sein.

Durch geeignete Hausautomatisierung kann der Anteil an verschiebbaren Lasten noch erhöht werden, da die Bewohner zur Steuerung ihrer Geräte nicht mehr im Haus anwesend sein müssen. Dies reduziert auch die Komfortverluste, die durch Lastverschiebungen entstehen. Mit Hausautomatisierungssystemen können auch Geräte wie z. B. Kühlschränke gesteuert werden, die manuell nur mit großem Aufwand umgeplant werden können. Durch die gestiegenen Energiekosten hat sich das Bewusstsein der Kunden in der letzten Zeit gewandelt und das Interesse an Maßnahmen zur effizienten Energienutzung ist deutlich gewachsen.

Neben Haushaltsgeräten sind in Privathaushalten durch die zunehmende Dezentralisierung der Stromversorgung immer mehr kleinere und mittlere Stromerzeugungsanlagen vorhanden. Diese Anlagen, meist Kraft-Wärme-Kopplungsanlagen, sind für die Warmwasserbereitstellung und für die Beheizung der Wohnräume ausgelegt. Zusätzlich können diese Anlagen aber eine gewisse Menge an elektrischer Energie und zusätzlich noch andere Servicedienstleistungen bereitstellen. Im Normalfall werden die Anlagen wärmegeführt betrieben, was bedeutet, dass die Elektrizität ein Abfallprodukt ist und – sofern sie nicht vom Besitzer verbraucht wird – in das Stromnetz eingespeist wird. Auch diese Anlagen würden sich für den Ausgleich von Ungleichgewichten eignen, wenn entsprechende Anreize vorhanden wären und die Wärme- und Warmwasserbreitstellung gesichert wäre. Durch diese Nutzungsmöglichkeiten könnten die Attraktivität und die Rentabilität der Anlagen erhöht werden.

Bis vor wenigen Jahren war der Aufwand für die zentrale Steuerung von Geräten und Anlagen unverhältnismäßig hoch im Vergleich zu den zu erwartenden Ergebnissen. Zwar existieren verschiedene Ansätze, wie z. B. die Rundsteuerung von Nachtspeicherheizungen durch den Energieversorger, doch erst durch die flächendeckende Verbreitung moderner Informations- und Kommunikationstechnologien ist es möglich geworden, ohne großen Aufwand direkt in jeden Haushalt spezielle Steuer- oder Preissignale zu senden. Durch die zunehmende Verbreitung von Internetanschlüssen und die damit verbundene hohe Kommunikationsbandbreite können neuartige Lastmanagementstrategien realisiert werden, die noch vor wenigen Jahren undenkbar gewesen wären.

Mit den in dieser Arbeit vorgestellten Konzepten sollen die bisher ungenutzten Potenziale der Privathaushalte bei der effizienten Stromnutzung und bei der Stromproduktion nutzbar gemacht werden und im Rahmen von Ausgleichsleistung in Bilanzkreisen zur Verfügung gestellt werden. Dazu sollen vornehmlich die Geräte und Anlagen genutzt werden, deren Umplanung nicht zu einem Komfortverlust bei den Teilnehmern führt.

1.2 Zielsetzung

Im Rahmen dieser Arbeit sollen Konzepte und Methoden entwickelt werden, mit denen der Aufwand für die Bereitstellung von Regelleistung reduziert werden kann. Dabei sollen im Besonderen Haushaltsgeräte und dezentrale Erzeugungsanlagen in Privathaushalten eingesetzt werden, um die unvermeidlichen Schwankungen im Energienetz auszugleichen oder abzumildern.

Anders als bei den bisherigen Ansätzen zum allgemeinen Lastmanagement sollen die Teilnehmer nicht indirekt durch Preissignale oder durch eine zentrale Steuerung beeinflusst werden, sondern sie sollen selbstständig und eigenverantwortlich handeln. Zusätzlich wird kein globales Verhalten vorgegeben, bei dem alle Teilnehmer, die ein Preissignal empfangen, identisch handeln müssen. Es soll nicht eine Verhaltensänderung aller Teilnehmer erreicht werden, sondern es soll ein gewünschter Systemzustand mit so wenigen Teilnehmern wie möglich hergestellt und erhalten werden.

Um den gewünschten Systemzustand zu erreichen, müssen die Teilnehmer miteinander kooperieren und Informationen über ihre Energienutzung austauschen. Die Teilnehmer sollen dann ihre Energienutzung so koordinieren, dass eine globale Laständerung erzeugt wird. Außer wenigen Eckdaten sollen keine zentralen Daten oder Steuerungssignale vorgehalten werden müssen. Die Teilnehmer sollen sich untereinander absprechen und selbstständig auf Veränderungen im System reagieren. Das vorgestellte Modell muss dabei so fehlertolerant und robust sein, dass auch bei einem Ausfall von Geräten und Anlagen das Ziel erreicht werden kann.

Für den Betreiber soll das System die Möglichkeit bieten, auf die Energienutzung der beteiligten Geräte indirekt Einfluss zu nehmen, ohne die genaue Anzahl der Geräte, deren Lastkurven oder die genauen Charakteristika der Geräte zu kennen.

1.3 Beiträge der Arbeit

Für die Teilnahme an den Konzepten zum dezentralen Lastmanagement benötigen die Geräte und dezentralen Stromerzeugungsanlagen verschiedene Fähigkeiten, die zu Beginn vorgestellt und diskutiert werden. Darauf aufbauend werden Konzepte vorgestellt, die es den Geräten ermöglichen, ihre Energienutzung und den eigenen Zustand zu prognostizieren und daraus die vorhandenen Freiheitsgrade abzuleiten. Der Austausch dieser Informationen und die Steuerung der Geräte entsprechend der vorhandenen Freiheitsgrade bilden die Grundlage für das dezentrale Lastmanagement.

Für das dezentrale Lastmanagement werden die beteiligten Geräte über das Internet zu einem Gerätepool zusammengeschlossen. Die Energienutzung der Geräte innerhalb des Gerätepools wird untereinander so abgestimmt, dass durch den Pool nur geringe Abweichungen in der Energiebilanz erzeugt werden. Die verbleibenden Freiheitsgrade können dann genutzt werden, um externe Abweichungen auszugleichen. Durch den virtuellen Zusammenschluss können die durch die Geräte verursachten Abweichungen zwischen Stromerzeugung und Stromverbrauch signifikant reduziert werden. Der Betreiber erhält eine Möglichkeit, das Lastverhalten direkt zu beeinflussen, ohne dass ihm dabei hohe Kosten entstehen. Durch die Nutzung dieses Pools lassen sich auch externe Abweichungen, die z. B. durch die Einspeisung von Windenergie verursacht werden, deutlich reduzieren.

Das vorgestellte Konzept wird durch dezentrale Regelstrategien ergänzt, die dem Betreiber des Pools die Benutzung erleichtern und den Aufbau des Pools nach außen verbergen. Diese Steuerungskonzepte erlauben auch den sehr kurzfristigen Ausgleich von Abweichungen und unterstützen damit den Pool.

Alle vorgestellten Konzepte wurden an einem virtuellen Stadtteil getestet und überprüft. Durch die vorgestellten Konzepte lassen sich auch kleine Haushaltsgeräte sinnvoll und effizient zum Lastmanagement in das Energiesystem einbinden.

1.4 Gliederung der Arbeit

Die vorliegende Arbeit gliedert sich in fünf Teile, die im Folgenden kurz beschrieben werden. In Kapitel 2 wird zunächst das System der Energieversorgung in Deutschland dargestellt. Dabei werden die notwendigen Grundlagen und die technischen Rahmenbedingungen erklärt.

Da im Rahmen dieser Arbeit das Lastverhalten von Verbrauchern und Erzeugern beeinflusst werden soll, werden in Kapitel 3 verschiedene Konzepte zum Lastmanagement und zur Bereitstellung von Regelenergie vorgestellt. Weil bei den hier entwickelten Konzepten auf eine zentrale Koordination zur Steuerung verzichtet wird, werden zusätzlich kurz Verteilte Systeme und Multi-Agenten-Systeme vorgestellt. Am Beispiel des Organic Computing, das sich mit dem Entwurf von selbstorganisierenden verteilten Systemen beschäftigt, werden Konzepte vorgestellt, die beschreiben, wie ein selbstorganisierendes System überwacht und gesteuert werden kann. Die Konzepte des Organic Computing und insbesondere die entwickelte Referenzarchitektur sind für diese Arbeit von besonderem Interesse.

In Kapitel 4 wird das dieser Arbeit zugrunde liegende Modellgebiet mit seinen 1.001 Haushalten dargestellt. Dieses Modell bildet die Grundlage für die Simulation der in den folgenden Kapiteln eingeführten Konzepte. Der Aufbau der Modellregion und die steuerbaren Geräte werden detailliert erklärt. Zusätzlich werden die Kriterien vorgestellt, mit denen die eingeführten Konzepte bewertet werden sollen.

Die entwickelten Methoden werden dann in Kapitel 5 vorgestellt. Dabei werden sowohl Konzepte für die dezentrale Koordination der Haushalte als auch für die dezentrale Bereitstellung von Ausgleichsenergie beschrieben. Die vorgestellten Konzepte werden in der in Kapitel 4 beschriebenen Modellregion erprobt und entsprechend der Kriterien bewertet.

Den Abschluss der Arbeit bildet Kapitel 6 mit einer Zusammenfassung und einem Ausblick, in dem die wesentlichen Ergebnisse zusammengefasst sind.

Kapitel 2

Energieversorgung in Deutschland

Heutzutage wird Elektrizität in nahezu allen Bereichen der industriellen Produktion oder für den Betrieb von Haushaltsgeräten benötigt. Mit einem Anteil von mehr als 20% ist die Elektrizität der drittgrößte Energieträger in Deutschland [Ene05]. Um die Kunden mit Elektrizität zu versorgen, wurde ein umfangreiches Leitungsnetz aufgebaut, welches die Stromverbraucher mit den Kraftwerken verbindet.

Aufgrund des *Gesetzes für den Vorrang von Erneuerbaren Energien (EEG)* [Bun08a] und einer stärkeren Verbreitung von Kraft-Wärme-Kopplungsanlagen bzw. Kraft-Wärme-Kälte-Kopplungsanlagen (im industriellen Umfeld) nimmt die Zahl der dezentralen Erzeugungsanlagen kontinuierlich zu. Die Bundesregierung fördert diese Entwicklung unter anderem mit dem *Gesetz für die Erhaltung, die Modernisierung und den Ausbau der Kraft-Wärme-Kopplung* [Bun09a]. Im Folgenden werden der allgemeine Aufbau des deutschen Elektrizitätssystems, der Strommärkte und der Regelenergie vorgestellt.

2.1 Stromerzeugung und Verteilung

Das deutsche Stromnetz ist Teil des europäischen Netzes *Union for the Coordination of Transmission of Electricity (UCTE)*. Das *UCTE*-Netz verbindet die nationalen Stromnetze und umfasst die meisten europäischen Länder. Die skandinavischen Länder sind mehrheitlich an das Verbundnetz der *Organisation for the Nordic Transmission System Operators (NORDEL)* angeschlossen. Zwischen diesen Netzen existieren Verbindungsleitungen, die einen Energieausgleich ermöglichen.

Das *UCTE*-Verbundnetz ermöglicht den Transport von elektrischer Energie über weite Strecken innerhalb von Europa. Stromschwankungen oder Kraftwerksausfälle in einzelnen Netzbereichen können in einem großen Verbundnetz besser und effizienter beseitigt werden, was die Versorgungsqualität und -sicherheit erhöht. In Abschnitt 2.2 wird auf die Beseitigung von Stromschwankungen genauer eingegangen.

Das Stromnetz ist in vier Spannungsebenen unterteilt:

1. **Höchstspannungsnetz (220kV oder 380kV):** Überregionale Transportnetze zur Verbindung der nationalen Stromnetze (*UCTE*-Netz)

2. **Hochspannungsnetz (50kV-150kV):** Regionale Verteilnetze zur Verbindung von Ballungszentren

3. **Mittelspannungsnetz (6kV-30kV):** Verbindung von Niederspannungstransformatoren und speziellen Teilnehmern (z. B. Stadtwerke, Industriebetriebe)

4. **Niedrigspannungsnetz (230V-680V):** Verteilnetz zur Anbindung von Haushalten und kleineren Industriebetrieben

Der Strom kann über die einzelnen Netze transportiert und über entsprechende Transformatoren in andere Spannungsebenen eingespeist werden. Sowohl der Transport als auch die Transformation führen zu Verlusten, sodass unnötiger Transport oder unnötige Transformation nach Möglichkeit vermieden werden sollte. Die maximale Leistung, die sich über die vorhandenen Leitungen transportieren lässt, ergibt sich aus der verwendeten Spannung und dem Querschnitt bzw. dem Widerstand der Leitung. Je höher die Spannung, desto mehr Energie kann bei gleichem Leitungsquerschnitt/Widerstand transportiert werden. Mit zunehmender Spannung müssen allerdings erhöhte Sicherheitsabstände zwischen Leitungen und anderen Objekten eingehalten werden, um Kurzschlüsse zu vermeiden. Der Transport von Energie mit einer hohen Stromstärke statt einer hohen Spannung führt zu einer Erwärmung der Leitung, was die Transportverluste erhöht und die Leitungen beschädigen kann. Die Wahl der korrekten Spannungsebene ist damit ein entscheidender Faktor für die effiziente Übertragung von elektrischer Energie.

Die Höchstspannungsnetze verbinden die einzelnen nationalen Stromnetze und dienen normalerweise auch der Durchleitung von Stromimporten und -exporten. Das Höchstspannungsnetz in Deutschland ist in vier Bereiche aufgeteilt, die bis vor kurzem jeweils einem der vier großen Energieversorger in Deutschland (*transpower stromübertragungs GmbH*[1], *50Hertz Transmission GmbH*[2], *Amprion GmbH* [3] und *EnBW Transportnetze AG*) gehörten. Diese vier Energieversorger sind für den Betrieb, den Ausbau und die Wartung der Transportnetze zuständig und garantieren die Netzsicherheit und die Stromqualität. Abweichungen zwischen Stromerzeugung und Stromverbrauch addieren sich auf der Höchstspannungsebene und müssen dort ausgeglichen werden. Diese Dienstleistung der Energieversorger, auch Regelleistung genannt, wird im nächsten Abschnitt näher beschrieben. Über das Hochspannungsnetz werden die Ballungszentren innerhalb der einzelnen Länder versorgt. Zu den Ballungszentren gehören neben größeren Städten und Gemeinden auch Industriebetriebe mit sehr großem Energieverbrauch. In Abbildung 1a ist das Übertragungsnetz in Deutschland dargestellt. Es werden durch das Übertragungsnetz hauptsächlich die großen Ballungszentren miteinander verbunden. An den Grenzen sind die Verbindungen zu den Stromnetzen der Nachbarländer und im Norden die zwei Verbindungen zum *NORDEL*-Netz eingezeichnet. Alle anderen Netzebenen gehören verschiedenen Verteilnetzbetreibern in Deutschland, wovon es über 900 Stück gibt. In Abbildung 1b sind die einzelnen Netzgebiete dargestellt. Es existieren neben einigen großen Netzgebieten auch viele sehr kleine Netzgebiete, die im Besitz von Städten, Gemeinden oder privaten Eigentümern sind.

Die Mittelspannungsebene dient der weiteren Verteilung innerhalb der Ballungszentren und vielfach auch der Einspeisung von Strom aus mittelgroßen Stromerzeugungsanlagen.

---

[1] E.ON hat sich am 4.5.2009 von seinem Übertragungsnetz getrennt. Das Übertragungsnetz wird nun von der *transpower stromübertragungs gmbh* betrieben.

[2] Die *50Hertz Transmission GmbH* ist eine Tochtergesellschaft der *Vattenfall Europe GmbH*.

[3] Die *Amprion GmbH* ehemals *RWE Transportnetz Strom GmbH* ist eine Tochtergesellschaft der *RWE AG*.

Auch an dieses Netz sind verschiedene Industrie- und Gewerbekunden direkt angeschlossen, damit sie effizient mit Energie versorgt werden.

An das Niedrigspannungsnetz sind alle Kunden angeschlossen, die nur über kleine Geräte und Anlagen verfügen. In Haushalten ist dies in den meisten Fällen ein Anschluss für 220V Geräte und ggf. ein weiterer mit 380V, welcher meistens für Elektroherde oder spezielle Grundwasserpumpen eingesetzt wird, deren Anschluss im Normalfall von den Haushalten nicht selbst durchgeführt werden kann. Die Spannungsebenen bis 680V werden bei Bedarf für Industriekunden bereitgehalten, wenn diese spezielle Maschinen betreiben müssen.

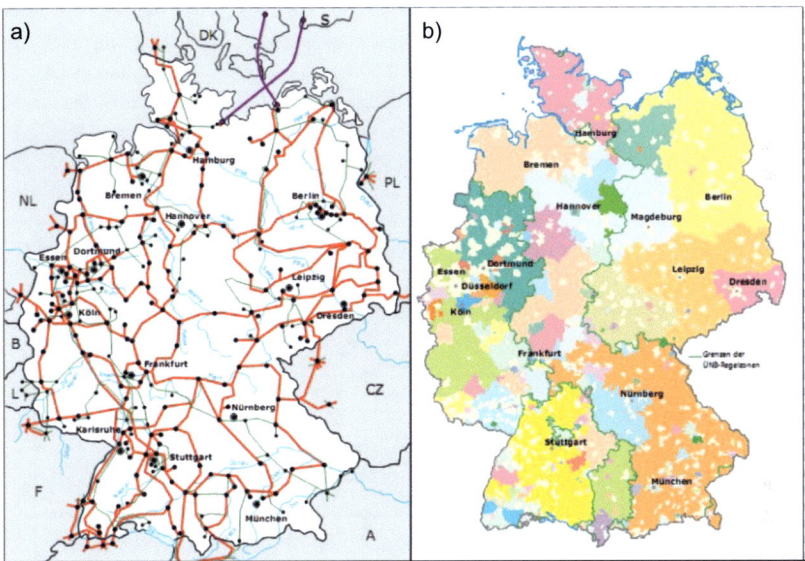

Abbildung 1: Übertragungsnetz und Mittel- und Niederspannungsnetzgebiete in Deutschland [Ver07]

Zusätzlich zu dem oben beschriebenen Verbundnetz existieren auch noch sogenannte Inselnetze [Cra00, HDS05]. Diese Netze verfügen in den meisten Fällen nur über wenige Kraftwerke und besitzen keine Verbindung zu einem Verbundsystem. Bis zur deutschen Wiedervereinigung wurde z. B. in Westberlin ein Inselnetz betrieben. Inselnetze werden vor allem dort eingesetzt, wo kein Zugang zu einem Verbundnetz möglich ist (z. B. Inseln) oder wo eine Anbindung an das Verbundnetz im Vergleich zum Nutzen unverhältnismäßig teuer wäre (z. B. einzelne Berghütten). Auch existieren Ansätze, einzelne Netzteile mit Hilfe von Kraft-Wärme-Kopplungs-Anlagen (KWK-Anlagen) und regenerativen Kraftwerken unabhängig vom Verbundnetz zu machen, auch wenn entsprechende Verbindungen vorhanden sind. Im Falle von externen Störungen kann dieses Netz die Verbindungen zum Verbundnetz abschalten und verhält sich dann wie ein Inselnetz.

9

Im *UCTE*-Netz können die Verbindungen zwischen den einzelnen Netzgebieten bei Störungen abgeschaltet werden. Das *UCTE*-Netz zerfällt dann in die einzelnen Regelzonen, die dann unabhängig voneinander betrieben werden. Dies soll verhindern, dass große Störungen in einer Regelzone, die von den europäischen Ländern nicht mehr ausgeglichen werden können, zu einem europaweiten Stromausfall führen. Regelzonen, die auf Stromimporte angewiesen sind, müssen in einem solchen Fall ihren Bedarf anderweitig decken oder kurzfristig senken.

Im Jahr 2005 betrug der Gesamtstrombedarf in Deutschland 614TWh [Sta09a]. Innerhalb von Deutschland wurden in dieser Zeit ca. 620TWh produziert. Der Überschuss wurde in andere Länder exportiert. Der in Deutschland produzierte Strom wurde zu 60% aus fossilen Rohstoffen (hauptsächlich Kohle und Öl) gewonnen, 26% wurden in Atomkraftwerken produziert. Der Anteil an erneuerbaren Energien betrug im Jahr 2005 ca. 10%. In Tabelle 1 sind für die Jahre 2000 und 2005 die erzeugte Leistung und der Anteil an der Gesamtstromerzeugung im Jahr 2005 dargestellt. Seit dem Jahr 2000 ist der Anteil von erneuerbaren Energien deutlich gestiegen, während die Erzeugung durch Atomkraft, Steinkohle und Braunkohle insgesamt leicht zurückgegangen ist. Durch das *Gesetz für den Vorrang Erneuerbarer Energien* [Bun08a] der Bundesregierung wurden in den letzten Jahren die Bedingungen für Kraftwerke, die mit erneuerbaren Energien betrieben werden, deutlich verbessert und die Wirtschaftlichkeit erhöht.

Tabelle 1: Stromerzeugung in Deutschland in [TWh] (vgl. [Sta09a])

Energieart	2000	2005	Veränderung	Anteil 2005
Atomkraft	169,6	163	-3,89%	26%
Braunkohle	148,3	155	4,52%	25%
Steinkohle	143,1	134	-6,36%	22%
Erdgas	49,3	70	41,99%	11%
Sonstige (z. B. Biogas oder Photovoltaik)	20,8	31	49,04%	5%
Wasserkraft	29,4	28	-4,76%	5%
Windkraft	9,5	26,5	178,95%	4%
Erdöl	5,2	11,5	121,15%	2%
Gesamt	575,2	619	7,61%	

Durch den geplanten Atomausstieg und die Abschaltung veralteter konventioneller Kraftwerke müssen bis zum Jahr 2050 Kraftwerke mit einer Leistung ca. 40-50GW neu gebaut werden [HP04]. Unter Berücksichtigung der aktuellen Entwicklung werden voraussichtlich verstärkt KWK-Anlagen gebaut werden. Derzeit liegt der Anteil an KWK-Anlagen in Deutschland bei ca. 10%. Die deutsche Regierung hat geplant, den Anteil von KWK-Anlagen bis zum Jahr 2020 auf 25% zu erhöhen. Dieser Schritt soll dazu beitragen, die Klimaziele der Bundesregierung zu erreichen. Durch den Einsatz dieser Kraftwerke wird die in den letzten Jahrzehnten verstärkte Dezentralisierung der Stromerzeugung weiter zunehmen. Die zunehmende Dezentralisierung stellt besondere Anforderung an die Auslegung und den Betrieb der Stromnetze und muss auch bei der

Bereitstellung von Regelenergie berücksichtigt werden. Die zunehmende Dezentralisierung der Stromerzeugung bietet aber auch neue Möglichkeiten für Dienstleistungen (z. B. Nutzung von dezentralen Anlagen für Netzdienstleistungen) und dezentrales Lastmanagement. In dieser Arbeit werden die dezentralen Anlagen genutzt, um den Bedarf an Regelenergie (siehe nächster Abschnitt) zu reduzieren und damit die Effizienz im Gesamtsystem zu erhöhen.

2.2 Regelenergie

Ein Hauptproblem bei der Energieverteilung ist die schlechte Speicherbarkeit von elektrischer Energie. Elektrizität kann im Leitungsnetz im Gegensatz zu z. B. Erdgas nicht gespeichert werden, weshalb immer genauso viel Energie produziert werden muss, wie auch dem Netz entnommen wird [FH05, Cra00]. Es existieren heutzutage verschiedene Möglichkeiten, elektrische Energie in speziellen Energiespeichern [Cs09] oder z. B. in Pumpspeicherkraftwerken zwischenzuspeichern. Diese Methoden sind aber in den meisten Fällen nicht ökonomisch sinnvoll oder besitzen einen sehr schlechten Wirkungsgrad. Aus diesem Grund wurde ein ausgefeiltes Regelenergiesystem eingeführt, welches die unvermeidlichen Schwankungen innerhalb der Netze ausgleichen soll.

2.2.1 Technische Grundlagen

In diesem Abschnitt wird ein kurzer Überblick über die technischen Grundlagen geliefert, sofern sie für das Verständnis dieser Arbeit notwendig sind. Eine detailliertere Erläuterung kann der Literatur [Cra00, HDS05, FH05] entnommen werden, die sich mit dem allgemeinen Kraftwerksaufbau und den physikalischen Wechselwirkungen beschäftigen.

In den meisten Stromnetzen wird Wechselstrom für den Betrieb von Geräten und Anlagen eingesetzt, welcher gegenüber Gleichstrom den Vorteil hat, dass er sich leichter auf andere Spannungsebenen transformieren und damit leichter über große Strecken transportieren lässt. Zusätzlich gibt es noch physikalische Vorteile, die aber in dieser Arbeit nicht weiter relevant sind (vgl. [Cra00, HDS05, FH05]). Die Frequenz, mit der sich die Stromrichtung ändert, beträgt in Europa 50Hz. Die Frequenz ist eine der wesentlichen Größen innerhalb des Stromnetzes, da Abweichungen von dieser Frequenz zu Stromausfällen und Beschädigungen an Stromverbrauchern und Kraftwerken führen können.

In den meisten großen Kraftwerken wird Wechselstrom durch einen oder mehrere Generatoren erzeugt. Diese Generatoren werden dabei entweder direkt (z. B. bei Dieselaggregaten oder Gasturbinen) oder durch Dampfmaschinen angetrieben. Der Dampf wird dabei meist durch die Verbrennung von fossilen Energieträgern (z. B. Kohle) oder durch Kernspaltung erzeugt. In den Generatoren wird über eine rotierende Welle eine Wechselspannung in die umgebenden Leitungen induziert. Die Rotationsgeschwindigkeit der Welle bestimmt dabei die Frequenz der Wechselspannung. Eine geringere Rotationsgeschwindigkeit führt zu einer geringen Frequenz und eine höhere Rotationsgeschwindigkeit entsprechend zu einer höheren Frequenz. Die Geschwindigkeit und damit auch die Frequenz können über die Menge an verwendeter Primärenergie gesteuert werden.

Die Frequenz hängt aber nicht nur vom Generator, sondern auch vom Energieverbrauch innerhalb des Netzes ab. Wird dem Netz mehr Energie entnommen als produziert wird, reduziert sich die Frequenz innerhalb des Stromnetzes. Wird mehr Strom produziert als verbraucht, steigt die Frequenz an. Wenn zu viel Strom verbraucht wird, sinkt die Frequenz aber nicht schlagartig ab, stattdessen wird der Vorgang durch die Rotations-energie, die noch in der Generatorwelle gespeichert ist, verlangsamt. Damit sinken die Geschwindigkeiten aller Generatoren. Der Geschwindigkeitsverlust kann entweder durch eine Reduzierung des Stromverbrauchs oder durch eine Erhöhung der Generatorleistung (z. B. durch einen höheren Primärenergieeinsatz) ausgeglichen werden. Ist beides nicht möglich, wird die Frequenz solange abfallen, bis das Netz zusammenbricht. Problematisch ist allerdings, dass schnelle Laständerungen aufgrund der Temperaturver-änderungen in den Kesseln zu Materialspannungen in den Turbinen führen können, was die Kraftwerke beschädigen kann. Es ist für die meisten Kraftwerke deutlich schonender, wenn die gewünschte Leistung langsam angefahren wird. Nur wenige Kraftwerke (wie z. B. Erdgaskraftwerke) sind in der Lage, schnelle Laständerungen auf Dauer un-beschadet zu überstehen.

Ein Frequenzabfall, und die damit verbundene Reduzierung der Rotationsgeschwindig-keit der Generatoren, betrifft alle an das Stromnetz angeschlossenen Kraftwerke gleicher-maßen. Jedes Kraftwerk kann durch die Messung der Rotationsgeschwindigkeit des eigenen Generators die Frequenz im Stromnetz ermitteln. Das bedeutet, dass alle Kraft-werke unabhängig voneinander ein Ungleichgewicht im Netz lokal messen können. Um die Frequenz anzupassen, müssen somit nicht alle Kraftwerke reagieren. Stattdessen führen die Leistungsänderungen einzelner Kraftwerke direkt zur Veränderung der Frequenz im Stromnetz und damit zu Geschwindigkeitsveränderungen bei allen anderen Kraftwerken.

Die Frequenz ist ein wesentlicher Faktor bei der Stromversorgung und wird kontinuier-lich überwacht und bei 50Hz gehalten. Viele Stromverbraucher und auch Kraftwerke sind auf eine feste Frequenz angewiesen und können ohne diese gar nicht oder nur ein-geschränkt eingesetzt werden. So führen auch kleine Frequenzabweichungen bei Geräten zu einer verringerten Lebensdauer, zu Leistungseinschränkungen oder direkten Schäden. Unter- bzw. überschreitet die Frequenz vorgegebene Grenzen, so müssen Kraftwerke zwangsweise aus dem Netz entfernt und abgeschaltet werden, da diese ansonsten schwer beschädigt werden könnten. Das Abschalten von Kraftwerken aufgrund einer Frequenz-unterschreitung führt dann zu einem noch stärkeren Frequenzabfall, der, sofern er nicht rechtzeitig ausgeglichen wird, zu einem Zusammenbruch des Netzes und damit zu einem Stromausfall führt. Um einen Totalzusammenbruch innerhalb des Stromnetzes zu ver-meiden, ist es möglich, das große Gesamtnetz in kleinere Teilnetze zu zerlegen, die dann unabhängig voneinander betrieben werden. So kann das *UCTE*-Netz in viele kleine Segmente zerlegt werden, wenn sich die Schwankungen innerhalb eines Netzgebietes nicht mehr gemeinsam ausgleichen lassen.

Aus den oben genannten Gründen müssen Maßnahmen getroffen werden, die Frequenz immer konstant bei 50Hz zu halten und jede Abweichung sofort auszugleichen. Da ein Zerfall des Netzes nur eine Notfallmöglichkeit darstellt, müssen Kraftwerke vorgehalten werden, die in der Lage sind, bei Bedarf ihre Stromproduktion schnell zu erhöhen oder zu reduzieren. Wie oben bereits dargestellt, ist es dabei nicht notwenig, dass die Kraftwerke miteinander kommunizieren. Stattdessen können die Kraftwerke Probleme im Stromnetz lokal erkennen und entsprechend gegensteuern. Dieses als Regelenergie bekannte Konzept wird im nächsten Abschnitt näher erklärt.

Obwohl alle Kraftwerke ein Ungleichgewicht bemerken, ist es nicht sinnvoll, dass alle Kraftwerke entsprechende Ressourcen vorhalten, um dieses dann ggf. auszugleichen. Die meisten Kraftwerke arbeiten am effizientesten, wenn sie unter Volllast arbeiten. Zusätzlich können verschiedene Kraftwerke (z. B. Atomkraftwerke oder Kohlekraftwerke) nicht schnell genug auf Laständerungen reagieren [Cra00, FH05]. Bei diesen Arten von Kraftwerken muss eine Laständerung mehrere Stunden vorher bekannt sein, damit die Leistung des Kraftwerks langsam angepasst werden kann. Wie oben beschrieben, führt hier eine schnelle Leistungsänderung zu Spannungen in den Turbinen, welche diese beschädigen können. Diese Kraftwerke sind damit für den Ausgleich von kurzfristigen Schwankungen nicht geeignet. Dies gilt auch und besonders für Kraftwerke, die regenerative Energiequellen nutzen, wie Windkraft- oder Photovoltaikanlagen. Die Leistung dieser Anlagen hängt vom aktuellen Wetter ab und kann damit gar nicht oder nur sehr schwer angepasst werden.

Um die Menge an Regelleistung, die benötigt wird, im Vorfeld abschätzen zu können, müssen Pläne mit dem zu erwartenden Verbrauch und der erwarteten Erzeugung erstellt werden. Dies ist auch für Stromimporte und Stromexporte wichtig, da die vorhandenen Leitungen in ihrer Kapazität beschränkt sind. Jede Regelzone kann anhand dieser Pläne feststellen, ob der eigene Verbrauch durch die Produktion eigener Kraftwerke abgedeckt ist oder durch Stromimporte ergänzt werden muss. Ist abzusehen, dass der Bedarf nicht gedeckt werden kann, können schon im Vorfeld entsprechende Kapazitäten beschafft werden, um später das Netz nicht unnötig zu belasten.

Ausgehend von diesen Plänen können die Lastflüsse innerhalb des UCTE-Netzes bestimmt werden. An jeder Verbindungsstelle kann genau festgelegt werden, welche Leistung in eine Zone hinein- und hinausfließen soll. Stimmen die vorhergesagten Lastflüsse später nicht mit der Wirklichkeit überein, kann sehr einfach festgestellt werden, welche Zone für das Ungleichgewicht verantwortlich ist. Diese Zone muss dann ggf. für den Ausgleich des Netzes aufkommen. Im nächsten Abschnitt werden die unterschiedlichen Regelleistungsarten für den Ausgleich des Stromnetzes erläutert.

2.2.2 Regelenergiearten

Unter Regelenergie versteht man den Ausgleich von im Stromnetz vorhandenen Ungleichgewichten. Wie im letzten Abschnitt beschrieben, können Abweichungen zwischen Verbrauch und Erzeugung zu Beschädigungen an Kraftwerken und Geräten führen. In Europa wurde ein mehrstufiges System zur Bereitstellung von Regelenergie eingeführt.

Das System unterscheidet vier Stufen [Cra00, HDS05]:

- Primärregelung
- Sekundärregelung

- Minutenreserve (Tertiärregelung)

- Stundenreserve

Die einzelnen Regelenergiearten werden hinsichtlich ihrer technischen Anforderungen, ihrer Leistung, ihrer Verfügbarkeit und der Region unterschieden. In Abbildung 2 ist die Reaktionszeit der verschiedenen Regelenergiearten dargestellt. Abweichungen auf den unteren Spannungsebenen werden kumuliert und gemeinsam auf der obersten Ebene innerhalb des gesamten *UCTE*-Netzwerkes ausgeglichen. Dabei wird noch zwischen positiver Regelleistung (dem Netzgebiet wird zu viel Energie entnommen) und negativer Regelleistung (das Netzgebiet produziert zu viel Strom) unterschieden.

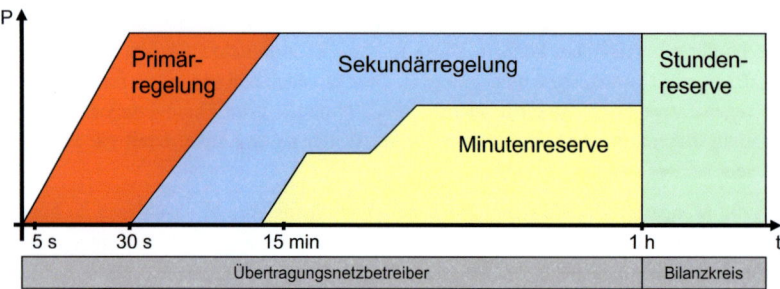

Abbildung 2: Zeitverlauf beim Bezug von Regelenergie [GT05]

Als Erstes wird die Primärregelung eingesetzt, um Ungleichgewichte auszugleichen. Im europäischen Stromnetz wird dafür Kraftwerksleistung von 3GW von speziellen Kraftwerken vorgehalten. Diese verteilen sich entsprechend des Energiebedarfs auf die einzelnen Länder. Deutschland allein hält mehr als 700MW an Kraftwerksleistung bereit. Für die Primärregelung kommen nur Kraftwerke infrage, die minimal 2% ihrer Nennleistung bzw. mindestens 2MW an positiver und negativer Regelleistung innerhalb von weniger als 30 Sekunden zur Verfügung stellen können. Die genauen Daten sind in Tabelle 2 aufgeführt. Diese Leistung muss durchgängig zur Verfügung gestellt werden können. Die ausgewählten Kraftwerke halten dafür einen Teil ihrer Leistung zurück, um bei Bedarf ihre Leistung erhöhen oder verringern zu können. Diese Kraftwerke werden auch als „Rotierende Reserve" bezeichnet. Bei einer Frequenzabweichung von mehr als 10-20mHz beginnt die Primärregelung und die Kraftwerke passen ihre Leistung entsprechend an. Die Primärregelung verhindert, dass weiter Energie aus der Rotationsenergie aller Kraftwerke entnommen wird und ermöglicht es so, dass alle anderen Kraftwerke ohne jegliche Anpassung weiter betrieben werden können. Mit der Primärregelung ist allerdings nur ein grober Ausgleich möglich, da sich die Leistung der Kraftwerke nicht beliebig fein steuern lässt und alle Primärregelkraftwerke simultan arbeiten. Aus diesem Grund werden kleinere Abweichungen nicht mit der Primärregelung ausgeglichen, sondern nach Möglichkeit nur von der Sekundärregelung.

Halten die Abweichungen über einen längeren Zeitraum an, müssen die Primärregelkraftwerke entlastet werden, da sonst möglicherweise keine weitere Primärregelung möglich ist. Durch die Sekundärregelung sollen die für die Primärregelung zuständigen

Kraftwerke wieder zu ihrer Sollleistung zurückkehren. Hält das Ungleichgewicht länger als 15 Minuten an, übernimmt die Sekundärregelung die Ausgleichsleistung und die Primärregelkraftwerke können ihre Produktion in den Normalbereich zurückfahren.

Tabelle 2: Anforderungen für die Bereitstellung von Regelenergie

	Primär-regelung	Sekundär-regelung	Minuten-reserve	Stunden-reserve
Kraftwerks-größe/ minimal gehandelte Leistung	Kraftwerke mit mindestens 100MW Leistung; Mindestens 2% der Nenn-leistung bzw. min 2MW	Mindestens 30MW (positiv und/ oder negativ) an verfüg-barer Leistung		0,1MW (positiv und/ oder negativ)
Einsatzbereich/ Frequenz-abweichungen	10 - 20mHz	< 10mHz, Ent-lastung der Primär-regelung	Entlastung der Sekundär-regelung	Entlastung der Minutenreserve
Minimaler Bereitstellungs-zeitraum	15 Minuten	4 Stunden		Entsprechend Vertrag
Laständerungs-geschwindig-keit	Linear	2% der Nennleistung pro Minute		Keine Vorgaben
Leistung voll-ständig verfüg-bar nach	30 Sekunden	5 Minuten	15 Minuten	Entsprechend Vertrag
Reaktionszeit	Sofort	10-40 Sekunden	15 Minuten	30 Minuten bis 8 Stunden ab-hängig vom Vertrag
Verantwortlich	Alle Über-tragungsnetz-betreiber	Übertragungsnetzbetreiber in der Regelzone		Bilanzkreis
Beschaffung	Öffentliche Ausschreibung			Meist bilaterale Verträge oder Intra-Day-Handel

Durch die verfügbaren Pläne kann ohne großen Aufwand festgestellt werden, welche Zonen für den Leistungsunterschied verantwortlich sind. Jede Zone muss entsprechende Sekundärregelkraftwerke vorhalten, um diese Schwankungen auszugleichen. Der Ausgleich findet damit nicht mehr europaweit statt, sondern nur noch innerhalb der Zonen, die für die Abweichung verantwortlich sind. In Deutschland sind die vier großen Energieversorger als Betreiber der Übertragungsnetze für die Bereitstellung von Sekundärleistung verantwortlich. Dabei müssen die Energieversorgungsunternehmen (EVU) diese nicht durch eigene Kraftwerke bereitstellen, die Leistung kann auch extern eingekauft werden. Alle Kraftwerke, die die Anforderungen erfüllen (vgl. Tabelle 2), können sich im Rahmen einer öffentlichen Ausschreibung bewerben. Die Sekundärregelung greift im Normalfall eher als die Primärregelung, da sie viel feiner gesteuert werden kann. Sind die Abweichungen nur klein (<10mHz) so werden diese von den einzelnen Regelzonen ausgeglichen und die Primärregelung wird nicht benötigt. Nur wenn die Abweichungen zu groß werden und die Stabilität des Gesamtnetzes gefährdet ist, greift sofort die Primärregelung.

Sollte das Ungleichgewicht längere Zeit andauern, muss die Sekundärregelung, wie vorher die Primärregelung, entlastet werden, damit die entsprechenden Kapazitäten wieder zur Verfügung stehen. Zu diesem Zweck existiert die Minutenreserve, die im Gegensatz zur Primär- bzw. Sekundärregelung nicht automatisch aktiviert wird. Da die Minutenreserve nur sehr selten zum Einsatz kommt, wird diese auch heute meist nur bei Bedarf telefonisch angefordert. Es ist auch möglich, auf die Minutenreserve zu verzichten und dafür die Sekundärreserve entsprechend höher auszulegen. Die Summe an verfügbarer Sekundärleistung und Minutenreserve muss aber mindestens so groß sein, wie der größte Kraftwerksblock innerhalb der Regelzone. Dies soll sicherstellen, dass auch bei einem Ausfall des größten Kraftwerkblocks genügend Reserveleistung kurzfristig zur Verfügung steht.

Des Weiteren existiert noch die Stundenreserve, die nicht von den Netzbetreibern vorgehalten wird, sondern von den Bilanzkreisen. Ein Bilanzkreis ist dabei eine Menge von Einspeise- und Entnahmepunkten. Da Bilanzkreise für den Ausgleich von Ungleichgewichten bezahlen müssen, kann es für sie sinnvoll sein, durch eigene Anlagen aktuelle Ungleichgewichte zu verringern (siehe nächster Abschnitt). Die Bereitstellung der Stundenreserve wird normalerweise nicht wie bei den anderen Regelenergiearten öffentlich ausgeschrieben, sondern durch bilaterale Verträge mit einzelnen Kraftwerken geregelt. Auch ist ein Bezug per Intra-Day-Handel über die Leipziger Strombörse [Eur09a] möglich. Dort kann Strom für die nächsten Stunden bezogen oder auch angeboten werden, wenn eine Überkapazität vorliegt. Dafür können sowohl vorhandene Ressourcen (Kraftwerke, die schon in Betrieb sind) eingesetzt werden, als auch extra neue Kraftwerke angefahren werden. Die zeitlichen Randbedingungen (min. 75 Minuten Vorlauf) ermöglichen es, auch Kraftwerke einzusetzen, die mehrere Stunden benötigen, um den entsprechenden Arbeitspunkt anzufahren. Da es sich meist um bilaterale Verträge handelt, gibt es keine allgemeinen Anforderungen an die Mindestleistung der Kraftwerke. Allerdings orientieren sich die Verträge häufig am Intra-Day-Handel der EEX, wo Energie nur in 0,1MW Schritten gehandelt wird.

2.2.3 Ausgleichsenergie/Abrechnung

Bei der Abrechnung und der Vergütung der einzelnen Regelenergiearten gibt es deutliche Unterschiede. Bei der Primärregelung werden die Kraftwerke nur für die Teilnahme entsprechend der bereitgehaltenen Leistung vergütet. Da die Leistung im gesamten *UCTE*-Netz eingesetzt wird und eine genaue Identifizierung der geleisteten Arbeit und die Zuordnung zu dem Verursacher aufgrund der hohen zeitlichen Auflösung zu kompliziert wäre, wird kein Arbeitspreis gezahlt. Die Primärregelung gilt vielmehr als Dienstleistung, die alle Übertragungsnetzbetreiber zu erbringen haben [Cra00, HDS05, Swi06].

Solange jede Regelzone die verursachten Abweichungen kurzfristig ausgleicht, ist die Primärregelleistung kostenlos und im allgemeinen Nutzungsentgelt des Übertragungsnetzbetreibers enthalten. Abweichungen, die länger anhalten, sollten durch den Bezug von Sekundärregelleistung abgedeckt werden. Als Basis für die Berechnung der genutzten Primärregelung werden die Leistungsmittelwerte je viertel Stunde verwendet. Sollte allerdings eine Regelzone nach 15 Minuten nicht wieder ausgeglichen sein, so muss ein Arbeitspreis an alle beteiligten Kraftwerke gezahlt werden. Dies wäre aber sehr teuer und dieser Fall tritt so gut wie nie ein.

Für die Sekundärregelung, für die die einzelnen Regelzonen verantwortlich sind, wird neben dem Leistungspreis auch ein entsprechender Arbeitspreis festgelegt. Der normale Leistungspreis ist für die Bereitstellung der entsprechenden Leistung vorgesehen und in den Netznutzungsentgelten enthalten. Die entstehenden Kosten werden dann von den Übertragungsnetzbetreibern an die Verantwortlichen innerhalb der Zone weitergegeben. Ähnliches gilt auch für die Minutenreserve, die wie oben bereits geschildert, allerdings nur selten in Anspruch genommen wird.

Da die Stundenreserve von den Bilanzkreisen vorgehalten wird, sind auch diese für eine entsprechende Vergütung verantwortlich, die in den meisten Fällen über die Strombörse EEX oder die bilateralen Verträge geregelt wird.

Für die Abrechnung der Sekundärleistung muss die gesamte Regelzone mit allen Bilanzkreisen betrachtet werden. Aus der Summe aller Bilanzkreise ergibt sich die Gesamtenergiebilanz der Zone. Ist die Zone im Ungleichgewicht, werden den Bilanzkreisen die resultierenden Kosten in Rechnung gestellt. Ausgehend von den Lastdaten der Bilanzkreise innerhalb einer Zone kann für jeden Bilanzkreis eindeutig die Abweichung festgestellt werden. Die Energie, die zum Ausgleich notwendig wäre, wird als Ausgleichsenergie bezeichnet und ähnlich wie Regelleistung im 15-Minuten-Rhythmus bestimmt. Da innerhalb einer Regelzone einige Bilanzkreise positive und andere negative Ausgleichsenergie benötigen, verringert sich das entsprechende Ungleichgewicht innerhalb der Zone. Ausgehend von der Abweichung in der Zone werden die Kosten für den Bezug von Sekundärregelleistung nur an die Bilanzkreise weitergegeben, die für diesen Zustand verantwortlich sind. Bei einer Überproduktion bekommen die Bilanzkreise teilweise auch eine geringe Vergütung, da an anderer Stelle Ressourcen eingespart wurden. Bilanzkreisen, die mit ihrem Ausgleichsenergiebedarf das Ungleichgewicht in der Zone reduzieren, entstehen dadurch keine Kosten bzw. diesen wird sogar ihr Aufwand vergütet. Die Erbringung von negativer Regelleistung ist im Allgemeinen weniger aufwendig, da dazu Kraftwerke ihre Leistung reduzieren müssen und damit in den meisten Fällen Primärenergie eingespart wird. Aus diesem Grund wird den Bilanzkreisen die Bereitstellung von negativer Regelenergie vielfach nicht vergütet. Zusätzlich existiert eine Toleranzzone, in der den Bilanzkreisen weder positive nach negative Regelleistung in Rechnung gestellt wird.

Die Preise für den Bezug von positiver Regelenergie sind im Vorfeld nicht bekannt, da diese vom aktuellen Bedarf abhängen. Bei der Bereitstellung von Sekundärleistung werden zuerst die Kraftwerke mit den günstigsten Betriebskosten eingesetzt und danach die mit hohen Betriebskosten. Die Preise unterscheiden sich dadurch zum Teil erheblich über den Tag hinweg.

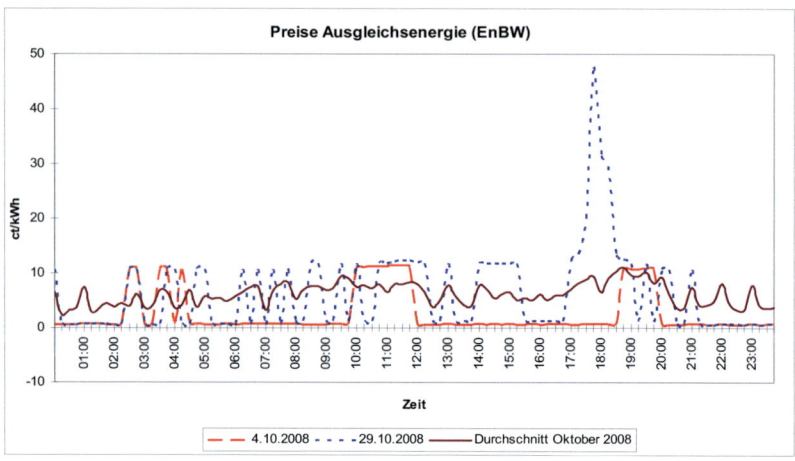

Abbildung 3: Preise für Ausgleichsenergie (EnBW Regelzone) [Ene09a]

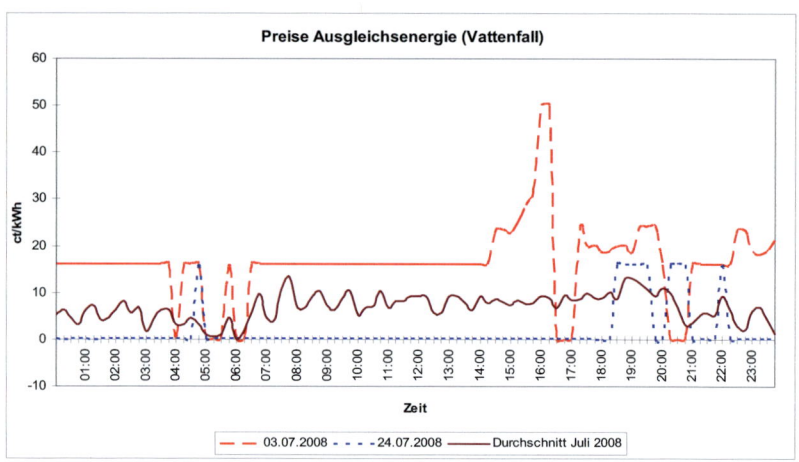

Abbildung 4: Preise für Ausgleichsenergie (Vattenfall Regelzone) [Vat09]

In Abbildung 3 bis Abbildung 6 sind Preise für Ausgleichsenergie in den verschiedenen Regelzonen dargestellt. Es wurde dabei jeweils der Monat im Jahr 2008 ausgewählt, in dem der Preis pro kWh am höchsten war. Zum Vergleich sind der Tag mit den geringsten Preisen und die Durchschnittspreise aus dem Monat dargestellt.

Wie deutlich zu erkennen ist, sind im Durchschnitt die Preise für Regelenergie in den normalen Tagesstunden höher als zum Beispiel in der Nacht. Dabei reichen die Preise von 0,00€ pro kWh bis hin ca. 0,50€ pro kWh (RWE, Vattenfall und EnBW Regelzone). Wie man an den Preisdaten der beiden einzelnen Tage erkennen kann, können die Preise über den Tag hinweg sehr stark schwanken. Dabei müssen die einzelnen Tage keine ähnliche Charakteristik haben, sondern können völlig unterschiedlich aussehen. Die E.ON-Regelzone war am 1.1.2008 aufgrund erhöhter Windeinspeisung durchgängig überdeckt, was dazu führte, dass Abweichungen durch erhöhten Verbrauch nicht vergütet werden mussten. Durch diese zusätzliche Einspeisung und die Bevorrechtigung dieser Energien kann es sogar dazu kommen, dass die Strompreise an der EEX negativ werden. Kunden wird dann die Abnahme von Energie vergütet, da ansonsten andere Kraftwerke heruntergefahren werden müssten, was in vielen Fällen unwirtschaftlich ist. Durch die geringe Laständerungsgeschwindigkeit ist es für Grundlastkraftwerke ökonomisch nicht sinnvoll auf kurzfristige Schwankungen zu reagieren, da eine Laständerung mehrere Stunden benötigen kann.

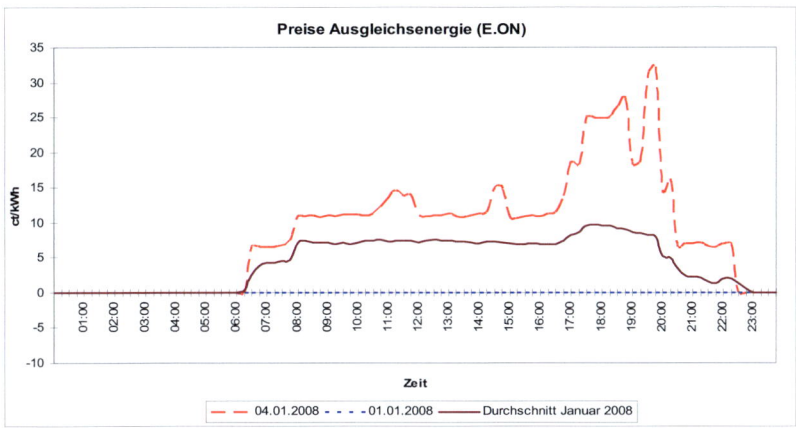

Abbildung 5: Preise für Ausgleichsenergie (E.ON Regelzone) [tsg09]

Für den Bilanzkreis ist es somit von erheblicher Bedeutung, wann ein Ungleichgewicht auftritt und wie groß es ist. Zu den Preisen für Ausgleichsenergie können noch weitere Aufschläge hinzukommen, wenn die Abweichungen über reine Prognosefehler hinausgehen oder der Bilanzkreis systematisch im Ungleichgewicht gehalten wird. Für ein solches Fehlverhalten werden gesondert Strafen festgelegt, da dies die Stabilität der Regelzone beeinflussen kann und somit nach Möglichkeit vermieden werden sollte.

Der Bilanzkreisverantwortliche muss im Voraus für den nächsten Tag einen Plan über den zu erwartenden Verbrauch und die geplante Erzeugung bzw. den Zukauf von Energie an die Regelzone melden. Während große Industriebetriebe den Stromverbrauch ihrer Maschinen und Anlagen meist ohne Probleme vorhersagen können, ist die Lastkurve von Haushalten, Büros und kleineren Gewerbebetrieben nur schwer exakt vorherzusagen. Auch durch den verstärkten Einsatz dezentraler Erzeugungsanlagen auf Basis von erneuerbaren Energien und der damit verbunden fluktuierenden Einspeisung wird das Problem noch verstärkt, da auch die Erzeugungsprognosen nicht präzise genug sind.

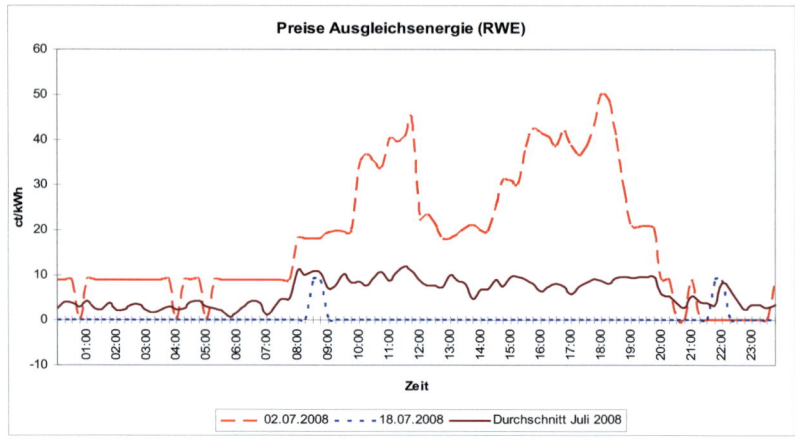

Abbildung 6: Preise für Ausgleichsenergie (RWE Regelzone) [RWE09]

Für die Erstellung der Lastpläne werden verschiedene Datenquellen verwendet, die versuchen, auf Basis alter Lastprofile eine möglichst gute Planung für den nächsten Tag zu erstellen. Zu den Faktoren, die bei der Erstellung von Lastprofilen verwendet werden, gehören unter anderem:

- Wetterprognose
- Temperaturvorhersage
- Datum
- Werktag, Wochenende, Feiertag
- Besondere Ereignisse
- Historische Lastdaten
- Unterschiedliche Lastprofile für verschiedene Kundentypen
- Zusammensetzung des Bilanzkreises

Ausgehend von diesen Daten kann eine Prognose für das zu erwartende Lastverhalten abgegeben werden. Trotz der vielen unterschiedlichen Parameter, die bei der Erstellung der Pläne berücksichtigt werden, gibt es eine Vielzahl von Unsicherheiten. Das letztendliche Lastverhalten hängt von den Teilnehmern im Bilanzkreis und anderen unbekannten Einflüssen ab. Diese unvermeidbaren Abweichungen müssen durch den Bezug von Ausgleichsenergie behoben werden.

Der Bilanzkreisverantwortliche ist diesen Abweichungen nicht hilflos ausgesetzt, sondern kann über den Tag hinweg seine eigenen Pläne anpassen und seine eigenen Anlagen entsprechend steuern. Die aktualisierten Pläne können zwar vom Regelzonenbetreiber nicht mehr berücksichtigt werden, sie können aber dennoch als Hilfsmittel für eine verbesserte Steuerung über den Tag genutzt werden. So kann eine Wetteränderung, die zu einer verstärkten oder reduzierten Einspeisung aus Windenergie führt, durch die

Erhöhung bzw. die Verringerung der Leistung der eigenen Anlagen ausgeglichen werden. Alternativ können fehlende Kapazitäten oder Überkapazitäten über die Leipziger Strombörse beschafft oder verkauft werden. Da die Steuerung der Kraftwerke und der Intra-day-Handel an der Börse nur mit einem gewissen Vorlauf möglich ist (an der Börse mindestens 75 Minuten vorher [Eur09a]), kann damit nur auf größere Abweichungen reagiert werden, bei denen erwartet wird, dass sie noch mehrere Stunden anhalten werden. Besonders für die Vorhersage der Einspeisung von Elektrizität durch Windräder wurden in den letzten Jahren große Fortschritte erzielt, welche es erlauben, für die nächsten Stunden eine sehr zuverlässige Prognose abzugeben. Auch heute schon ist es üblich, aufgrund dieser Prognosen im Rahmen des Intra-day-Handels entsprechende Kapazitäten zu handeln.

Im folgenden Abschnitt werden die unterschiedlichen Strommärkte in Deutschland kurz vorgestellt. EVU, Zwischenhändler und größere Kunden können über diese Märkte ihren Bedarf decken oder Kapazitäten anbieten.

2.3 Strommärkte

Im Folgenden werden kurz verschiedene Marktformen für den Handel mit Elektrizität erläutert. Dabei wird zwischen dem Stromhandel von großen Energieversorgern und der Industrie, die auf Strombörsen handeln, und sonstigen Kunden, die über die Energieversorger Energie beziehen, unterschieden.

2.3.1 Strombörse und langfristiger Stromhandel

Der Strombedarf wird in Deutschland in den meisten Fällen entweder über bilaterale Verträge oder über die Strombörse an der EEX mit Sitz in Leipzig gehandelt. Neben dem Handel mit Stromprodukten werden auf der EEX auch Erdgas und Kohle-Futures gehandelt [Eur09a].

Derzeit werden nur ca. 20% des täglichen Strombedarfs über die Börse und 80% in bilateralen Verhandlungen zwischen den großen Energieverbrauchern und Energieanbietern gehandelt. Der bilaterale Handel ist besonders dann sinnvoll, wenn spezielle Verhandlungen, Nutzungsprofile oder Rabatte relevant sind. Der Handel über die Börse dient vornehmlich der Absicherung von langfristigen Preisänderungen, der kurzfristigen Beschaffung oder dem Verkauf von Kapazitäten. An der Börse wird grundsätzlich zwischen dem Spotmarkt und dem Terminmarkt unterschieden.

Auf dem Terminmarkt werden langfristige Kontrakte gehandelt, deren Erfüllung mehrere Jahre in der Zukunft liegen kann. Der Terminmarkt dient der langfristigen Absicherung von Preisrisiken. Die auf diesem Markt gehandelten Strom-Futures können sowohl physisch als auch finanziell erfüllt werden, werden aber in der Mehrzahl finanziell abgelöst. Bei physischer Erfüllung muss zum festgelegten Zeitpunkt die entsprechende Strommenge geliefert werden und bei finanzieller Erfüllung wird ein Betrag ausgezahlt. Zusätzlich können auf diesem Markt auch Optionen auf entsprechende Strom-Futures gehandelt werden.

Der Spotmarkt gliedert sich in drei unterschiedliche Bereiche:

- Kontinuierlicher Blockkontrakthandel

- Auktionshandel

- Intra-day-Handel

Der kontinuierliche Blockhandel erlaubt den Handel von Strom in vordefinierten Blöcken. Der Baseload-Block umfasst 24 Stunden beginnend um 0:00 Uhr und der Peakload-Block zwölf Stunden beginnend um 8:00 Uhr morgens. Mit diesen Kontrakten kann der Strombedarf grob im Voraus beschafft werden. Auch auf diesem Markt können Kontrakte mit finanzieller oder physischer Erfüllung gehandelt werden. Zusätzlich können auf diesem Markt auch die EU-Emissionsberechtigungen (EUA) gekauft werden, die zum Ausstoß von einer Tonne Kohlendioxid berechtigen.

Im Auktionshandel können die Strommengen für jede Stunde des nächsten Tages ersteigert werden. Die Auktion wird einmal pro Tag durchgeführt, wobei alle Verkaufs- und Kaufangebote gegeneinander ausgeführt werden. Auf diesem Markt können die bereits bekannten Leistungsüberschüsse und Leistungsengpässe (z. B. ein Kraftwerksausfall) kurzfristig befriedigt werden. Dieser Markt dient auch dazu, die Feinplanung für den nächsten Tag durchzuführen, da die genaue Planung, wie im letzten Abschnitt beschrieben, von vielen Faktoren (z. B. Wetter) abhängt und nur kurzfristig erstellt werden kann.

Beim Intra-day-Handel handelt es sich um den Markt mit dem kleinsten zeitlichen Horizont. Auf diesem Markt können rund um die Uhr Kapazitäten gekauft und verkauft werden. Für den Handel besteht nur die Restriktion, dass die Verträge mindestens 75 Minuten vor der Erfüllung abgeschlossen sein müssen. Auf diesem Markt kommt normalerweise nur eine physische Erfüllung in Betracht, da die Kapazitäten häufig zur Verringerung von Ungleichgewichten anstelle von Regelleistung eingesetzt werden.

2.3.2 Strommärkte für Endkunden

Den meisten Privat- und Industriekunden ist es nicht möglich, ihren Energiebedarf über die im letzten Abschnitt vorgestellte Energiebörse zu decken. Zum einen sind die dort gehandelten Energiemengen für die meisten Teilnehmer viel zu groß und zum anderen ist der Aufwand für die Teilnahme deutlich zu hoch.

Seit November 1999 steht es den Stromkunden in Deutschland frei, ihren Stromanbieter selbst auszuwählen. Die Trennung der Stromnetze und der Energieerzeugung im Rahmen der Entflechtung (Unbundling) der großen EVU führte zu deutlichen Veränderungen in Deutschland. Während vor der Liberalisierung des Strommarktes lokale Monopole die Stromversorgung kontrollierten, existierten im Jahr 2008 mehr als 900 unterschiedliche Energieversorger. Viele dieser Energieversorger vertreiben ausschließlich Nischenprodukte wie z. B. Ökostrom aus erneuerbaren Rohstoffen. Auf Verbrauchsseite können grundsätzlich zwei unterschiedliche Kundentypen unterschieden werden. Größere Energieverbraucher schließen im Normalfall bilaterale Verträge mit einem Energieversorger ab, während die restlichen Kunden vorgefertigte Tarife der EVU wählen.

Für größere Industriekunden ist es meist vorteilhafter, direkt mit den EVU zu verhandeln, da dort gezielt über Lastkurven, Entnahme aus anderen Spannungsebenen, Integration von eigenen Erzeugungsanlagen usw. diskutiert werden kann. Diese Kunden zahlen dabei neben einem Grundbetrag sowohl einen Arbeitspreis als auch einen Leistungspreis für die maximale Last, die verursacht wurde [Dit89]. Für die Maximalleistung ist die Durchschnittsleistung innerhalb von 15-Minuten- bzw. 30-Minuten-Intervallen maßgebend. Eine sehr kurze Lastspitze geht damit nur als ein Messwert in die Berechnung der Maximalleistung mit ein. Je nach Vertrag werden Jahres- oder Monatshöchstleistungen zugrunde gelegt, die z. B. aus dem arithmetischen Mittel der drei höchsten Monatsmaxima gebildet werden. In den meisten Fällen wird der Tarif um eine zeitabhängige Komponente erweitert, die allerdings nur den Arbeitspreis beeinflusst. Das bedeutet, dass z. B. der Arbeitspreis um die Mittagsstunden deutlich höher ist als in den Abendstunden.

Mit diesem Tarifsystem können die Kunden in ihrer Stromnutzung beeinflusst und unnötige Spitzenlasten vermieden werden. Im Rahmen der bilateralen Verhandlungen können auch Verfahren zu einem erweiterten Lastmanagement vereinbart werden. Dies betrifft z. B. die generelle Abschaltung oder den Betrieb von elektrischen Erzeugungsanlagen zu Spitzenzeiten. In Kapitel 3.1 werden verschiedene dieser Konzepte detaillierter vorgestellt.

Für Privatkunden und kleine Gewerbebetriebe, bei denen Elektrizität nicht zum Kerngeschäft gehört, lohnen sich bilaterale Verträge kaum. Zum einen sind die benötigten Strommengen viel zu klein und zum anderen ist die resultierende Lastkurve meist so schlecht planbar, dass sich ein individuell zugeschnittener Tarif nicht lohnen würde. Für diese Kunden gibt es Standardtarife, bei denen Abweichungen nicht ins Gewicht fallen. Zwar sind diese Tarife meist teurer als die Tarife für Industriekunden, aber dafür muss sich der Kunde auch keine Gedanken über Strommengen, Lastprofile und Regelenergiebedarf machen.

Die Anbieter von Energie verwenden vorgefertigte Lastprofile um den Verbrauch zu prognostizieren und übernehmen das Risiko für alle Kosten, die durch den Bezug von Regelleistungen anfallen können. Diese Kosten werden bei der Tariferstellung auf alle Kunden umgelegt. Bei Privatkunden überwiegen zurzeit zwei Standardtarifvarianten, bei denen maximal zwei Arbeitspreise existieren. Der erste Tarif setzt sich aus einem Grundpreis und einem festen Arbeitspreis zusammen. Da sich dieser Arbeitspreis nicht über den Tag hinweg ändert, gibt es für den Kunden keinen Grund, sich über die zeitliche Verwendung der Geräte Gedanken zu machen. Nur die Gesamtmenge an Energie wird berechnet und nicht die zeitliche Nutzung.

Bei der zweiten Tarifvariante wird durch die Einführung eines zweiten (niedrigeren) Arbeitspreises ein Anreiz gegeben, den Strom hauptsächlich in sogenannten Schwachlastzeiten zu verbrauchen. Dies betrifft insbesondere elektrische Nachtspeicherheizungen, die aufgrund ihrer großen Leistung und Flexibilität vorteilhafterweise in den Nachtstunden aufgeladen werden sollten und nicht während der teuren Spitzenzeiten am Mittag. In einem weiteren Schritt werden solche Geräte auch per Rundsteuerung [Eur09b] direkt vom Energieversorger gesteuert und haben somit keinen festen Einsatzzeitpunkt mehr. Um diese Tarifvarianten korrekt abrechnen zu können, ist allerdings ein

Leistungszähler[4] oder ein zusätzlicher Arbeitszähler[5] erforderlich. Über den Leistungs-zähler kann direkt die Information abgerufen werden wie viel Strom in den Nachtstunden verbraucht wurde oder ein Arbeitszähler zählt den Stromverbrauch tagsüber und ein Arbeitszähler den Stromverbrauch in den Nachtstunden.

In den letzten Jahren wurden verschiedene Ansätze entwickelt und in Feldtests erprobt, bei denen auch für Kunden mit geringem Verbrauch flexiblere Tarife eingeführt wurden. Das Ziel dieser Tarife ist es, die Nachfrageelastizität bei den Kunden zu erhöhen und so die bestehenden Lastspitzen abzumildern. In Kapitel 3 werden verschiedene dieser An-sätze kurz vorgestellt.

Betreibern von dezentralen KWK- und Photovoltaik-Anlagen oder Windrädern wird ent-sprechend der im *Kraft-Wärme-Kopplungs-Gesetz* (KWKG) oder EEG festgelegten Sätze die Einspeisung ins lokale Stromnetz von den Netzbetreibern vergütet. Mit dieser Ver-gütung soll die Wirtschaftlichkeit der Anlagen verbessert und damit die Modernisierung bzw. der weitere Ausbau gefördert werden. Je nach Anlage und verwendetem Brennstoff existieren unterschiedliche Vergütungssätze. Da auch hier die Vergütung in den meisten Fällen unabhängig vom Zeitpunkt der Einspeisung ist, gibt es keinen Anreiz, die Anlage zu Spitzenzeiten zu betreiben, um Lastspitzen abzumildern. Stattdessen werden die An-lagen vielfach aus Komfortgründen zu Schwachlastzeiten betrieben, was zu einem weiteren Absinken der Last führt. Da es für die Betreiber der Anlagen in vielen Fällen keine große Relevanz hätte, wann die Anlagen betrieben werden, solange die Aufgabe (z. B. Warmwasserbereitung) erfüllt wird, gibt es auch hier ein sehr großes Potenzial an verschiebbaren Lasten. Im nächsten Kapitel werden Strategien und bestehende Ansätze zur besseren Integration von dezentralen Anlagen kurz vorgestellt.

---

[4] Leistungszähler messen im Viertelstundentakt die verrichtete Arbeit.
[5] Arbeitszähler messen nur die verbrauchte Arbeit ohne jeden zeitlichen Bezug.

Kapitel 3

Stand der Technik

Dieses Kapitel gibt zunächst einen Überblick über bestehende Konzepte zur Verbesserung des Energiesystems. Dazu werden Ansätze vorgestellt, wie durch intelligente Erzeugungs- und Verbrauchssteuerung Lastspitzen reduziert und der Bedarf an Regelenergie reduziert werden können. Im Vordergrund stehen dabei Konzepte, die verteilte Anlagen und schaltbare Lasten beeinflussen.

In Abschnitt 3.2 wird dargestellt, wie sich diese verteilten Komponenten (Anlagen und schaltbare Lasten) in ein Gesamtsystem integrieren lassen. Für eine präzise Steuerung müssen die Charakteristika ermittelt und Informationen zwischen den Teilnehmern ausgetauscht werden. In einfachen Fällen sind das Preissignale, die von den EVU vorgegeben werden, aber es können auch detaillierte Statusinformationen oder Messwerte aus verschiedenen Netzsegmenten sein, die von den Teilnehmern verschickt werden.

Ein besonderer Fokus liegt hier auf Multi-Agenten-Systemen und der Fragestellung, wie sich diese Systeme effizient überwachen und steuern lassen. Dazu wird die Forschungsrichtung Organic Computing vorgestellt, welche sich mit der Überwachung und Steuerung von selbstorganisierenden Systemen beschäftigt. Verschiedene Ansätze aus dem Organic Computing werden später in dieser Arbeit aufgegriffen und in das entwickelte System integriert.

3.1 Neue Konzepte zum Energiemanagement

Aufgrund der steigenden Energiekosten und der zunehmenden Dezentralisierung der Energieversorgung wurde in den letzten Jahren verstärkt nach neuen Konzepten gesucht, wie sich das vorhandene Energiesystem effizienter gestalten lässt. Dadurch, dass heute fast überall in Deutschland moderne Kommunikationsinfrastruktur vorhanden ist, ergeben sich ganz neue Möglichkeiten, zukünftige Energiesysteme zu gestalten. Im Folgenden werden verschiedene Ansätze zur Verbesserung der Energieerzeugung und zur Nachfragesteuerung vorgestellt. Neben den hier vorgestellten Projekten existieren noch andere Strategien wie z. B. schaltbare Lasten mit neuen Betriebsstrategien in das Energiesystem eingebunden werden können [Wie08].

3.1.1 Virtuelle Kraftwerke

Unter Virtuellen Kraftwerken (VK) versteht man den virtuellen Zusammenschluss von mehreren kleineren verteilten Kraftwerken zu einem großen Kraftwerk [Eur09b].

Virtuelle Kraftwerke werden meist zentral von einem dedizierten Betreiber gesteuert. Der Zusammenschluss der einzelnen Erzeugungsanlagen bringt wirtschaftliche Vorteile, wie die Teilnahme an Strombörsen oder der Abschluss größerer Lieferverträge. Es existieren verschiedene von der Europäischen Union geförderte Projekte, die sich mit der Realisierbarkeit und den technischen Rahmenannahmen beschäftigen wie z. B. die Projekte *Dispower* und *Fenix*.

Das Projekt *Dispower* [Ins05] behandelte Fragestellungen, die sich aus einer verstärkten Dezentralisierung der Energieerzeugung ergeben. Dazu gehören neue Konzepte für Lastprognosen, die Steuerung, den Handel und die Einbindung erneuerbarer Energien. Im Projekt *Fenix* [Ins09b] sollen neue Konzepte für die Integration von dezentralen Stromerzeugungsanlagen in Virtuelle Kraftwerke entwickelt werden. Dazu gehört u.a. die Entwicklung geeigneter Steuerungsmethoden, um regenerative Energien effizient integrieren zu können.

Besonders Kraftwerke, die mit erneuerbaren Energien betrieben werden, wie z. B. Windkraft- oder Photovoltaikanlagen, haben das Problem, dass die Versorgung mit Energie nicht rund um die Uhr oder zu einem bestimmten Zeitpunkt gewährleistet werden kann [Pat06]. Auch wenn z. B. die Windvorhersage für die nächsten Stunden sehr zuverlässig ist, können nur schlecht langfristige Zusagen gemacht werden. Ähnliches gilt auch für Photovoltaikanlagen und andere Arten von Erzeugungsanlagen die auf fluktuierenden Energieträgern beruhen. Durch die Kombination von verschiedenen Kraftwerkstypen können diese Probleme ausgeglichen und eine kontinuierliche Erzeugung garantiert werden. Ein Beispiel für ein solches VK ist die Kombination von Photovoltaikanlagen, Windrädern und Pumpspeicherkraftwerken. Wenn nur die Sonne scheint, wird die Energie von den Photovoltaikanlagen geliefert, bei ausreichend Wind von den Windrädern und wenn weder die Sonne scheint, noch Wind weht, von dem Pumpspeicherkraftwerk. Sollte sowohl Wind wehen, als auch die Sonne scheinen, kann das Pumpspeicherkraftwerk wieder aufgefüllt werden. Auch andere Varianten, z. B. unter Einbeziehung von Biogasanlagen oder Anlagen zur Erzeugung von Wasserstoff über Elektrolyse, sind denkbar.

Auch konventionelle dezentrale Kraftwerke (wie z. B. Mikrogasturbinen [BHK08] oder Brennstoffzellen [Jun07]), die mit fossilen Brennstoffen (z. B. Erdgas oder Erdöl) betrieben werden, können nicht nach Belieben eingesetzt werden [FKE07, EFKM07, EFK06b]. Sind diese Anlagen in erster Linie für die Bereitstellung von Wärme für ein Haus oder eine Siedlung bestimmt, so wird das Nutzungsverhalten der Anlage maßgeblich vom Wärmebedarf und der Möglichkeit, Wärme zu speichern, bestimmt. Ist der Wärmespeicher leer, muss die Anlage betrieben und damit Strom erzeugt werden. Wenn der Speicher voll ist, ist der Betrieb ökonomisch meist nicht sinnvoll, da die Wärme abgeleitet werden muss und damit verloren geht. Auch hier kann die Kombination mehrerer Anlagen das Problem abmildern oder sogar beseitigen. Die einzelnen Anlagen müssen immer so gesteuert werden, dass entsprechend der ausgehandelten Verträge Strom produziert wird und trotzdem ausreichend Wärme bereitgestellt werden kann.

Tabelle 3: Projekte zu Virtuellen Kraftwerken in Deutschland ([AvRW06])

Projekt (Beteiligte Partner)	Laufzeit	Anlagen und Leistung	IKT-Infrastruktur	Schwerpunkte
VK Unna (Stadtwerke Unna, EUS, ABB New Ventures)	Seit 2001, VK-Betrieb seit 2004	5 BHKW, 1 WKW, 1 PVA, 2 Wind-parks, Produktion: 26GWh/a	Prognose-, Leit-, Automatisier-rungssysteme	Optimierung der Stromerzeugung; Verbesserte Prognosegüte
VFCPP (Vaillant, Pflug Power, Cogen Europe, Instituti Superior Technico, TEE, DLR, Sistemas de Calor, Gasunie, E.ON Ruhrgas & Energie, EWE)	2001–2005	31 Brennstoffzellen (à 4,6kW$_{el}$)	Funk-steuerung, Vorgabe von Fahrplänen	Vernetzung von Brennstoffzellen; bidirektionale Kommunikation
Dispower (mehr als 30 europ. Partner, u.a. PoMS, ISE)	2002–2006 (Erstein-satz 2005)	1 PVA (30kW), 1 BHKW (40kW$_{el}$), 1 Batterie (100kW, 1h)	Steuereinheit und Interface-Einheiten	Spitzenlast-reduktion; Minderung der Leistungskosten
KonWerl Energiepark 2010 (steag, Siemens, Kreis Soest, Stadt Werl, TWS, GWS)	Seit 2002	1 WEA (1,8MW), 1 PVA (22kW), 1 Biomasse-BHKW (500kW), 1 BZ, 1 Batteriespeicher	DEMS (Siemens)	Kostenoptimierte Kurzfrist-einsatzplanung
Edison (EnBW, SW Karlsruhe, EUS, ZSW, ISE, Alstom, Görlitz computerbau, Amtec, EVB, Uni Paderborn, Uni Karlsruhe, Exide, Siemens, Uni Magdeburg)	1999–2003	1 PEM–BZ (250kW), 2 BHKW, 2 Batteriecontainer (à 100kW, 1h), 1 PEM–BZ (2kW$_{el}$), 1 DC-Kopplung	DEMS (Siemens), PLC-Technologie	Clustering von Erzeugern, Speichern und Lasten
PEM-Oberhausen (EUS, Fraunhofer Umsicht, Alstom, Mvv Energie, E.on Engineering, AEG SVS PSS, Uni Dortmund)	1999–2003	1 PEM-BZ (210kW$_{el}$), 1 MGT (100kW$_{el}$), 1 Gasmotor (470kW$_{el}$), 1 Kältemaschine (60kW$_{th}$)	Autarke Steuer-elemente, Netzwerk inkl. Energiemana gement	Erzeugungs-fahrpläne, Netzlast-optimierung, Blindleistungs-bereitstellung, Sofortreserve
VK Harz (Harz Energie, IEE, Stadt Goslar, Orlowski)	Seit 2004	150 Mini-BHKW, Notstromaggregate, Kleinwasserkraft (Summe 5-7 MW), abschaltbare Lasten	Funk, Telefon, Internet	Optimierung der Energie-versorgung
Virtuelles Regelkraftwerk (steag, 22 Anlagenbe-treiber)	Seit 2003	KWK-Anlagen, Spitzenlastkraft-werke, Abschaltbare Lasten	Internet	Regelenergiebereitstellung

Abkürzungen:		
Brennstoffzelle (BZ)	Blockheizkraftwerk (BHKW)	Elektrische Leistung P$_{el}$
Photovoltaikanlagen (PVA)	Wasserkraftwerk (WKW)	Thermische Leistung P$_{th}$
Polymer Electrolyte Fuel Cell (PEM)	Windenergieanlage (WEA)	
	Mikrogasturbine (MGT)	

Zusätzlich werden VK häufig eingesetzt, um ein bestimmtes Lastprofil bei kleineren Schwankungen und größeren Abweichungen einzuhalten. In diesem Fall wird durch die Erstellung eines VK nicht versucht, die notwendige Größe für die Teilnahme am Regelenergiemarkt zu erreichen. Es sollen stattdessen nur entsprechende Kapazitäten vorgehalten werden, um auftretende Fahrplanabweichungen selbst auszugleichen.

Schwankungen und Abweichungen können nur sinnvoll innerhalb der Region behoben werden, in der ein Großteil der verteilten Kraftwerke angesiedelt ist. Ein Transport von Energie ist zwar generell möglich, aber aufgrund der Transmissions- und Transformationsverluste für kleinere Anlagen meist nicht ökonomisch sinnvoll. Zusätzlich können Netzengpässe auftreten, die einen Transport unmöglich machen. Aus diesen Gründen ist es vorteilhaft, wenn die meisten der Kraftwerke regional eng beieinander oder sogar im gleichen Bilanzkreis liegen.

Da die Virtuellen Kraftwerke aufgrund ihrer Struktur meist nicht in der Lage sind, Regelleistung (weder Primär- noch Sekundärleistung oder Minutenreserve) anzubieten, werden sie häufig von den Verantwortlichen eingesetzt, um kurzfristig den Bedarf an benötigter Ausgleichsenergie zu reduzieren. Das VK ist dann nicht Teil des Regelenergiesystems, sondern eine gesonderte Einrichtung z. B. des Bilanzkreisverantwortlichen.

In Tabelle 3 sind verschiedene Projekte aufgeführt, in denen VK getestet wurden. Die meisten der aufgeführten Projekte waren zeitlich begrenzte Forschungsprojekte oder Feldversuche. Das Virtuelle Kraftwerk Unna wird als eines der wenigen VK wirtschaftlich seit 2004 betrieben. In diesem Kraftwerk werden fünf Blockheizkraftwerke, ein Wasserkraftwerk, eine Photovoltaikanlage und zwei Windparks mit einer Gesamtproduktion von 26GWh pro Jahr zusammengeschaltet [AHF+06]. Bei der Realisierung stellte im Besonderen die Verbindung der unterschiedlichen Steuerungssysteme ein großes Problem dar. Ein weiteres VK, das Virtuelle Regelkraftwerk der *steag*, wird im nächsten Abschnitt beschrieben.

3.1.2 Virtuelle Regelkraftwerke

Die in Kapitel 2 vorgestellten Randbedingungen für die Bereitstellung von Regelenergie sind so schwer zu erfüllen, dass nur große Kraftwerke an den Ausschreibungen für die verschiedenen Regelenergiearten teilnehmen können. Aufgrund der hohen Preise, die für Regelenergie gezahlt werden und der Tatsache, dass z. B. die Minutenreserve nur sehr selten in Anspruch genommen wird, aber für die Bereitstellung ein Leistungspreis gezahlt wird, sind die Betreiber kleinerer Anlagen sehr daran interessiert, Regelleistung anzubieten. Durch die Erbringung von Regelleistung könnte sich die Wirtschaftlichkeit der Anlagen zum Teil deutlich verbessern.

Um die hohen Anforderungen erfüllen zu können, gab es in den letzten Jahren verschiedene Ansätze, bei denen sich mehrere Anlagen zusammengeschlossen haben und gemeinsam am Markt agierten. Durch diesen Zusammenschluss ist es möglich, gemeinsam die notwendigen Bedingungen für eine Teilnahme am Regelenergiemarkt zu erfüllen. Das bekannteste Projekt, welches sich mit dem virtuellen Zusammenschluss von Anlagen zur Bereitstellung von Regelenergie beschäftigt, ist das „Virtuelle Regelkraftwerk" der *steag* (seit September 2007 gehört die *steag* zu *Evonik Industries*) [Evo09]. In diesem Virtuellen Regelkraftwerk werden kleinere Anlagen zusammengeschlossen und zentral von der *steag* gesteuert. Die *steag* übernimmt die Teilnahme am Regelenergiemarkt, die Planung, die Installation der benötigten Informations- und Kommunikations-technologie und die Anbindung an das Kontrollzentrum der *steag*.

Dezentrale Stromerzeugungsanlagen und große Stromverbraucher müssen unter anderem die folgenden Bedingungen erfüllen, um in das Regelkraftwerk eingebunden zu werden:

- Mindestens 1MW Leistung

- Laständerung in maximal 7 Minuten

- 100% Verfügbarkeit im Bereitstellungszeitraum

- Die Leistung muss mindestens 4 Stunden zur Verfügung stehen.

- Durchgängig besetzte Leitwarte oder Fernwirksteuerung mit Direktzugriff durch die *steag*

- Keine Einschränkung bezüglich der Anforderungshäufigkeit während des Bereit-stellungszeitraums

Die beteiligten Anlagen können neben der Teilnahme an diesem VK auch noch andere Aufgaben erfüllen. Nur während der Zeit, in der die Leistung dem Regelkraftwerk zur Verfügung gestellt wird, darf diese nicht anderweitig genutzt werden. Das bedeutet, dass z. B. ein Kraftwerk morgens Strom für ein Industrieunternehmen bereitstellt und nach-mittags, wenn die Energie von dem Unternehmen nicht mehr benötigt wird, dann dem Regelkraftwerk zu Verfügung gestellt wird. Wie in Kapitel 2 vorgestellt, werden die Kraftwerke sowohl für die Teilnahme als auch für die real verrichtete Arbeit vergütet. Da in den letzten Jahren die Minutenreserve nur selten benötigt wurde, erhalten die be-teiligten Kraftwerke ihre Vergütung fast ausschließlich für die Vorhaltung der Leistung. Da im Normalfall keine Arbeit verrichtet werden muss, können auch Kraftwerke, die höhere Arbeitspreise haben, integriert werden, obwohl diese ansonsten zu teuer wären.

Die *steag* muss bei der Planung ermitteln, welche Leistung zu jedem Zeitpunkt zur Ver-fügung steht und kann dann auf dem Regelenergiemarkt die entsprechende Leistung an-bieten. Die verfügbare Leistung hat sich von 50MW im Jahr 2000 auf mehr als 400MW im Jahr 2007 deutlich erhöht [Evo09, Rot05]. Die *steag* bietet dabei Minutenreserve in allen vier Regelzonen an, die dann über das Übertragungsnetz zu den Regelzonen trans-portiert wird. Da die Anlagen über Deutschland verteilt sind (vgl. Abbildung 7), ist es nicht möglich Sekundärregelleistung anzubieten, da diese in der betreffenden Regelzone bereitgestellt werden muss. Im Moment sind im Regelkraftwerk 20 industrielle und kommunale Kraftwerke zusammengeschlossen.

Neben dem Virtuellen Regelkraftwerk der *steag* befindet sich ein weiteres Virtuelles Regelkraftwerk in Planung. Im Gegensatz zu dem oben beschriebenen Regelkraftwerk werden hier bereits Anlagen mit einer minimalen Leistung von 100kW teilnehmen können. Da sich das Regelkraftwerk noch in der Planung befindet, sind noch keine weiteren Informationen über das Projekt verfügbar [Han09, Han08].

In Norwegen wird durch den Übertragungsnetzbetreiber *Statnett* [Sta09b] ein spezieller Marktplatz für Regelenergie betrieben. Der Hauptzweck des Marktes liegt darin, über-haupt genügend Reserveleistung verfügbar zu machen. Besonders in den Wintermonaten ist es zu Spitzenzeiten vielfach nicht möglich, mit normalen Kraftwerken genügend

Reserveleistung über die vorhandenen Wasserkraftwerke bereitzustellen [GTW05]. Über den Markt werden erfolgreich Industriekunden mit schaltbaren Lasten für die Regelenergiebereitstellung gewonnen [AHF+06].

Durch den Zusammenschluss in einem größeren Pool können durch die vorgestellten Ansätze Anlagen genutzt werden, deren Leistung ansonsten brachliegen würde. Trotzdem haben die Teilnehmer eine größtmögliche Flexibilität, da sie selbst entscheiden können, wann und wie viel Leistung sie anbieten können und wollen. Unter diesen Voraussetzungen ist auch in Deutschland ein sehr großes Potenzial an verfügbarer Leistung vorhanden.

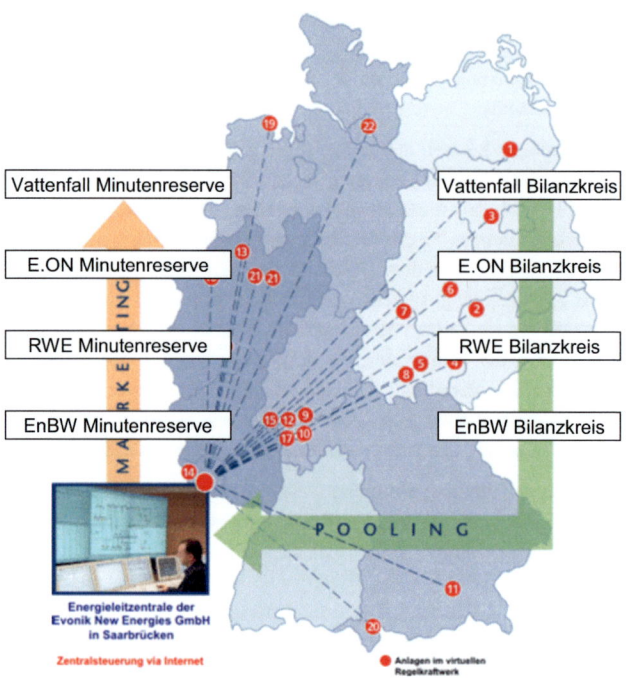

Abbildung 7: Anlagen im Virtuellen Regelkraftwerk [Evo09]

In der Industrie gibt es viele Anlagen, die sich für die Bereitstellung von Regelenergie eignen würden [Mar07]. Zum einen sind viele Prozessabläufe sehr energieintensiv und zum anderen verfügen viele Industriebetriebe über Produktionsanlagen für den Eigenbedarf. Diese Anlagen werden entweder zur Reduzierung von Lastspitzen oder für die Deckung von unerwartetem Verbrauch eingesetzt. Sie sind technisch meist in der Lage, in der verbleibenden Zeit ihre Leistung anderweitig zur Verfügung zu stellen.

In der Metall verarbeitenden Industrie können häufig Schmelzprozesse in Elektroöfen für eine gewisse Zeit herausgeschoben, früher begonnen oder auch unterbrochen werden. In der Nahrungsmittelindustrie wird ein großer Anteil der benötigten Energie für die

Kühlung von Lebensmitteln benötigt. Auch die Kühlprozesse können bei Bedarf umgeplant werden, ohne dass dafür Herstellungsprozesse oder -abläufe geändert werden müssen.

Auch in anderen Bereichen wie z. B. der chemischen Industrie, der Papierindustrie und der Zementindustrie existieren zahlreiche energieintensive Prozesse, die genügend Freiheitsgrade aufweisen würden. In der chemischen Industrie sind es z. B. Elektrolyseprozesse, bei der Papierherstellung erzeugt die Zerfaserung der Rohstoffe hohe Lasten und bei der Zementherstellung sind die Prozesse zum Zerkleinern der Roh- und Zwischenprodukte sehr energieintensiv.

Der große Unterschied der Produktionsanlagen im Vergleich zu normalen Kraftwerken ist, dass sie nicht extra vorgehalten werden müssen, sondern schon vorhanden sind. Statt besondere Kraftwerke für die Bereitstellung von Regelleistung vorzusehen und zu vergüten, werden in Virtuellen Regelenergiekraftwerken vorhandene Ressourcen und deren Freiheitsgrade genutzt. Dies erhöht dann auch die Wirtschaftlichkeit der eingesetzten Anlagen.

Auch bei den hier vorgestellten Ansätzen gibt es eine minimale Größe, die eine Anlage oder eine schaltbare Last haben muss, um an einem Virtuellen Regelenergiekraftwerk teilnehmen zu können. Privat betriebene Anlagen und Lasten erfüllen diese Anforderungen in den meisten Fällen nicht. Die maximale Last, die ein Verbraucher an einer normalen Steckdose betreiben kann, ist kleiner als 4kW und die in den meisten Häusern verwendeten Heizungsanlagen haben nur eine elektrische Leistung von 1kW in Einfamilienhäusern und bis zu 50kW in Mehrfamilienhäusern (vgl. Kapitel 4). Um die Anforderungen von 30MW für die Teilnahme am Sekundärregelmarkt zu erfüllen, wären mehr als 600 große dezentrale Anlagen oder mindestens 7.500 einfache Haushaltsgeräte erforderlich. Eine solche Menge an Anlagen und Geräten zentral zu steuern ist deutlich aufwendiger, als wenige große Anlagen zentral zu steuern. Bei den Haushaltsgeräten kommt noch erschwerend hinzu, dass diese von den Eigentümern genutzt werden und somit nicht ausschließlich für die Teilnahme im Virtuellen Regelkraftwerken zur Verfügung stehen. Aus diesen Gründen erfolgt das Lastmanagement in Privathaushalten heute in den meisten Fällen über Preissignale oder zeitvariable Tarife. Damit kann zwar keine Regelenergie bereitgestellt werden, aber das Gesamtlastprofil kann geglättet und Lastspitzen vermieden werden. Im Folgenden werden verschiedene dieser Ansätze vorgestellt.

3.1.3 Zeitvariable Stromtarife und Preissignale

Neben Ansätzen, die sich mit der Steuerung und Koordination größerer Erzeugungsanlagen beschäftigen, gibt es in den letzten Jahren auch Ansätze, den Verbrauch und die Erzeugung von Privatkunden zu steuern. Im Folgenden werden verschiedene Ansätze kurz vorgestellt.

Über flexible zeitvariable Tarife oder Preissignale soll auf das Lastverhalten der Kunden Einfluss genommen werden. Dies betrifft in erster Linie Kunden mit Standardtarifen, da größere Verbraucher, wie z. B. Industriebetriebe, direkt mit dem Anbieter verhandeln und das Lastprofil mit diesem abstimmen. Im Folgenden werden ausgewählte Ansätze und Studien zum Thema Preissignale vorgestellt.

Dezentrale Regenerative Energieversorgungsanlagen: Technische und wirtschaftliche Integration in den Netzbetrieb und Anpassungen von Rahmenbedingungen

Das Projekt *DINAR* (Dezentrale Regenerative Energieversorgungsanlagen: Technische und wirtschaftliche Integration in den Netzbetrieb und Anpassungen von Rahmenbedingungen) [Ins09a, Ins04] am *Institut für Solare Energietechnik* (*ISET*) [Ins09c] beschäftigt sich mit den technischen Grundlagen der Vernetzung von elektrischen Verbrauchern und dezentralen Erzeugungsanlagen. Dabei sollen die bisher ungenutzten Potenziale im Niederspannungsnetz für eine verbesserte Verbrauchs- und Erzeugungssteuerung eingesetzt werden.

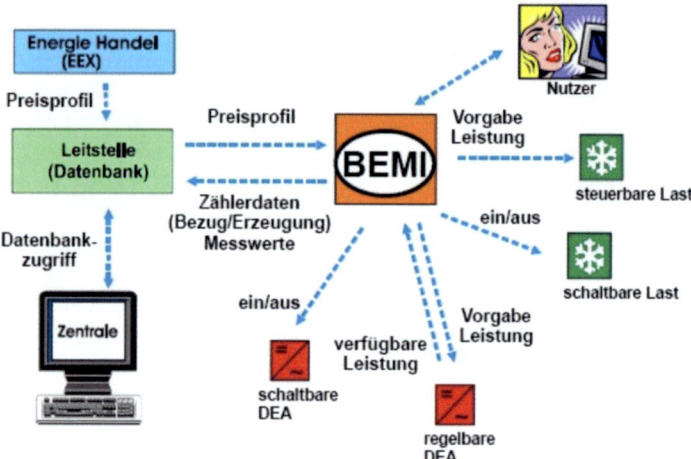

Abbildung 8: Kommunikationsstruktur für die Kommunikation mit BEMI [BBN+06]

Für den Energieversorger stellt das Niederspannungsnetz eine Blackbox dar, da keine genauen Daten existieren, wann welcher Teilnehmer Energie verbraucht und wann Strom durch dezentrale Erzeugungsanlagen produziert wird. Dies liegt zu einem großen Teil daran, dass bei den meisten kleineren Teilnehmern nur Arbeitszähler und keine Leistungszähler installiert sind. Zwar kann über Prognosen und historische Daten die Lastkurve eines Gebietes vorhergesagt und gemessen werden, aber die genaue Verteilung lässt sich nicht ermitteln.

Im Projekt *DINAR* wurden deshalb die in den Haushalten vorhandenen Stromverteilerkästen um intelligente Komponenten erweitert, die in der Lage sind, ein automatisiertes Lastmanagement auf Basis von externen Preissignalen durchzuführen und zusätzliche Informationen an den Netzbetreiber zu senden. Das Bidirektionale Energiemanagement

Interface (*BEMI*) wird in die Stromverteilerkästen integriert und trennt das öffentliche Stromnetz vom Gebäudenetz [BBN+06, BNKM05].

In Abbildung 8 ist der grundsätzliche Aufbau der Kommunikation mit dem *BEMI* dargestellt. Das *BEMI* bezieht von einer externen Stelle (z. B. vom Energieversorger oder Netzbetreiber) Preis- und Notfallinformationen. Ausgehend von den Preisinformationen wird die Einsatzplanung der vorhandenen Geräte durchgeführt. Bei der Planung wird nicht zwischen Stromverbrauchern und dezentralen Erzeugungsanlagen (DEA) unterschieden. Bei der Steuerung von Geräten und Anlagen müssen deren Randbedingungen immer eingehalten werden. Dies betrifft sowohl Verbraucher (z. B. die Temperatur in Kühlschränken) als auch Erzeugungsanlagen (z. B. die Temperatur im Warmwasserkessel).

Neben der automatisierten Steuerung existiert eine Schnittstelle, über die der Benutzer vorhandene Pläne abändern oder seine Präferenzen eingeben kann. Der Benutzer ist dabei bevorrechtigt und kann die automatische Steuerung bei Bedarf überschreiben. Über diese Schnittstelle können dem System auch weitere Geräte hinzugefügt und deren Freiheitsgrade in der Energienutzung spezifiziert werden. In Abbildung 9 ist die Webschnittstelle auf einem mobilen Endgerät zu sehen. Die Informationen können alternativ über einen normalen Computer mit Webbrowser abgerufen werden.

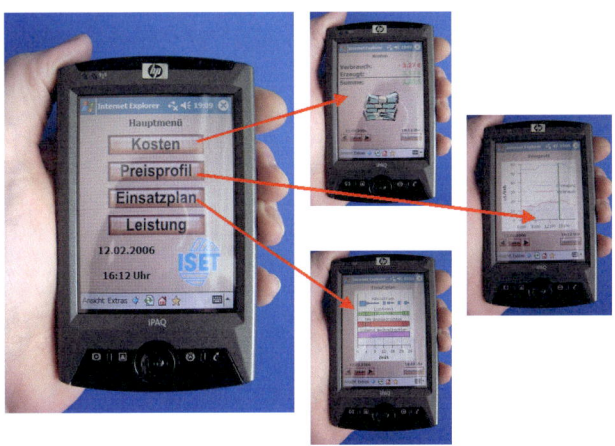

Abbildung 9: Konfiguration des BEMI mithilfe mobiler Geräte [BBN+06]

Das *BEMI* bezieht im Normalfall täglich neue Preisinformationen für den nächsten Tag und verändert ggf. die Planung. Die Preissignale hängen von den Prognosen für den nächsten Tag und den Vorgaben des Netzbetreibers ab. Nicht jeder Teilnehmer im Niederspannungsnetz bekommt zwangsläufig auch die gleichen Preisinformationen übermittelt. Damit nicht alle Teilnehmer aufgrund ihrer automatischen Steuerung alle schaltbaren Lasten an die gleiche Stelle verschieben (Lawineneffekt), kann der Netzbetreiber unterschiedliche Teilnehmer unabhängig voneinander indirekt über die Preissignale steuern.

Das *BEMI* ist zusätzlich in der Lage, Freiheitsgrade und sonstige Informationen über die Energienutzung zu sammeln, aufzubereiten und bei Bedarf an eine andere Instanz weiterzuleiten. Bei der Weiterleitung von Informationen müssen dabei verschiedene datenschutzrechtliche Anforderungen berücksichtigt werden. Der Netzbetreiber hat durch dieses System die Möglichkeit, die Energienutzung besser zu planen und kann die vorhandenen Freiheitsgrade bei Bedarf in die Prognosen einbeziehen. Neben dem Stromverbrauch und der Stromerzeugung können über das BEMI auch Systemdienstleistungen nach außen angeboten werden. Dezentrale Anlagen sind heute vielfach in der Lage Blindleistung anzubieten, die ansonsten durch den Energieversorger bereitgestellt werden müsste. Durch das *BEMI* und die damit verbundene Sichtbarkeit der Anlage für den Energieversorger besteht die Möglichkeit, diese Dienstleistung direkt vor Ort zu erbringen.

Neben dem *BEMI*, welches bei den Teilnehmern installiert wird, gibt es noch das *Pool-BEMI*, welches mit mehreren *BEMIs* verbunden ist und diese nach außen kapselt. Das *pool-BEMI* übernimmt dabei zum Teil die Aufgaben des Netzbetreibers. Es analysiert die Freiheitsgrade der vorhandenen *BEMIs* und kann über Preissignale diese Ressourcen aktivieren. Das *pool-BEMI* übernimmt somit die Aufgabe des indirekten Lastmanagements. Für den Netzbetreiber übernimmt das *pool-BEMI* das Management der Teilnehmer und stellt darüber hinaus Messwerte und weitere Systemdienstleistungen zur Verfügung. Der Netzbetreiber muss also nicht zwingend alle *BEMIs* selbst auswerten und managen, sondern kann diese Aufgabe bei Bedarf auch automatisiert durch *pool-BEMIs* erledigen lassen.

Die im Projekt entwickelten Konzepte wurden direkt in technische Prototypen umgesetzt. Neue Geräte lassen sich über WLAN an das System anschließen, ohne dass die Geräte dafür bestimmte Voraussetzungen erfüllen müssen. Das BEMI ist in der Lage die fehlenden Geräteparameter zu schätzen und kann damit die Freiheitsgrade bis zu einem gewissen Maße selbst bestimmen. Zusätzlich können Sensoren nachgerüstet werden, um Geräte anzuschließen, die für eine externe Steuerung nicht vorgesehen wurden. So können z. B. zusätzliche Temperatursensoren für die Kühlschranksteuerung angeschlossen werden, wenn dessen eingebauter Temperatursensor nicht genutzt werden kann.

1000 Pioniere und Strompreissignale an der Steckdose

Die *EnBW AG* hat im Rahmen von mehreren Feldversuchen die Auswirkungen von Lastinformationen und Preissignalen auf das Verbrauchsverhalten von Privatkundenhaushalten untersucht. Im Feldversuch *1000 Pioniere* [Ene07, Ene08] wurden ca. 1000 Haushalte mit neuen Zählern ausgestattet, die die Leistung über den Tag erfasst haben. Über einen Computer konnten die gespeicherten Daten abgerufen und der Lastverlauf über den Tag analysiert werden. Den Kunden wurde zusätzlich ein Tarif angeboten, der je nach Tageszeit unterschiedliche Preisstufen besaß.

Die Analyse der Lastkurve erlaubte es den Kunden, Energieverbraucher zu identifizieren, die sehr viel Energie verbrauchen. Mit den Preisinformationen aus dem Tarif hatte der Kunde einen Anreiz, Geräte erst in den Abendstunden zu betreiben und nicht zu den Spitzenzeiten wie z. B. am Mittag.

Das Ziel des Feldversuches lag im Test der neuen Zählergeneration und der Ermittlung der Kundenakzeptanz von Lastinformationen und Preissignalen. Die Preisinformationen haben dazu geführt, dass sich der Verbrauch bei den Teilnehmern im Schnitt um 5% verringert hat und in einigen wenigen Einzelfällen sogar um 40% [Ene08]. Im Schnitt war eine Reduzierung der Grundlast um 20W zu verzeichnen und durch die Einsparungen insgesamt eine Verringerung der CO_2-Emissionen von 157 Tonnen.

Die Markteinführung der im Feldtest erprobten Zähler erfolgte im Jahr 2008. Dadurch ist es für alle Kunden der *EnBW* und von *Yello* möglich, die neuen Zähler einzusetzen [Yel09, Ene09b].

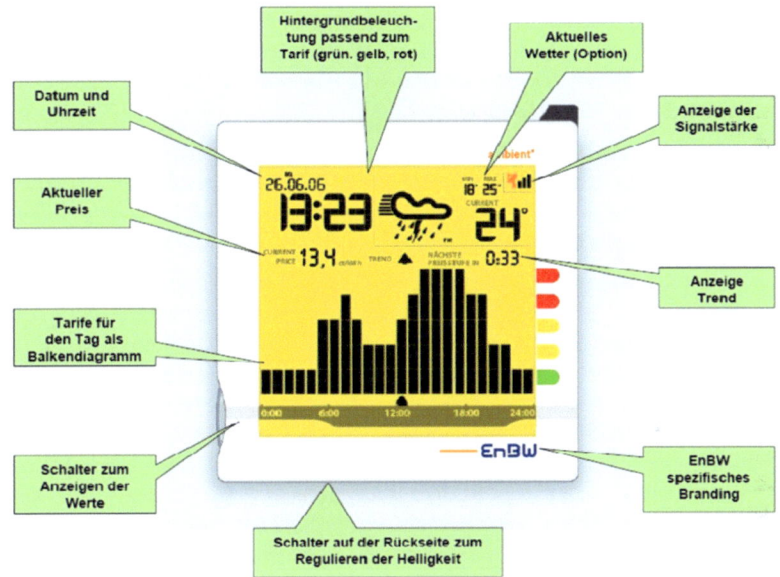

Abbildung 10: Anzeige von Strompreissignalen im Feldversuch Strompreissignale an der Steckdose (vgl. [Fre06, e*M09])

Im Rahmen des Projekts *Strompreissignale an der Steckdose* [Fre06, IBM08] sollen weitergehende Konzepte untersucht werden. Ähnlich wie im Projekt *1000 Pioniere* können sich die Teilnehmer über ihren Computer auf die aktuellen Verbrauchsdaten zugreifen. Zusätzlich ist der verwendete Tarif deutlich flexibler und orientiert sich z. B. an den Preisen der Strombörse in Leipzig. Wenn die Stromkosten an der Börse niedrig sind, dann sollen auch die Teilnehmer einen Anreiz bekommen, ihren Strom nach Möglichkeit zu dieser Zeit zu verbrauchen.

Damit der Kunde auf die Preisinformationen kurzfristig reagieren kann, existiert neben dem intelligenten Zähler und der Bedienoberfläche auf dem Computer auch noch eine sogenannte *Energieampel* [e*M09]. In Abbildung 10 ist ein Beispiel der *Energieampel* dargestellt. Die *Energieampel* arbeitet eigenständig und kann unabhängig von einem

Computer genutzt werden. Das aktuelle Preisniveau wird sowohl als Zahl auf dem Display als auch als Farbsignal in der Hintergrundbeleuchtung angezeigt. Das Display kann dabei drei Preisstufen farbig (grün, gelb und rot für günstig, normal und teuer) anzeigen. Damit die Kunden die Preisentwicklung nachvollziehen können, werden im unteren Teil des Displays die Preise der letzten und nächsten Stunden als Balkendiagramm dargestellt. Der Kunde kann damit durchgängig das aktuelle Preisniveau im Auge behalten und seine Geräte entsprechend steuern.

Unabhängig von Benutzeraktionen sollen Geräte jedoch auch automatisch in Abhängigkeit des aktuellen Preises gesteuert werden können. Durch intelligente Steckdosen, die entsprechend der aktuellen Preise reagieren und Geräte selbstständig einschalten können, ist es möglich, automatisiert auf die Geräte zuzugreifen und diese auch in Abwesenheit der Besitzer kostenoptimal zu betreiben. Dies entlastet die Kunden, da nicht mehr alle Geräte per Hand gesteuert werden müssen. Zusätzlich können Geräte gesteuert werden, deren Steuerung für den Benutzer zu aufwendig oder technisch gar nicht möglich wäre (z. B. Kühlschränke oder Gefrierschränke).

Neben der Steuerung der Geräte können die Strompreissignale auch genutzt werden, um Erzeugungsanlagen in den Haushalten zu steuern. Die Anlagen reagieren dabei auf hohe Preise an der Börse und verstärken ihre Produktion, während sich bei niedrigen Preisen die Stromerzeugung weniger lohnt und entsprechend gedrosselt wird.

Das Projekt *Strompreissignale an der Steckdose* sollte Ende 2007 von der Konzeptions- und Planungsphase in den Feldtest übergehen. Im Rahmen des Feldversuchs sollten neben der Akzeptanz der Kunden und den Auswirkungen auf das Energiesystem auch mögliche Tarifmodelle analysiert und entwickelt werden. Zusätzlich sollten Erkenntnisse gewonnen werden, ob und wie Endkunden in die Strombörse integriert werden können und wie dezentrale Stromerzeugungsanlagen effizient gesteuert werden können. Das Projekt ist allerdings nie in einem Feldtest erprobt worden. Die entwickelten Konzepte und Komponenten sollen nun im Rahmen des Projekts *MeRegio (Aufbruch zu Minimum Emission Regions)* [Ene09c] verwendet und evaluiert werden. Am *MeRegio*-Projekt sind neben der *EnBW* auch das *Karlsruher Institut für Technologie (KIT)* und die Firmen *IBM, SAP, ABB* und *systemPlan* beteiligt. Das Projekt hat Ende 2008 begonnen und Ende 2011 soll der Feldtest beginnen.

Im nächsten Abschnitt wird auf Untersuchungen hinsichtlich zeitvariabler Tarife eingegangen, die im Rahmen des Projekts *SESAM* in Kooperation mit der *EnBW* entstanden sind.

Selbstorganisation und Spontaneität in liberalisierten und harmonisierten Märkten

Das vom Bundesministerium für Bildung und Forschung (BMBF) geförderte Projekt *Selbstorganisation und Spontaneität in liberalisierten und harmonisierten Märkten (SESAM)* [Uni06] beschäftigte sich im Rahmen des Forschungsschwerpunktes *Internetökonomie* mit verschiedenen Fragestellungen zu zukünftigen Energiemärkten und Virtuellen Kraftwerken. In dem interdisziplinären Projekt wurden unterschiedlichste Fragestellungen aus den Bereichen der Informatik, der Wirtschaftswissenschaften und der Rechtswissenschaften bearbeitet.

Das Projekt wurde durch die zunehmende Dezentralisierung der Stromproduktion motiviert und es wurden neue Konzepte und Methoden entwickelt, die es ermöglichen, die Stromproduktion und den Stromverbrauch effizient und einfach zu steuern und zu optimieren. Dabei wird davon ausgegangen, dass die bisher gezahlte Einspeisevergütung für dezentrale Anlagen (gemäß EEG) in den nächsten Jahren sinken oder entfallen wird, sodass es für die Besitzer von dezentralen Anlagen wichtig wird, neue Geschäftsmodelle zu entwickeln, mit denen sie ihre Anlagen wirtschaftlich betreiben können. Im Gegensatz zu dem Projekt *DINAR* und den Modellversuch *1000 Pioniere* spielt hier die direkte Kooperation der Teilnehmer eine besonders große Rolle.

Im Zentrum des Projekts stand die Entwicklung einer dezentralen Energieplattform für den Handel von Energieprodukten und verschiedenen energietechnischen Dienstleistungen. Die Teilnehmer können ihren Strom über den Marktplatz beziehen und Besitzer von dezentralen Anlagen können ihre überschüssigen Kapazitäten dort anbieten.

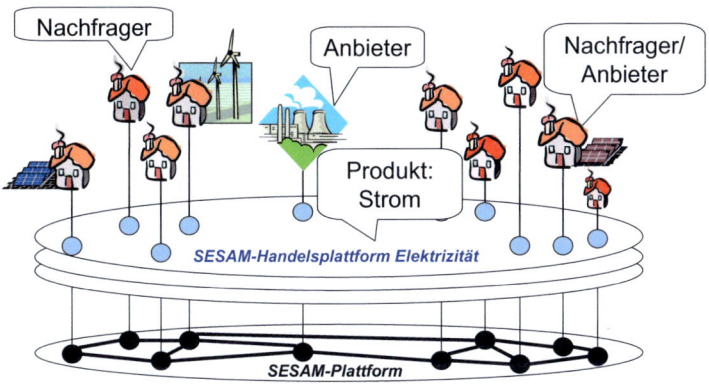

Abbildung 11: Aufbau der SESAM-Handelsplattform

In Abbildung 11 ist der grundsätzliche Aufbau der *SESAM*-Handelsplattform dargestellt. Alle Teilnehmer können unabhängig von ihrer Art und Größe an der Handelsplattform teilnehmen. Dabei ist besonders hervorzuheben, dass es keine festgelegten Rollen gibt, stattdessen können sowohl Nachfrager als auch Anbieter Teilnehmer sein. Besitzt ein Teilnehmer eine dezentrale Erzeugungsanlage, kann er den überschüssigen Strom verkaufen und zu anderen Zeiten die benötigte Energie einkaufen. Neben elektrischer Energie können auf der Handelsplattform auch andere Produkte (z. B. Wärme) oder Produktbündel (Strom und Wärme) gehandelt werden. Diese Kombination ist wichtig, da die Wirtschaftlichkeit von dezentralen Anlagen in einem hohen Maße von der Nutzung der Wärme abhängt. Zusätzlich zu Anbietern und Nachfragern von Strom- oder Wärmeprodukten können an der Handelsplattform auch zusätzliche Dienstleister teilnehmen. Zu den möglichen Dienstleistungen gehören z. B. Lastoptimierung, allgemeine Energieberatung oder Rechtsberatung beim Abschluss von Verträgen über die Plattform.

Die Plattform ist dabei nicht als normales Client-Server-Modell realisiert wie z. B. die Strombörse in Leipzig, sondern basiert auf einem Peer-to-Peer-Netzwerk. Der Handelsplatz wird auf Basis der Computer-Ressourcen der einzelnen Teilnehmer realisiert und erfordert keinen zentralen Betreiber, der eine entsprechende Rechnerinfrastruktur vorhält. Jeder Teilnehmer kann sich in das Netz integrieren und eigene Produkte oder Dienstleistungen anbieten. Die Angebote und Lastprofile der Teilnehmer sind dabei ähnlich wie bei einer Internet-Tauschbörse über das ganze Netz verteilt und werden nicht nur vom Ersteller der Daten bereitgehalten. Die Informationen bleiben damit auch dann erhalten, wenn sich einzelne Teilnehmer vom Netz abmelden und ihren Computer ausschalten. Das gesamte Peer-to-Peer-Netz und die realisierte Handelsplattform sind so konzipiert, dass sie eine hohe Fehlertoleranz aufweisen und völlig unabhängig von einzelnen Teilnehmern oder großen Energieversorgern sind. Für einen sinnvollen Betrieb ist es aber trotzdem unumgänglich, das immer eine *kritische* Menge von Teilnehmern am System teilnimmt.

Auf der Handelsplattform werden den Teilnehmern neben den externen Dienstleistungen auch Werkzeuge zur Erleichterung des Handels angeboten. Damit Besitzer von dezentralen Anlagen in der Lage sind, ihre überschüssige Energie wirtschaftlich über die Plattform zu verkaufen, werden sie z. B. bei der Erstellung von Tarifen oder Stromangeboten und der optimalen Einplanung der Anlage unterstützt. Bei der Tarifberechnung werden unter anderem das Wärme- und Heißwasserprofil des Besitzers, der Stromverbrauch, Betriebs- und Wartungskosten, die Nachfrageprofile potenzieller Kunden und Konkurrenzangebote auf dem Marktplatz berücksichtigt [FKE07]. Die resultierenden Tarifmodelle enthalten unterschiedliche Preisstufen und spiegeln neben den Erzeugungskosten des Anbieters auch die aktuelle Marktsituation wider. Die Anbieter sind damit in der Lage, sich automatisch an Konkurrenten anzupassen bzw. Marktnischen zu finden.

Für Nachfrager wurden Konzepte und Werkzeuge entwickelt, die den optimalen Tarif auswählen und bei Bedarf das eigene Lastprofil optimieren. Die Auswahl des optimalen Tarifs ist bei einfachen Varianten mit wenigen Preisstufen noch sehr einfach und kann auch ohne genaue Kenntnis der Geräte optimal durchgeführt werden. Als Basis können Standardlastprofile oder Lastprofile aus bisherigen Abrechnungszeiträumen verwendet werden. Bei komplizierteren Tarifen (wie z. B. bei leistungsabhängigen Tarifvarianten wie sie in der Industrie sehr verbreitet sind [FK05]) ist die Auswahl und die optimale Einplanung der Geräte deutlich schwieriger. Da die optimale Einplanung vom Verbrauch bzw. der Erzeugung der Geräte und Anlagen abhängt, muss der Teilnehmer seine Geräte genau modellieren und kann sich anschließend, aufbauend auf dieser Modellierung, das optimale Lastprofil für unterschiedliche Tarife berechnen lassen.

Neben dem Handel der einzelnen Teilnehmer werden von der Marktplattform auch Kooperationen zwischen Anbietern und Nachfragern unterstützt. Wie im Abschnitt über VK dargelegt, können Kooperationen zwischen verschiedenen Anbietern regenerativer Energie Versorgungslücken schließen und für ein ausreichendes Stromangebot rund um die Uhr sorgen. Zusätzlich besteht für Nachfrager die Möglichkeit, ebenfalls gemeinschaftlich auf dem Markt zu agieren, um z. B. Mengenrabatte zu erhalten. Dazu werden die hinterlegten Lastprofile und Freiheitsgrade der einzelnen Nachfrager kombiniert und für das resultierende Gesamtlastprofil ein optimaler Tarif gesucht. Durch die Bündelung der Nachfrage von mehreren Teilnehmern können die vorhandenen Freiheitsgrade besser kombiniert werden und erlauben eine deutlich flexiblere Anpassung an bestimmte Tarife, als dies sonst möglich wäre.

Beim Handel im Internet und insbesondere beim Handel von Energieprodukten sind zahlreiche rechtliche Rahmenbedingungen zu berücksichtigen, die für den Laien oft nur schwer zu durchschauen sind. Unter anderem besteht in Deutschland bei Internet-Geschäften in vielen Fällen ein zeitlich begrenztes Rücktrittsrecht. Zusätzlich müssen die Partner geschäftsfähig sein. Um Anbieter und Nachfrager beim Abschluss von Verträgen zu unterstützen, wurden verschiedene Rechtsvorschriften formalisiert und in den Marktplatz integriert. Die Teilnehmer werden schon bei der Anbahnung und später beim Abschluss von rechtsverbindlichen Geschäften auf die Auswirkungen hingewiesen. Dazu wurde ein Rechtsmediator entwickelt, der als eine Art elektronischer Anwalt die Vertragsangebote überprüft und dem Benutzer hilft, einen rechtsgültigen Vertrag abzuschließen. Der Vertragsmediator überprüft unter anderem die Volljährigkeit, die Vollständigkeit der Adressangaben, die Nationalität und den gewählten Rechtsrahmen. Im Falle von Kooperationen zwischen einzelnen Teilnehmern können mithilfe des Mediators Stellvertretungsverträge erstellt werden, die es einem Teilnehmer erlauben, auch im Namen des andern Teilnehmers auf dem Markt zu handeln.

Da in einem liberalisierten Markt auch Strom von Anbietern aus dem Ausland bezogen werden kann, wurden verschiedene Rechtsvorschriften aus andern EU-Ländern in die Betrachtung einbezogen. Bei der Bewertung von Vertragsangeboten müssen die unterschiedlichen Rechtsordnungen berücksichtigt werden [RNDB04, BDNR05]. So hat z. B. ein Teilnehmer, der die deutsche Rechtsordnung wählt, ein Rücktrittsrecht, aber nach der schweizerischen Rechtsordnung bestünde dieses Rücktrittsrecht nicht. Die Teilnehmer müssen sich für ihre Verträge auf eine Rechtsordnung einigen und der Mediator hilft dabei, die Konsequenzen besser abzuschätzen.

Einer der wesentlichen Punkte im Projekt ist der Verzicht auf einen zentralen Betreiber der Plattform. Der Marktplatz ist organisiert wie ein Peer-to-Peer-Netzwerk (P2P) und benötigt damit keine zentrale Infrastruktur. Da es keinen zentralen Betreiber gibt, muss bei der Erstellung von Konzepten und Werkzeugen berücksichtigt werden, dass es keine Instanz gibt, die den ordnungsgemäßen Betrieb sicherstellt und ggf. für Fehler haftet. Dies ist besonders bei der Realisierung von rechtskonformen Prozessen wichtig, da jede Transaktion prinzipiell als unsicher angesehen werden muss. Um diese Probleme zu beheben, wurden verschiedene Konzepte für einen verteilten Archivierungsdienst, ein dezentrales Einschreiben und ein verteiltes Vertrauensmodell entwickelt [CDS03, CDS04, CDS06].

Die verschiedenen Konzepte wurden prototypisch realisiert und in einem Gesamtdemonstrator z. B. auf der CeBIT 2006 vorgeführt. Neben der Entwicklung von neuen Konzepten für zukünftige Energiemärkte wurden auch verschiedene Studien durchgeführt, die sich mit den Auswirkungen von unterschiedlichen Handelsmodellen und Preissignalen auf das Lastverhalten der Teilnehmer beschäftigen [EFK06b, EFK06a].

Im Folgenden wir eine Studie, die in Zusammenarbeit mit der *EnBW AG* entstanden ist, vorgestellt. Die vorliegende Arbeit baut auf Forschungsergebnissen aus dem Projekt auf.

Insbesondere der in dieser Arbeit verwendete P2P-Ansatz und die Kooperationsstrategien zwischen den Teilnehmern beruhen auf den in *SESAM* geleisteten Vorarbeiten.

Auswirkungen von Strompreissignalen auf das Lastverhalten ausgewählter Verbraucher

Im Rahmen der Studie *Auswirkungen von Strompreissignalen auf das Lastverhalten ausgewählter Verbraucher* wurde aufbauend auf Statistiken und gemessenen Lastkurven ein Modellgebiet entworfen, welches 1.001 Haushaltskunden und vier Gewerbebetriebe enthält. Die Gewerbebetriebe sind ein Hotel, eine Metzgerei, eine Bäckerei sowie ein Handel für Tiefkühlprodukte. Da Industriebetriebe in den meisten Fällen direkt mit den Energieversorgungsunternehmen verhandeln und sowohl die Lastkurven als auch das Energiemanagement abstimmen, wurden diese in den Untersuchungen nicht betrachtet.

Ausgehend von Statistiken und in der Realität gemessenen Lastprofilen wurden die Geräte und Erzeugungsanlagen innerhalb der 1.001 Haushalte modelliert. Das in dieser Studie entwickelte Modellgebiet wird in abgewandelter Form auch als Szenario in dieser Arbeit verwendet und in Kapitel 4 näher erläutert. Neben der Ausstattung der Haushalte und Gewerbebetriebe wurden auch die Gebäudestruktur, der Wärme- und Heißwasserbedarf und ähnliche Randbedingungen detailliert abgebildet. In die Optimierung der Einsatzplanung von dezentralen Anlagen gehen unter anderem der Wärme- bzw. Warmwasserbedarf, der Wirkungsgrad in Abhängigkeit der Leistung, der Füllstand des Warmwasserspeichers, die Primärenergiepreise, der Wärmeverlust innerhalb des Warmwassertanks und der Eigenenergiebedarf mit ein. Bei der Einsatzplanung der Geräte wurde davon ausgegangen, dass die Geräte zwingend betrieben werden müssen und nur der Einsatzzeitpunkt variabel ist. Im Rahmen der Untersuchungen wurde bewusst auf Energiesparmaßnahmen verzichtet, um gesondert die Effekte des verbesserten Lastmanagements ermitteln zu können.

Mithilfe des Modellgebiets konnten die Auswirkungen von Veränderungen bei der Einspeisevergütung, unterschiedlichen Handelsmodellen und verschiedenen Tarif- und Preismodellen untersucht werden. In den ersten Studien wurden stündliche Preissignale verwendet, die den Haushalten und Gewerbebetrieben 24 Stunden im Voraus mitgeteilt wurden. Die Teilnehmer hatten somit ausreichend Zeit die Energienutzung für den nächsten Tag zu optimieren, die Anlagen entsprechend vorzubereiten und ggf. den Wärmetank zu füllen bzw. die vorhandenen Reste aufzubrauchen.

Im Rahmen der Studien konnte gezeigt werden, dass in den Haushalten eine große Flexibilität in der Energienutzung besteht. Durch entsprechende Preisanreize und ggf. eines höheren Automatisierungsgrades innerhalb der Haushalte kann das Lastverhalten signifikant beeinflusst werden. Es konnte ebenfalls gezeigt werden, dass im Haushalt auch ohne zusätzliche Automatisierungstechnik ein sehr großes Potenzial für Lastverschiebungen existiert (z. B. Waschmaschinen, Trockner, Spülmaschinen, Klimaanlagen, Nachtspeicherheizungen), welches durch den Einsatz von dezentralen Anlagen noch vergrößert werden kann. Wenn die Haushalte mit zusätzlicher Steuerungstechnik ausgestattet wurden, konnten auch Kühl- und Gefrierschränke sinnvoll eingebunden werden, was die Menge an verschiebbaren Lasten weiter vergrößert.

Durch Strompreissignale entsteht für die Betreiber von dezentralen Stromerzeugungs-anlagen ein Anreiz, verstärkt zu Hochpreiszeiten Strom zu produzieren. Dadurch unter-stützen die dezentralen Stromerzeugungsanlagen aktiv die Reduktion von Spitzenlasten. Die finanziellen Anreize durch die Preissignale müssen dabei so hoch sein, dass die eventuell resultierenden Wärmeverluste durch eine verstärkte Speicherung von Wärme und des damit verbundenen höheren Primärenergiebedarfs ausgeglichen werden.

Es konnte beobachtet werden, dass durch die Einführung von stündlichen Strompreis-signalen die Produktion nicht mehr durchgängig mit mäßiger Leistung erfolgt (oder in Intervallen je nach Teillastverhalten der Anlage), sondern nur noch zu Spitzenlastzeiten und dann immer mit maximaler Leistung. Insgesamt konnten in verschiedenen Szenarien die Mittagsspitzen im Jahreslastgang um mehr als 14% und die Abendspitze um 10% reduziert werden, ohne dass neue Lastspitzen zu anderen Zeiten erzeugt wurden [EFK+07, EFK06a, EFK06b].

Das Potenzial für Lastverschiebungen in den betrachteten Gewerbebetrieben ist im Ver-gleich zum Energieverbrauch nicht so groß wie bei den Privathaushalten, da viele Prozesse in ihrem Ablauf festgelegt sind und sich nur schwer verschieben oder neu organisieren lassen. Jede Veränderung kann in den Gewerbebetrieben zu Kosten an anderer Stelle und damit insgesamt zu höheren Kosten führen. So kann z. B. der Einsatz der Kistenwaschanlagen in der Bäckerei technisch problemlos in die Abend- oder Nacht-stunden verschoben werden, aber dann ist zu dieser Zeit Personal notwendig, welches die Waschanlagen ausräumt und neu bestückt. Bei der Metzgerei wären ebenfalls viele Prozesse technisch unabhängig und könnten theoretisch verschoben werden. Aufgrund der zeitlichen Rahmenbedingungen, die bei der Herstellung von Fleischprodukten ein-gehalten werden müssen, können diese Freiheitsgrade jedoch nicht genutzt werden.

In der vorgestellten Untersuchung wurden auch die Präferenzen der Teilnehmer und die Strompreise bei der Einplanung berücksichtigt. Werden die Geräte und Anlagen nicht mehr manuell gesteuert, sind die Präferenz und der Komfort der Teilnehmer implizit in den Rahmenbedingungen für die Einplanung der Geräte enthalten. Bei einer manuellen Steuerung ist es notwendig, dass mindestens eine Person im Haushalt anwesend ist, um die Steuerung zu übernehmen. Wenn in einem Haushalt alle Personen tagsüber abwesend sind, können in dieser Zeit keine Geräte gesteuert werden. Der Automatisierung inner-halb der Haushalte kommt deshalb eine besondere Bedeutung zu. Der Benutzer muss dann nur einmal die Randbedingungen für den Betrieb der Geräte und Anlagen festlegen und kann die Steuerung der Geräte der Automatisierung überlassen. Zusätzlich können Geräte gesteuert werden, die manuell nicht gesteuert werden könnten (z. B. Kühl-schränke). Je höher der Automatisierungsgrad innerhalb der Haushalte ist, desto mehr Potenzial ist für Lastverschiebungen vorhanden.

Wenn die Steuerung ausschließlich nach dem Preis vorgenommen wird und sonst keine weiteren Faktoren berücksichtigt werden, kann es zu Lawineneffekten kommen. Ein Lawineneffekt bedeutet, dass alle verfügbaren Geräte zum selben Zeitpunkt betrieben werden. Alle Haushalte wählen dann für ihre Geräte die günstigsten Zeitbereiche, die entsprechend der Randbedingungen noch zulässig sind. Da bei gleichen Randbe-dingungen alle Haushalte die gleichen Einplanungszeiten wählen werden, kann es vor-kommen, dass zwar bestehende Lastspitzen geglättet werden, aber zu den preislich attraktiven Zeiten neue Lastspitzen entstehen. Durch sehr günstige Preise in den Abend-stunden wird die Nutzung vieler Geräte in die Abendstunden verschoben, was zwar die Vorabendspitze abmildern kann, aber zu einer neuen Lastspitze in den Abendstunden führt, die deutlich höher sein kann als die bisherigen Lastspitzen.

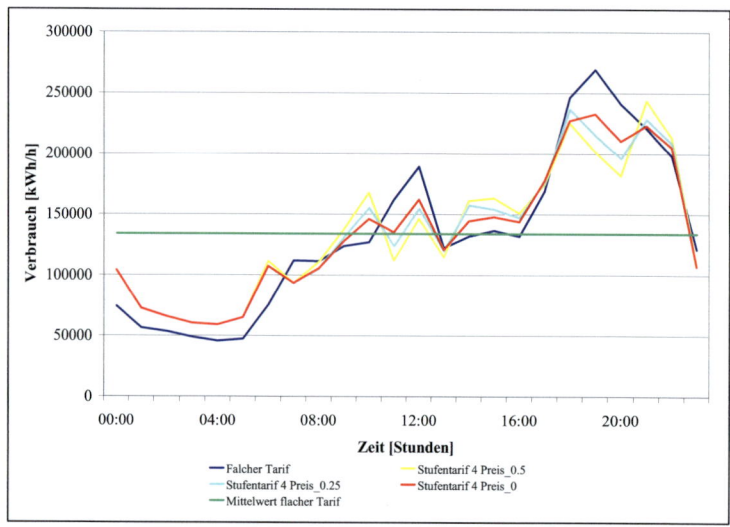

Abbildung 12: Jahreslastgang des Modellgebiets bei unterschiedlicher Preissensitivität [EFK06a]

In Abbildung 12 sind die Ergebnisse der Studie in Form des Jahreslastgangs des Modell-gebietes dargestellt. Die einzelnen Kurven zeigen den Jahreslastgang bei unterschiedlich preissensitiven Teilnehmern. Kunden, die gar nicht auf die Preise reagieren, verhalten sich entsprechend ihrer eigenen Präferenzen, was auch den Ergebnissen bei einem flachen Tarif mit nur einem Arbeitspreis entspricht (blaue Kurve). Je höher der Preis ge-wichtet wird (Gewichtung des Preises 0,25 (hellblaue Kurve), 0,5 (gelbe Kurve) und 0,75 (rote Kurve), desto mehr Last wird in andere Zeitbereiche verschoben. Bei einer sehr hohen Preissensitivität planen die Teilnehmer ihre Geräte verstärkt in den frühen Morgenstunden und den Abendstunden ein. Diese Glättung des Lastprofils führt zu einer Verringerung der Spitzenlast sowie einer Erhöhung der Grundlast. Insgesamt nimmt die Spreizung zwischen Grundlast und Spitzenlast deutlich ab, was zu Einsparungen bei den Energieversorgungsunternehmen führt, da nicht mehr so große Kapazitäten für Spitzen-zeiten vorgehalten werden müssen und der gestiegene Grundlastbereich von den günstigsten, jedoch nicht flexibel einsetzbaren, Kraftwerkstypen produziert werden kann.

In den Studien konnte deutlich gezeigt werden, dass auch in Privathaushalten ein großes Potenzial für ein Lastmanagement existiert und dass es mit relativ einfachen Mitteln ge-nutzt werden kann. Für den Kunden muss der finanzielle Anreiz dabei so hoch sein, dass er auch auf Dauer bereit ist, seine Geräte entweder selbst zu steuern oder steuern zu lassen.

Aufbruch zu Minimum Emission Regions

Im Rahmen des Projekts *MeRegio* (*Aufbruch zu Minimum Emission Regions*) werden verschiedene der in *SESAM* entwickelten Konzepte in Zusammenarbeit mit mehreren Industriepartnern (*ABB, EnBW, IBM, SAP, systemPlan*) in einem Feldversuch umgesetzt. Das Projekt *MeRegio* gehört zum Förderprogramm *E-Energy* [Bun08b] des Bundesministeriums für Wirtschaft und Technologie in ressortübergreifender Partnerschaft mit dem Bundesministerium für Umwelt, Naturschutz und Reaktorsicherheit. Im Rahmen des Förderprogramms werden 6 Projekte gefördert, die jeweils in einer Modellregion die Potenziale von IKT in Bezug auf eine Verbesserung des Energiesystems untersuchen sollen.

Ein wesentlicher Punkt in Projekt *MeRegio* ist die Schaffung einer Energiehandelsplattform, mit der Angebot und Nachfrage über den Tag hinweg gesteuert werden können. In das Projekt gehen auch die Ergebnisse aus verschiedenen hier vorgestellten Projekten (z. B. *1.000 Pioniere, Strompreissignale an der Steckdose*) mit ein. Das Projekt hat Ende 2008 begonnen und hat eine Laufzeit von 4 Jahren. Der Feldtest beginnt im Jahr 2011 in einer 1.000 Teilnehmer umfassenden Modellregion.

Bei den hier vorgestellten Projekten wird über verschiedene Mechanismen versucht, das Last- und Erzeugungsverhalten von entfernten Anlagen zu beeinflussen oder direkt zu steuern. Ein System, bei dem verteilte Komponenten durch externe Führungsgrößen in ihrem Verhalten beeinflusst werden sollen, wird allgemein ein Verteiltes System genannt. Da auch für die Konzepte in dieser Arbeit ein Verteiltes System aufgebaut wird, wird im Folgenden ein kurzer Überblick über die später verwendeten Ansätze gegeben und die in den vorgestellten Projekten genutzten Architekturen kurz dargestellt.

3.2 Verteilte Systeme

Verteilte Systeme spielen heutzutage eine immer größere Rolle bei der Nutzung der vorhandenen Computerressourcen. Neben der Leistungssteigerung bei Prozessoren hat auch die Vernetzung der vorhandenen Komponenten (z. B. Computer, Drucker oder sonstige Hard- und Software) maßgeblich zum Fortschritt von IT-Systemen beigetragen. Unter einem Verteilten System versteht man allgemein den Zusammenschluss von mehreren unabhängigen Computern oder Einheiten, die sich dem Benutzer als ein zusammenhängendes Gesamtsystem präsentieren [TS07]. Das wohl bekannteste Verteilte System stellt das Internet dar, in dem Millionen von Computern zusammengeschlossen sind und verschiedene Dienste wie E-Mail, Dateiaustausch oder das *World Wide Web (WWW)* ermöglichen.

Mit dem Zusammenschluss von verschiedenen Komponenten sollen verschiedene Ziele wie z. B. bessere Ressourcennutzung, Sicherheit oder Skalierbarkeit erreicht werden [TS07, Ben04, SS07]. Im Vordergrund steht dabei meist der Wunsch, bereits vorhandene Ressourcen nutzbar zu machen, die ansonsten gar nicht oder nur mit sehr großem Aufwand genutzt werden könnten. Ein Beispiel für die gemeinsame Nutzung einzelner Komponenten sind auch Drucker oder Back-up-Systeme in größeren Büros. Neben der Möglichkeit, vorhandene Ressourcen zu nutzen, spielen auch die bessere Verfügbarkeit und Ausfallsicherheit eine große Rolle. So können bei Verteilten Systemen zum Beispiel

– für den Benutzer unsichtbar – verschiedene Komponenten mehrfach vorhanden sein, die im Falle von Störungen automatisch einspringen können.

Die Replizierung verschiedener Komponenten ist auch dann sinnvoll, wenn ein angebotener Dienst gar nicht oder nur schlecht von einer einzelnen Komponente erbracht werden kann. Darüber hinaus ist ein Verteiltes System auch besser skalierbar als eine einzelne Komponente, da weitere Ressourcen hinzugefügt werden können. Ein Beispiel hierfür ist die bei stark frequentierten Webseiten eingesetzte Serverlastverteilung (Server Load Balancing) [Bou01], welche die Anfragen aus dem Internet gleichmäßig auf verschiedene Server verteilt. Diese dem Benutzer verborgen bleibende Verteilung verhindert, dass das gesamte System von einem einzigen Server abhängt (Single-Point-of-Failure) und erlaubt es einer größeren Anzahl an Nutzern, zur gleichen Zeit auf die Seite zuzugreifen.

Einen wichtigen Punkt bei der Realisierung von Verteilten Systemen stellt die Transparenz für den Benutzer dar. Transparenz bedeutet in diesem Fall, dass die notwendigen Schritte, um das System zu vernetzen, für den Benutzer unsichtbar (*durchsichtig*) sind und sich das System dem Benutzer als ein Gesamtsystem präsentiert. Es ist nicht wichtig, wo oder wie ein Dienst erbracht wird. Dies gilt z. B. für das Back-up-System, ein gemeinsames Filesystem oder eine gemeinsam genutzte Internetverbindung. Für den Benutzer ist es im Normalfall nicht ersichtlich, wie genau der gewünschte Dienst erbracht wird und welche Protokolle oder Verfahren dafür eingesetzt werden. Für den Benutzer ist nur wichtig, dass der Dienst erbracht oder die Aufgabe gelöst wird.

Durch das Internet wurde in den letzten Jahren eine Vielzahl weiterer Systeme möglich, die es sich zum Ziel gesetzt haben, die bereits vorhandenen Ressourcen besser einzusetzen, die ansonsten ungenutzt bleiben müssten. So gibt es verschiedene Ansätze, die Ressourcen der an das Internet angeschlossenen Rechner zu nutzen, um komplexe Aufgaben zu lösen. An der Universität Karlsruhe (TH) wurde ein System zum Verteilten Rechnen entwickelt, welches in der Lage ist, Aufgaben wie z. B. Simulationsläufe automatisch auf andere Computer zu verteilen und die einzelnen Ergebnisse von den Rechnern wieder einzusammeln [Bon08]. Der Benutzer stellt seine Aufgaben nur auf einem Server zur Ausführung bereit und muss sich um die Verteilung und die Ausführung nicht kümmern. Das System bildet eine klassische hierarchische Struktur, in der mehrere Arbeiter (Slave) einen Auftraggeber (Master) bedienen.

Eine andere Organisationsstruktur stellen P2P-Netze dar, in denen es vielfach keine übergeordnete Instanz gibt. Diese Netze werden häufig für den Austausch von Dateien (z. B. in Internettauschbörsen) eingesetzt und nutzen die Ressourcen (in diesem Fall Bandbreite und Speicherkapazität) der Teilnehmer. Der Vorteil von P2P-Netzen ist, dass keine aufwendige zentrale Infrastruktur benötigt wird, die die Koordination und den Betrieb übernimmt.

In der Praxis besitzen die beteiligten Komponenten häufig einen eigenen Software-Agenten, welcher die Kommunikation übernimmt und für den Benutzer autonom verschiedene Aufträge ausführt. Im Falle des Verteilten Rechnens ist es die Aufgabe des Agenten, sich neue Aufgaben zu holen, diese zu bearbeiten und seine Ergebnisse wieder zurückzuliefern. In Tauschbörsen stellt der Agent die eigenen Daten zur Verfügung und versucht im Gegenzug, die vom Benutzer gesuchten Daten von anderen Teilnehmern zu erhalten. In beiden Fällen bleiben dem Benutzer die genaue Organisation und der interne Ablauf verborgen und das System stellt sich für ihn wie ein einzelnes Computersystem dar, in dem er nach Daten suchen kann.

Das im Rahmen dieser Arbeit entwickelte System wurde ebenfalls als Verteiltes System konzipiert. Für das Szenario wird angenommen, dass sowohl die einzelnen Energieverbraucher als auch die Steuerung verteilt und über das Internet miteinander verbunden sind. An dieser Stelle wird nicht näher auf Verteilte Systeme eingegangen, da dies den Rahmen dieser Arbeit überschreiten würde. Weiterführende Informationen zu Verteilten Systemen sind in zahlreichen Standardwerken vorhanden [TS07, Ben04, SS07].

Da für die Modellierung der einzelnen Komponenten Software-Agenten eingesetzt werden, werden im Folgenden kurz Multi-Agenten-Systeme vorgestellt und dann am Beispiel des Organic Computing gezeigt, wie sich diese komplexen Systeme, die aus sehr vielen Agenten bestehen, überwachen und steuern lassen.

3.2.1 Multi-Agenten-Systeme

Multi-Agenten-Systeme (MAS) stellen heute eine Standardmethode zur Modellierung und Realisierung von unterschiedlichsten Szenarien dar. Sie werden in vielen Bereichen (z. B. Aktienmärkte, Roboter, im Internet oder in Betriebssystemen) erfolgreich eingesetzt. MAS bilden dabei vielfach genau die Zusammenhänge und die Interaktionen zwischen verschiedenen Einheiten ab, die auch in der Natur existieren. Natürliche MAS sind z. B. Ameisenstaaten, Vogelschwärme oder Fischschwärme. Bei MAS spielt in den meisten Fällen die Kommunikation der einzelnen Einheiten eine besondere Rolle.

MAS bestehen aus mehreren interagierenden Einheiten, die Agenten genannt werden. Es existiert keine einheitliche Definition, was ein Agent ist. Nach [Wei00] sind Agenten ganz allgemein Computersysteme, die sich in einer Umwelt befinden und autonome Aktionen ausführen können, um ein Ziel zu erreichen. Bei den Computersystemen kann es sich z. B. um Softwareprogramme oder auch um Roboter handeln, die über Sensoren verfügen und so ihre Umgebung wahrnehmen können. Eine Aktion gilt als autonom, wenn es nicht notwendig ist, dass ein Benutzer eingreift oder die Aktion extra erlauben muss.

Diese Definition ist recht weit gefasst und nach [Wei00] wäre auch ein einfacher Temperatursensor, der abhängig von der Raumtemperatur die Heizung regelt, ein Agent. Dieser Agent misst durchgängig die Temperatur und sobald ein Schwellwert unterschritten wird, wird automatisch (und ohne Interaktion mit dem Benutzer) die Heizung eingeschaltet. Nach [SV00] wird ein Agent durch seine Ziele, Aktionen und die Wahrnehmung seiner Umgebung charakterisiert. Die Ziele beschreiben, welcher Zustand oder welches Ergebnis erreicht werden soll. Die Aktionen beschreiben Maßnahmen, die der Agent durchführen kann, um ein Ziel zu erreichen. Die Wahrnehmung der Umwelt wird durch die verfügbaren Sensoren bestimmt. In dem einfachen Beispiel der Heizungssteuerung in einer Wohnung hat der Agent das Ziel, die Temperatur über einem Schwellwert zu halten. Als Aktion steht nur das Anschalten der Heizung zur Verfügung und der Agent nimmt seine Umgebung nur über einen Temperatursensor wahr.

Neben diesen sehr einfachen Agenten gibt es auch deutlich komplexere Varianten. So werden z. B. bei Auktionen im Internet häufig Softwareagenten eingesetzt, die automatisch bis zu einem vorgegebenen Betrag mitbieten. Diese Agenten sind teilweise in der Lage zu prüfen, ob es mehrere Auktionen mit dem gleichen Artikel gibt, und bieten, wenn Sie überboten wurden, bei einer anderen Auktion weiter, um den Preis so niedrig wie möglich zu halten. Auf diese Weise wird nicht der Preis einer einzelnen Auktion in die Höhe getrieben, während das gleiche Produkt in anderen Auktionen noch viel günstiger ist.

Um die Fähigkeiten der verschiedenen Ausprägungen von Agenten besser voneinander abgrenzen zu können, unterscheidet [Wei00] zwischen Agenten und intelligenten Agenten. Als intelligent wird ein Agent bezeichnet, wenn er

- in der Lage ist, auf Ereignisse zu reagieren (reaktiv),
- von sich aus die Initiative ergreifen kann und Aktionen ausführen kann (proaktiv),
- und wenn er in der Lage ist, mit anderen Agenten oder Menschen zu interagieren (sozial).

Diese Eigenschaften gehen offensichtlich weit über die Fähigkeiten des weiter oben beschriebenen Temperaturreglers für die Heizung hinaus. Besonders die Fähigkeit, mit anderen Agenten oder Menschen kommunizieren und interagieren zu können, kommt eine besondere Bedeutung zu. Durch das Zusammenspiel der Agenten können sehr komplexe Zusammenhänge modelliert werden. Im Bereich der Künstlichen Intelligenz (KI) wird vielfach auch die Anpassungsfähigkeit bzw. die Lernfähigkeit zu den Anforderungen an intelligente Agenten gezählt.

Wenn mindestens zwei Agenten in einem System existieren, spricht man von einem MAS [Wei00]. Bei dieser Definition ist es noch nicht wichtig, ob die Agenten interagieren können oder sollen oder ob die Agenten unabhängig voneinander sind. Nach [SV00] ist nicht jedes System, dass aus mehr als einem Agenten besteht ein MAS. Ob es sich um ein MAS handelt oder nicht, hängt davon ab, ob sich die Agenten dessen „bewusst" sind, dass es noch andere Agenten gibt oder ob ihre Aktionen nur durch die Umgebung beeinflusst werden. Dies bedeutet z. B. auch, dass es sich nicht um ein MAS handelt, wenn mehrere Agenten von einer zentralen Komponente gesteuert und überwacht werden.

Bei vielen MAS handelt es sich also um eine Art Verteiltes System, bei dem die Daten und Akteure dezentral organisiert sind und bei dem es nicht zwingend eine zentrale Koordinationsebene gibt. Die einzelnen Agenten können unabhängig voneinander realisiert werden und somit asynchron agieren. Für Agenten, die in der Lage sind, mit anderen Agenten oder mit Menschen zu interagieren, stellt sich dabei immer die Frage, wann und wie mit wem interagiert werden soll [Wei00], um die eigenen Ziele möglichst gut zu erreichen.

Nach [SV00] lassen sich die MAS generell in 4 Kategorien unterteilen:

- homogen, nicht kommunizierend
- homogen, kommunizierend

- heterogen, nicht kommunizierend

- heterogen, kommunizierend

Als homogen wird ein MAS bezeichnet, wenn alle Agenten im System die gleichen Ziele, Aktionen und das gleiche Wissen über die Umgebung haben. Trotz dieser Gemeinsamkeiten können sich die Agenten unterschiedlich verhalten, da sie noch über lokales oder privates Wissen verfügen, welches das Verhalten auch beeinflusst. Findet keine direkte Kommunikation (z. B. durch das Senden von Nachrichten) statt, werden die Agenten als nicht kommunizierend bezeichnet [SV00]. Auch wenn keine direkte Kommunikation möglich ist, können vielfach indirekt über Stigmergie [HM99, TC06] Informationen ausgetauscht werden. Als Stigmergie bezeichnet man die Kommunikation zwischen verschiedenen Einheiten über die Veränderung der Umgebung. Ein Beispiel hierfür sind z. B. Ameisen, die eine Duftspur hinterlassen, an der sich andere Ameisen orientieren können. Mithilfe dieser Duftspuren sind Ameisen in der Lage, komplexe Wegfindungsprobleme zu lösen, ohne direkt miteinander kommunizieren zu müssen.

Bei aktiver Stigmergie wird die Umwelt gezielt so verändert, dass die Sensoren eines anderen Agenten beeinflusst werden. Der entsprechende Agent nimmt damit seine Umwelt anders wahr und ändert aufgrund der neuen Informationen ggf. sein Verhalten. So kann z. B. ein Agent eine Marke setzen, die anzeigt, dass eine Ressource gerade in Benutzung ist. Andere Agenten nehmen diese Marke wahr und wissen, dass sie auf die Ressource warten müssen.

Passive Stigmergie verändert die Auswirkungen der Aktionen von Agenten. So kann z. B. eine Ressource durch ein Signal gesperrt werden, sodass andere Agenten nicht mehr in der Lage sind, diese anzufordern, auch wenn sie es versuchen. Die Auswirkungen ihrer Aktionen (Anfordern einer Ressource) haben sich also durch die Aktion eines anderen Agenten (Sperrung der Ressource) verändert.

Können die Agenten nicht nur über Stigmergie kommunizieren, sondern auch direkt Nachrichten austauschen, werden sie als kommunizierend bezeichnet. Die ausgetauschten Nachrichten können dabei Daten über die Umwelt oder den eigenen Zustand beinhalten. Auch ist es möglich, Informationen über Aktionen auszutauschen, die als nächstes oder nach Möglichkeit von anderen Agenten ausgeführt werden sollen.

Sind nicht alle Agenten in ihren Zielen, Aktionen und dem Wissen über die Umwelt identisch, werden sie als heterogen bezeichnet [SV00]. So können sich Agenten z. B. dadurch unterscheiden, dass sie unterschiedliche Werkzeuge besitzen, mit denen sie unterschiedliche Aufgaben erfüllen können. Agenten können sich auch hinsichtlich ihrer Ziele unterscheiden, wenn z. B. ein Agent eine Ressource einkaufen und ein anderer Agent Ressourcen verkaufen soll. Des Weiteren können die Agenten je nach vorhandenen Sensoren auch die Umwelt anders wahrnehmen. Für die Charakterisierung als heterogen reicht es aus, wenn sich die Agenten in mindestens einem Merkmal unterscheiden. Die Klassifikation, ob die Agenten kommunizierend oder nicht kommunizierend sind, entspricht der der homogenen MAS.

Bei den Zielen der einzelnen Agenten muss zusätzlich noch unterschieden werden, wie die Agenten versuchen, ihre Ziele zu erreichen, und welche Konsequenzen dies für andere Agenten bzw. deren Ziele hat.

Neben der hier vorgestellten allgemeinen Unterscheidung der MAS hinsichtlich der Agenten (Ziele, Aktionen, Wissen über die Umwelt) und der Kommunikationsarten muss in vielen Fällen unterschieden werden, wie die Agenten ihr Ziel erreichen können [Wei00]:

1. Kooperativ: Die Agenten verfolgen ein gemeinsames Ziel und versuchen dieses gemeinschaftlich oder alleine zu erreichen.

2. Konkurrierend: Die Agenten haben eigene Ziele, die den Zielen der anderen Agenten entgegenstehen können.

Bei kooperativen Systemen gibt es ein übergeordnetes Gesamtziel, welches mithilfe der einzelnen Agenten erreicht werden soll. Obwohl eigene Ziele oder Restriktionen das Verhalten der Agenten beeinflussen können, steht doch das globale Ziel im Vordergrund. Beispiele für ein solches kooperatives Szenario sind z. B. Optimierungsprobleme, bei denen die Agenten verschiedene Bereiche des Suchraums durchsuchen. In kooperativen Szenarien kooperieren die Agenten meist deshalb miteinander, weil ein einzelner Agent nicht in der Lage wäre, die Aufgabe effizient zu lösen. In vielen Fällen verfügen die Agenten nur über eine begrenzte Menge an Ressourcen (z. B. Speicher oder Rechenleistung) oder sind nicht in der Lage, ihre Umgebung vollständig zu erfassen. Diese MAS können aber auch gezielt dazu eingesetzt werden, die Parallelität bei der Bearbeitung von Aufgaben zu erhöhen und die Skalierbarkeit zu verbessern. Solange die Restriktionen eingehalten werden und das globale Ziel erreicht wird, ist es meist unwichtig, was genau die Agenten zum Erreichen des Ziels beitragen und wie genau sie miteinander interagieren. Die Agenten können dabei z. B. die Aufgabe generell untereinander aufteilen oder auch nur einzelne, bereits berechnete Teilergebnisse austauschen, um das Ziel zu erreichen.

Bei konkurrierenden Agenten besitzen die einzelnen Agenten ein Ziel, welches den Zielen von anderen Agenten entgegensteht. So kann es z. B. sein, dass eine benötigte Ressource nicht im ausreichenden Maße vorhanden ist und die Agenten versuchen einen möglichst großen Teil dieser Ressource zu erlangen, was bedeutet, dass andere Agenten weniger oder gar nichts von der Ressource erhalten. In solchen Szenarien existiert kein übergeordnetes globales Ziel, dem sich die einzelnen Agenten unterordnen. Ein Beispiel für ein konkurrierendes System ist z. B. ein Marktplatz, auf dem die einen Agenten versuchen, verschiedene Güter möglichst günstig für ihren Auftraggeber zu beziehen. Die anderen Agenten versuchen, Güter möglichst teuer zu verkaufen. Offensichtlich stehen die Ziele der Verkäufer (möglichst hoher Preis) den Zielen der Käufer (möglichst niedriger Preis) entgegen. Zusätzlich kann es passieren, dass verschiedene Käufer ein Produkt erwerben möchten, welches nur einmal vorhanden ist. Trotz der konkurrierenden Situation kann es für die einzelnen Agenten sinnvoll und notwendig sein, mit anderen Agenten zu interagieren und Informationen auszutauschen.

Bis vor wenigen Jahren gab es fast keine Standards, wie MAS aufgebaut sein sollen oder wie Agenten miteinander kommunizieren. Die *Foundation for Intelligent Physical Agents*

(FIPA) [IEE09] ist ein seit 1996 existierendes Standardisierungsgremium, dessen Ziel es ist, eine Kommunikationsgrundlage für heterogene, interagierende Agentensysteme zu schaffen. Dabei werden Fragestellungen des Agentenmanagements, der Agenten-kommunikation und des Transports von Agentennachrichten adressiert und es wurden verschiedene Standards vorgeschlagen.

Die in diesem Kapitel vorgestellten Ansätze zum intelligenten Lastmanagement sind in den meisten Fällen auch MAS. Bei den Modellversuchen zu Strompreissignalen handelt es sich meist um homogene, nicht kommunizierende MAS. Ein zentraler Betreiber sendet allen Kunden ein Preissignal, auf das die Kunden mit Lastverschiebungen reagieren können. Alle Kunden wollen ihre Stromkosten reduzieren und haben damit das gleiche Ziel. Die Aktionen sind ebenfalls identisch, da sie nur die Möglichkeit haben, Last um-zuplanen. Je nach internem Zustand der Agenten können mehr oder weniger Lasten ver-schoben werden. Die Kunden kommunizieren dabei weder untereinander noch mit dem Betreiber. Auch die Auswirkungen der eigenen oder der gesamten Lastveränderungen sind für die Kunden nicht sichtbar.

Das Virtuelle Regelkraftwerk der *steag* ist nach der Definition von [SV00] kein MAS, da es eine zentrale Kontrolleinheit gibt und alle angeschlossenen Einheiten ausschließlich die Befehle der Kontrolleinheit befolgen.

Wenn neben den Kunden, die ihren Verbrauch verschieben können, auch Betreiber von dezentralen Anlagen beteiligt sind, wird aus dem homogenen MAS ein heterogenes MAS. Die Betreiber dezentraler Anlagen können ein anderes Ziel (Kosten minimieren oder Einnahmen maximieren) haben und verfügen im Gegensatz zu reinen Verbrauchs-kunden über die Möglichkeit, Strom zu produzieren.

Das im Projekt *Dinar* entwickelte *BEMI* ergänzt die homogenen oder heterogenen Agenten um die Möglichkeit der Kommunikation. Durch das *pool-BEMI* können Nach-richten ausgetauscht und ausgewertet werden. Da das *pool-BEMI* nicht in der Lage ist, Geräte und Anlagen zwangsweise ein- bzw. auszuschalten und weil die Entscheidung stattdessen von den lokalen *BEMIs* getroffen wird, handelt es sich im Gegensatz zum Virtuellen Regelkraftwerk der *steag* um ein heterogenes, kommunizierendes MAS.

Bei allen vorgestellten MAS handelt es sich um konkurrierende Systeme, da die Teil-nehmer kein globales Ziel haben. Da sich die Aktionen der einzelnen Teilnehmer jedoch nicht beeinflussen, tritt bei diesen Ansätzen keine direkte Konkurrenzsituation zwischen den Teilnehmern auf.

Im Projekt *SESAM* konkurrieren die Teilnehmer direkt miteinander. Da verschiedene Stromtarife nur in begrenzter Menge zur Verfügung stehen oder Strommengen per Auktion versteigert werden, stehen die Teilnehmer in direkter Konkurrenz zueinander. Auch bei der Erstellung von Tarifen für dezentrale Anlagen müssen die Situation auf dem Markt und damit die Angebote der Konkurrenten berücksichtigt werden. Jeder Agent versucht seine Tarife so zu gestallten, dass sie besser sind als die der Konkurrenz.

Neben dieser Konkurrenzsituation gibt es auch Fälle, in denen es für die Agenten sinn-voll ist zu kooperieren, da sie nicht in der Lage sind, ihr Ziel alleine zu erreichen. So können Teilnehmer über die *SESAM*-Handelsplattform ihre Lastkurven untereinander abstimmen und gemeinsam am Markt agieren. Damit verbessern die Teilnehmer ihre Position auf dem Markt und können z. B. Mengenrabatte erhalten.

In dieser Arbeit wird im Folgenden ein kooperatives, heterogenes, kommunizierendes MAS entwickelt, in dem alle Agenten gemeinschaftlich versuchen, den Bedarf an Ausgleichsenergie zu reduzieren. Dabei haben die Agenten zwar ein gemeinsames globales Ziel, müssen aber dennoch die Restriktionen der einzelnen Agenten durchgängig berücksichtigen. Aus dem Zusammenspiel vieler autonomer Agenten soll sich dabei ohne zentrale Steuerungskomponenten ein globales Verhalten herausbilden, welches das gewünschte Ziel herbeiführt.

Dazu wird im nächsten Abschnitt ein Forschungsbereich vorgestellt, der sich mit der Frage beschäftigt, wie sich selbstorganisierende Systeme (unabhängig davon, ob kooperierend oder konkurrierend) in ihrem Verhalten beeinflussen und steuern lassen, um ein erwünschtes globales Verhalten zu erreichen.

3.2.2 Organic Computing

Der Forschungsbereich Organic Computing beschäftigt sich mit den Herausforderungen, die sich durch die zukünftige Technologieentwicklung und dem Zusammenspiel vieler Komponenten ergeben [Ver03]. Der Grundgedanke ist, dass den Menschen in Zukunft immer mehr Geräte umgeben werden und diese Geräte miteinander interagieren müssen bzw. können, um verschiedene Aufgaben zu erfüllen. Aufgrund der teils großen Anzahl an Geräten und der damit verbundenen hohen Komplexität ist es in sehr vielen Fällen nicht möglich, ein System so genau zu spezifizieren, dass alle Eventualitäten abgedeckt sind und sich das System immer korrekt verhält. Eine Lösung stellt die Entwicklung von selbstorganisierenden Systemen dar, bei denen nur noch das gewünschte Ziel angegeben wird und das System selbst einen Weg findet, wie diese Ziele erreicht werden können. Das Problem dabei ist, wie ein solches System entworfen werden kann, da mit den üblichen Entwurfsmethoden (top-down oder bottom-up) das System in vielen Fällen nicht spezifiziert werden kann. Als Lösung für das Problem wurde das Prinzip der gesteuerten Selbstorganisation zusammen mit einer entsprechenden Observer/Controller-Referenzarchitektur (O/C-Architektur) entwickelt.

Im Bereich des Organic Computing sollen dabei nicht völlig autonome Systeme geschaffen werden, die nicht mehr durch den Benutzer gesteuert werden können oder sollen, sondern Systeme, die bei Bedarf durch den Benutzer angepasst oder beeinflussbar bleiben. Dabei ist es von besonderer Bedeutung, wie viel Wissen der Benutzer über die einzelnen Teile des Systems benötigt, um sinnvoll Änderungen vornehmen zu können.

Die Systeme des Organic Computing sollen so konzipiert sein, dass sie über sogenannte Selbst-X-Eigenschaften verfügen [cMMS+07, Ver03], wie sie auch für das Autonomic Computing [KC03, Ste05] formuliert worden sind:

- Selbstheilend
- Selbstkonfigurierend
- Selbstoptimierend
- Selbstorganisierend

- Selbsterklärend

- Selbstschützend

Das System soll sich nach Möglichkeit selbst an sich verändernde Situationen anpassen können, soll Fehler beseitigen und Angriffe abwehren können. Dazu müssen dem System verschiedene Freiheitsgrade eingeräumt werden, die es ihm erlauben, sich der Situation entsprechend zu verhalten. Ein vollständig definiertes System verfügt im Normalfall über keine Freiheitsgrade und verhält sich immer seiner Spezifikation entsprechend. Tritt innerhalb des Systems ein Fehler auf oder kommt es zu einer vom Entwickler unvorhergesehenen Situation, kann das Verhalten nur schwer vorhergesagt werden. Im besten Fall verhält es sich trotzdem korrekt und kann weiter eingesetzt werden oder es kann zu teils schwerwiegenden Fehlerzuständen kommen.

In den Szenarien des Organic Computing wird deshalb im Idealfall keine festgelegte Handlungsvorschrift vorgegeben, sondern der gewünschte Systemzustand beschrieben. Das System hat dann die Möglichkeit, im Rahmen der zur Verfügung stehenden Freiheitsgrade zu entscheiden, wie dieser Zustand am besten erreicht werden kann. Dies erlaubt es dem System, aus mehreren möglichen Aktionen eine auszuwählen. Wenn verschiedene Aktionen nicht mehr zur Verfügung stehen, weil z. B. die notwendigen Ressourcen nicht vorhanden sind, wählt das System selbstständig eine andere Aktion aus. Dazu muss das System durchgängig seinen eigenen Zustand beobachten und bei Bedarf entsprechende Maßnahmen ergreifen, um den gewünschten Zustand beizubehalten oder wieder herzustellen.

Generische Observer/Controller-Architektur

Im Rahmen des Forschungsprogramms Organic Computing wurde im Projekt *Quantitative Emergenz* eine generische Observer/Controller-Architektur entwickelt, die als Grundlage für den Entwurf von technischen Systemen dienen soll [RMB+06]. Auf Basis dieser Architektur können die einzelnen Komponenten identifiziert werden, die für den Betrieb eines Systems entsprechend der Organic Computing Vorgaben notwendig sind.

In Abbildung 13 ist der allgemeine Aufbau der Architektur dargestellt (vgl. [cMMS+07]). Die Grundlage bilden dabei die selbstständigen Einheiten (z. B. Agenten oder Roboter), die sowohl globale als auch lokale Zielfunktionen haben können. Diese selbstständigen Einheiten können dabei je nach Szenario ihre Umwelt wahrnehmen und ggf. mit dieser interagieren. Dies kann z. B. durch die Kommunikation mit anderen Einheiten geschehen, die Veränderung der Umgebung oder durch die Anpassung des eigenen Verhaltens. Diese Ebene der autonomen Einheiten wird als System unter Beobachtung und Steuerung bezeichnet (SuOC). SuOC steht dabei für *System under Observation and Control*.

Auf Basis von externen Eingabedaten sollen sich die einzelnen Einheiten so verhalten, dass ein gewünschtes Ergebnis erreicht wird. Um das Verhalten des Systems und auch das Ergebnis bewerten zu können, wird das System von einem sogenannten Observer beobachtet. Dieser Observer bereitet seine Beobachtungen auf und stellt die aufbereiteten Daten einer weiteren Einheit (Controller) zu Verfügung. Der Controller hat die Aufgabe, aufgrund der aktuellen Beobachtungen das Verhalten entsprechend einer vorgegebenen Zielfunktion zu bewerten und darauf aufbauend bei Bedarf steuernd in das System einzugreifen. Der Benutzer kann direkt mit dem Controller interagieren und seine Wünsche und Anforderungen dort spezifizieren. Der Controller und die einzelnen Einheiten sind dann dafür verantwortlich, diesen Zustand nach Möglichkeit zu erreichen und ggf. auch beizubehalten.

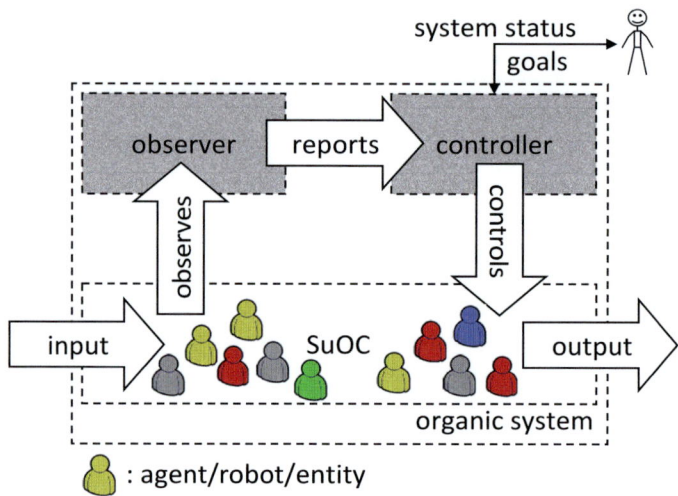

Abbildung 13: Observer/Controller-Architektur [cMMS+07]

Bei diesem Design ist zu beachten, dass der Observer und der Controller nicht zwingend für den Betrieb des Systems erforderlich sind. Der Controller greift nur dann in das System ein, wenn durch den Observer eine unerwünschte Situation entdeckt und deshalb Handlungsbedarf identifiziert wird. Solange sich das System innerhalb der festgelegten Parameter befindet und die Zielfunktion erfüllt, ist ein Eingriff nicht zwingend erforderlich. Je nach Situation kann ein solcher Eingriff aber trotzdem sinnvoll oder wünschenswert sein. In den folgenden Abschnitten werden die einzelnen Teile der Architektur genauer beschrieben. Teile dieser Architektur werden in Kapitel 5 für die Modellierung der Geräte und dezentralen Stromerzeugungsanlagen verwendet.

System under Observation and Control

Das System unter Beobachtung und Steuerung (*System under Observation and Control - SuOC*) bildet den Kern innerhalb der O/C-Architektur [SMS08]. Innerhalb des SuOC existieren verschiedene Einheiten, die mit ihrer Umgebung und untereinander interagieren. Die Einheiten sollen ein globales Ziel erreichen, auch wenn dies den einzelnen Einheiten nicht zwingend bekannt sein muss. Die Einheiten können zusätzlich auch eigene Ziele verfolgen und in einem Konkurrenzverhältnis zu anderen Einheiten stehen. Ein Beispiel für eine solche Situation ist die Verkehrslenkung mit Lichtsteueranlagen. Globales Ziel aus Sicht der Verkehrsplaner ist ein flüssiger Verkehr mit wenigen Staus und geringen Wartezeiten für alle Teilnehmer. Wenn ein einzelner Agent die Steuerung der Lichtsteueranlagen einer Kreuzung übernimmt, dann ist er nur daran interessiert, dass möglichst viele Autos die Kreuzung passieren können. Dies kann dazu führen, dass sich die Autos an anderer Stelle stauen.

Das Gesamtsystem sollte in der Lage sein, die gestellte Aufgabe zu erfüllen und ohne externe Eingriffe auskommen. Es kann jedoch durch das Zusammenspiel von vielen Einheiten, externen Einflüssen oder Störungen vorkommen, dass das System nicht mehr in der Lage ist, korrekt zu reagieren. In einem solchen Fall ist ein gezielter Eingriff von außen notwendig, um das System wieder in den gewünschten Zustand zu überführen.

Observer

Der Observer erhält aus dem zu beobachtenden System Informationen über den aktuellen Zustand. Dies können sowohl verschiedene Parameter der einzelnen Einheiten als auch Daten des Gesamtsystems sein. In regelmäßigen Abständen wird die aktuelle Situation erfasst und in einer Log-Datei gespeichert. In Abbildung 14 ist die Architektur des Observers detailliert dargestellt. Das SuOC und der Controller sind in dieser Abbildung nur angedeutet. In einem ersten Vorverarbeitungsschritt werden die Daten aufbereitet und ggf. die benötigten Informationen bestimmt. So kann z. B. aus zwei Positionswerten eines Roboters die aktuelle Geschwindigkeit ermittelt werden, auch wenn diese Größe nicht direkt im System gemessen werden kann. Nach der Vorverarbeitung wird im Rahmen einer Datenanalyse der aktuelle Zustand des Systems bestimmt. Dabei können z. B. mathematische oder statistische Modelle zum Einsatz kommen, um die vorverarbeiteten Daten besser bewerten zu können.

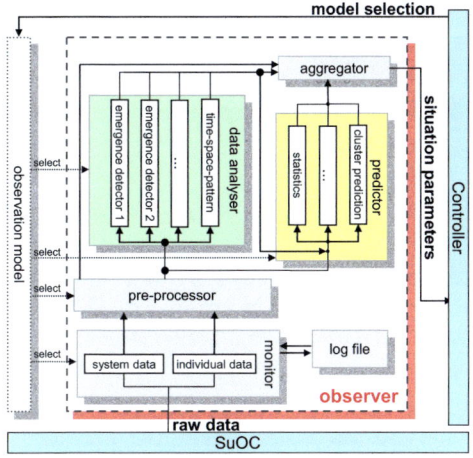

Abbildung 14: Architektur des Observers [BMMS+06]

Neben der Bestimmung des aktuellen Zustands ist auch die Vorhersage des zukünftigen Zustands von entscheidender Bedeutung. So könnte ein erwünschter oder gerade noch akzeptabler Zustand in den nächsten Schritten in einen unerwünschten oder fehlerhaften

Zustand führen, was durch geeignete Eingriffe verhindert werden müsste. Teilweise ist auch abzusehen, dass ein unerwünschter Zustand nicht mehr lange anhalten wird und daraus folgt, dass kein weiterer Eingriff notwendig sein wird. Die Vorhersage des nächsten Zustands kann während und nach der Analyse der Daten stattfinden. Bei der Vorhersage des zukünftigen Systemzustands können die gleichen Methoden wie bei der Datenanalyse in Kombination mit entsprechenden Vorhersagemodellen verwendet werden.

Die Daten aus dem Vorverarbeitungsschritt, der Datenanalyse und den Vorhersage-modellen werden vor der Weitergabe an den Controller aggregiert. Die resultierenden Daten spiegeln die aktuelle Situation und den erwarteten zukünftigen Zustand wider und bilden die Grundlage für die Entscheidung des Controllers, ob und welche Aktionen durchgeführt werden sollen. Der Controller empfängt dabei nicht nur Daten, sondern kann auch über verschiedene Parameter (model selection) des zugrundeliegenden Observationsmodells (observation model) Einfluss auf die zu messenden Daten, die Vor-verarbeitung, die Analyse und das Vorhersagemodell nehmen (vgl. Abbildung 15). Der Controller kann damit z. B. auf Basis seiner letzten Steuersignale mitentscheiden, welche Daten gemessen werden sollen und wie diese am besten interpretiert werden können.

Controller

Der Controller hat die Aufgabe, die Selbstorganisation des SuOC zu unterstützen und bei Bedarf steuernd einzugreifen. Der Controller soll nur dann eingreifen, wenn es wirklich notwendig ist und ansonsten den selbstorganisierenden Prozess der Einheiten im SuOC nicht beeinflussen.

Ausgehend von der aktuellen und prognostizierten Situation, die vom Observer an den Controller übermittelt wird und der vom Benutzer vorgegebenen Zielfunktion bzw. den aktuellen Präferenzen, muss der Controller die Situation bewerten und eine geeignete Aktion auswählen und durchführen.

Zu den möglichen Aktionen gehören alle Eingriffe, die

- die Umgebung,
- die Wahrnehmung, oder
- das Verhalten

der selbstorganisierenden Einheiten verändern. Dabei müssen nicht zwingend alle Ein-heiten von einer Aktion betroffen sein, es können auch kleinere Gruppen oder sogar einzelne Einheiten Ziel eines Eingriffs sein. Der Controller versucht insgesamt, das Ver-halten sinnvoll anzupassen.

Die Speicherung vergangener Aktionen ist auch die Grundlage für die Anpassung der Zuordnungen und die Erstellung neuer Regeln. Der Controller kann verschiedene Aktionen testen und anschließend ermitteln, welche Aktion effektiver war und zukünftig verstärkt diese Aktion auswählen. Der Controller kann damit aus seinen vorher-gegangenen Aktionen lernen und sich so an neue Situationen anpassen, die bei der Ent-wicklung nicht vorgesehen wurden und für die es noch keine Regeln oder Aktionen gibt. Da die Zuordnung von Situationen zu Aktionen sehr komplex und die Messung und Bewertung des Systems sehr aufwendig sein können, ist es vielfach nicht möglich, das System an realen Situationen und Aktionen lernen zu lassen. So ist es z. B. Autofahrern nur schwer zuzumuten, als Testobjekte für neue Ampelsteuerungen dienen zu müssen, bis sich das System (vielleicht nach Stunden) an eine Verkehrssituation angepasst hat.

Damit die erstellten Zuordnungen und Aktionen über eine gewisse Mindestqualität verfügen, kann der Controller um eine Simulationskomponente erweitert werden, in der anhand von verschiedenen Szenarien die aktuelle Handlungsstrategie getestet und überprüft werden kann. Die Lernphase muss damit nicht mehr am System selbst erfolgen, sie kann bei Bedarf auch parallel durchgeführt werden.

Durch diese Zwei-Schichten-Architektur kann z. B. der Controller, wenn keine Eingriffe erforderlich sind, selbstständig seine Zuordnungen verbessern, ohne das System zu beeinflussen und ggf. aus dem Gleichgewicht zu bringen. Auf diese Art und Weise können die Auswirkungen auf die Zielfunktion und die Präferenzen des Benutzers erst simuliert werden, bevor eine entsprechende Aktion ausgewählt wird. Bei diesem Vorgehen muss allerdings berücksichtigt werden, dass das Modell nicht zwingend mit der Wirklichkeit übereinstimmen muss. So kann es auch zu Abweichungen zwischen den realen und den erwarteten Auswirkungen kommen, die dann wieder behoben werden müssen. Dies kann dazu führen, dass das Simulationsmodell angepasst werden muss.

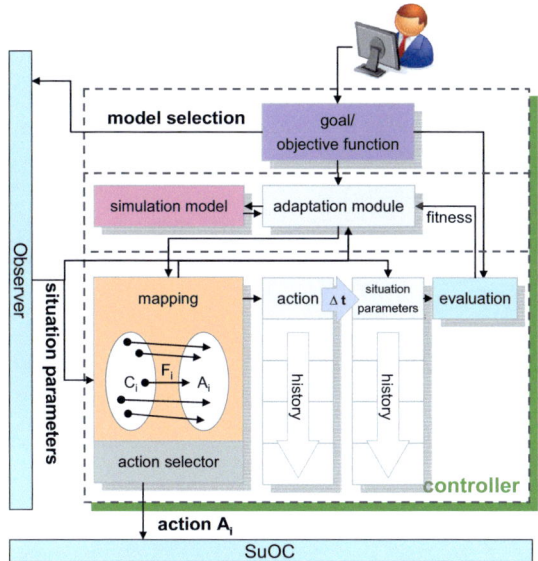

Abbildung 15: Architektur des Controllers [BMMS+06]

Neben der Auswahl von geeigneten Aktionen innerhalb des SuOC kann der Controller die Art und Weise beeinflussen, wie der Observer seine Umgebung wahrnimmt. So wäre es z. B. möglich, die Aufmerksamkeit des Observers auf bestimmte Bereiche zu lenken, weil die aktuell durchgeführte Aktion sich dort bemerkbar machen wird. Ein solches Verhalten kann sinnvoll sein, wenn der Observer nicht in der Lage ist, zu jeder Zeit alle Bereiche zu beobachten, und sich normalerweise auf andere konzentriert.

Unterschiedliche Observer/Controller-Architekturen

Neben der vorgestellten zentralen O/C-Architektur gibt es noch weitere Varianten der generischen Architektur, die je nach Szenario eingesetzt werden können. In Abbildung 16 sind vier mögliche Ausprägungen der Architektur dargestellt. Die bisher beschriebene *zentrale* O/C-Architektur verfügt über genau einen Observer und einen Controller, die für das Gesamtsystem zuständig sind.

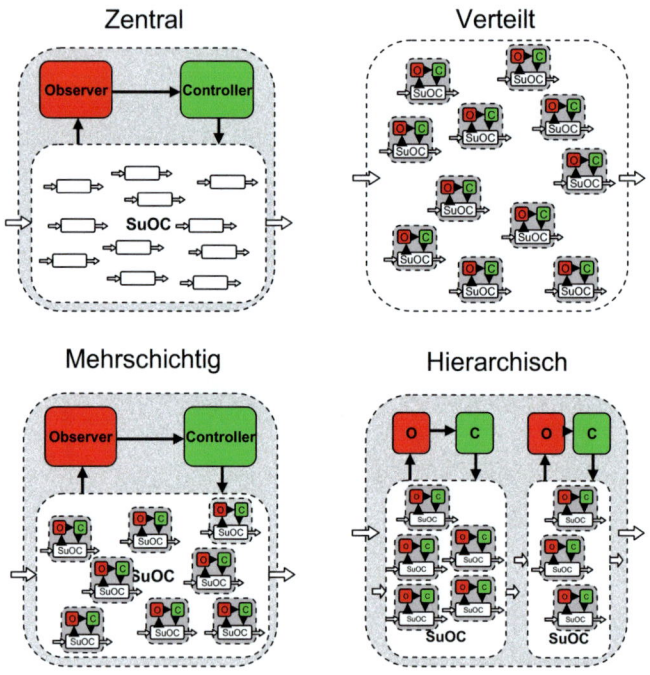

Abbildung 16: Verschiedene Observer/Controller-Architekturen [BMMS+06]

Bei einer *verteilten* O/C-Architektur existieren viele O/C-Architekturen, die miteinander interagieren können. Es existiert aber kein Observer oder Controller, der für das Gesamtsystem zuständig ist. Bei einer *mehrschichtigen* O/C-Architektur werden zu einer verteilten O/C-Architektur ein Observer und ein Controller hinzugefügt, die für die Gesamtbetrachtung zuständig sind. In einer *hierarchischen* O/C-Architektur können die vorgestellten Varianten kombiniert werden. So können auf unterschiedlichen Ebenen mehrere Observer und Controller für unterschiedliche SuOC zuständig sein, welche wiederum aus einer oder mehreren O/C-Architekturen bestehen können. Mithilfe dieser Varianten kann die generische O/C-Architektur an verschiedene Szenarien angepasst werden. In Kapitel 5 werden die Architekturen in verschiedenen Szenarien verwendet, je nachdem, ob die verteilten Geräte und dezentralen Stromerzeugungsanlagen von einer zentralen Einheit koordiniert werden oder sich selbst koordinieren.

Kapitel 4

Modellierung und Rahmenannahmen

Um Strategien und Konzepte für die dezentrale Bereitstellung von Regelleistung untersuchen zu können, müssen entsprechende Geräte und Anlagen realitätsnah modelliert werden. In dieser Arbeit wird als Grundlage für die Untersuchung das Modell eines Stadtteils verwendet, in dem alle wesentlichen Anlagen und Geräte einzeln modelliert sind. Dieses Modellgebiet bildet, auf statistischen Daten basierend, einen realistischen Stadtteil in einem eher ruralen[6] Gebiet nach.

Im Folgenden werden sowohl die wesentlichen Charakteristika der Geräte und dezentralen Anlagen vorgestellt als auch das verwendete Modellgebiet mit den enthaltenen Haushalten beschrieben.

4.1 Modellszenario

Das verwendete Modellgebiet basiert auf den Arbeiten des interdisziplinären Projekts *SESAM* der Universität Karlsruhe (TH). Im Rahmen des Projekts wurde ein detailliertes Modellgebiet definiert, an dem unterschiedliche Preismodelle und deren Auswirkungen auf das Lastverhalten ausgewählter Verbraucher untersucht wurden [EFK+07, EKF+06, EFK06b]. Zu diesem Modellgebiet gehören 1.001 Haushalte und fünf kleinere Gewerbebetriebe (ein Hotel, eine Bäckerei, eine Metzgerei, eine Gaststätte und ein Vertrieb von Tiefkühlkost). In der vorliegenden Arbeit wird ein angepasstes Modell verwendet, in dem nur die Haushalte betrachtet werden. Der Fokus liegt hier auf der Verwendung von kleineren Stromerzeugungsanlagen und normalen Haushaltsgeräten zur Reduzierung des Bedarfs von Regel- bzw. Ausgleichsenergie. Da die für den gewerblichen Einsatz bestimmten Geräte deutlich mehr Energie verbrauchen und zusätzlich durch festgelegte Prozessabläufe und sonstige Restriktionen nur über geringe Freiheitsgrade verfügen, wird an dieser Stelle auf die Integration von Gewerbebetrieben in das Modell verzichtet. Die in dieser Arbeit entwickelten Verfahren und Methoden können aber auch auf Gewerbebetriebe übertragen werden. In Kapitel 5 wird ein allgemeines Modell vorgestellt, in das theoretisch alle Stromverbraucher und Stromerzeugungsanlagen integriert werden können.

---

[6] Rurale Gebiete sind eher ländlich geprägte Bezirke mit einem hohen Anteil an Landwirtschaft, Forstwirtschaft oder Fischerei.

4.1.1 Häuser und Wärmeerzeugungstechnologien

Das in [EFK06b] entworfene Modellgebiet besteht aus je 400 Reihen- (RH) und Ein-familienhäusern (EFH), neun kleinen und einem großen Mehrfamilienhaus mit insgesamt 1.001 Haushalten. Für die Studie wurde ein rurales Gebiet nachgebildet, da der Strom-verbrauch in einem Gebiet mit einem hohen Industrieanteil in den meisten Fällen von der Industrie dominiert wird.

In den kleinen Mehrfamilienhäusern wohnen jeweils sechs Parteien und in dem großen Mehrfamilienhaus 147. Die durchschnittliche Wohnungsgröße beträgt in einem solchen Gebiet durchschnittlich 107m² [Sta03]. Die Größe der Wohnungen ist von Bedeutung, da zum Heizen auch elektrische Nachtspeicheröfen zum Einsatz kommen, deren Energie-verbrauch von der Größe der Wohnung abhängt. Im gesamten Modellgebiet wird neben dem Strombedarf auch der Wärmebedarf berücksichtigt, da dieser ebenfalls Aus-wirkungen auf die Betriebsweise der dezentralen Erzeugungsanlagen hat. Um den Wärmebedarf genau abbilden zu können, wurde bei der Modellierung der Häuser die Altersstruktur der Häuser sowie der Warmwasserbedarf berücksichtigt [EFK06b].

Der Warmwasserbedarf liegt nach der VDI-Richtlinie 2067/4 bei durchschnittlich 20–60 Litern pro Tag in Abhängigkeit von der Wassertemperatur (vgl. [Ver82]). In dem vor-liegenden Modellgebiet wird von einem Warmwasserbedarf von 45 Litern bei einer Temperatur von 45°C ausgegangen. Die zur Warmwasserbereitung notwendige Leistung muss bei der Dimensionierung der in den Häusern enthaltenen Wärmeerzeugungstechno-logien berücksichtigt werden.

Tabelle 4: Wärmeerzeugungstechnologien im Referenzszenario

	Leistung (kW)		Wirkungsgrad (%)	
	Elektrisch	Thermisch	Elektrisch	Thermisch
Konventionelle Heizkessel		15–770		64–105[7]
Wärmepumpen		10		400[8]
Nachtspeicherheizungen		10–30		93
Blockheizkraftwerke	1–60	3–110	20–32	52–65
Brennstoffzellen	1	2,5	25–30	55–60
Solarkollektoren		10		30

Nach den Angaben des Statistischen Bundesamtes werden Wohneinheiten in Deutschland mit den Primärenergieträgern Fernwärme (14%), Gas (47%), Elektrizität (4%), Heizöl (32%), Festbrennstoffe (2%) und Erneuerbaren Energien (1%) beheizt [Sta03]. Fern-wärme kann nur bezogen werden, wenn ein entsprechendes Fernwärmenetz vorhanden

---

[7] Der Wirkungsgrad wird im Allgemeinen bezogen auf den (unteren) Heizwert des Brennstoffes an-gegeben. Da bei Brennwertkesseln auch die Abwärme der Nutzenergie zugute kommt, können mit dieser Technik (heizwertbezogene) Wirkungsgrade von über 100 % erreicht werden.
[8] Jahresarbeitszahl 4

ist. Da es sich in diesem Modellgebiet um eine rurale Gegend handelt, wird auf eine Anbindung an das Fernwärmenetz verzichtet. Die Anteile des Fernwärmenetzes werden entsprechend der restlichen Verteilung auf die anderen Technologien verteilt.

Für die späteren Untersuchungen sind nur die Wärmeerzeugungstechnologien interessant,
die in der Lage sind, elektrische Energie zu erzeugen. In Tabelle 4 sind die im Modell
verwendeten Wärmeerzeugungstechnologien mit ihren entsprechenden Leistungsdaten
und Wirkungsgraden dargestellt. Dabei ist zu beachten, dass Solarkollektoren ausschließlich für die Warmwasserbereitung eingesetzt werden. Im Gegensatz zu Photovoltaikanlagen, die Strom erzeugen, haben Solarkollektoren keine elektrische Leistung.

Die Auslegung der Kesselleistung orientiert sich an den Angaben des BHKS-Almanach
[BR03] entsprechend der Altersstruktur der Häuser. Je nach Anzahl und Größe der Haus-
halte innerhalb eines Hauses wird angenommen, dass die Heizungssysteme über einen
Warmwassertank mit einem Fassungsvermögen zwischen 200 und 2.000 Litern verfügen.
In Häusern mit KWK-Anlagen dienen die Tanks auch der zeitlichen Entkopplung von
Wärmeerzeugung und Raumwärmebedarf.

Diese Daten werden später für die Modellierung der dezentralen Anlagen benötigt, da
sich nur hiermit die Einsatzdauer, der Energieverlust durch lange Speicherung von
Warmwasser und die Freiheitsgrade beim Einsatz dieser Anlagen abbilden lassen.

4.1.2 Haushalte und Personen

Abgeleitet von Statistiken des Statistischen Bundesamtes [Sta05] würden in den 1.001
Haushalten im Modellgebiet 2.458 Personen leben, die sich auf die einzelnen Haushalte
verteilen [EFK06b].

Tabelle 5: Haushaltsstromverbrauch in Abhängigkeit der Haushaltsgröße im Jahre 2000 [Fac00]

Anzahl Personen pro Haushalt	Durchschnittlicher Jahresstrom-verbrauch je Haushalt in kWh
1	1.790
2	3.030
3	3.880
4	4.430

Diese Unterteilung ist insofern wichtig, da sich ausgehend von diesen Daten der
elektrische Energieverbrauch der einzelnen Haushalte ermitteln lässt. Der Strombedarf in
Abhängigkeit der Haushaltsgröße ist in Tabelle 5 aufgeführt (vgl. [Fac00]). Ein 1-
Personen-Haushalt hat einen Jahresverbrauch von 1.790kWh und ein 4-Personen-
Haushalt verbraucht 4.430kWh. Da bei den meisten Privatkunden nur Arbeitszähler und
keine Leistungszähler installiert sind, existieren keine genauen Daten über den Zeitpunkt
der Energienutzung.

Die Anzahl der in einem Haushalt lebenden Personen wirkt sich entscheidend auf die
Energienutzung über den Tag aus. Wenn Geräte aufgrund von Strompreissignalen von

den Bewohnern ein- und ausgeschaltet werden sollen, kann dies nur geschehen, wenn auch eine Person anwesend ist.

Im Modellgebiet wurde zwischen Haushalten, in denen mindestens eine Person tagsüber anwesend ist, und Haushalten, in denen dies nicht der Fall ist, unterschieden. Zur Reduzierung des Regel- oder Ausgleichsenergiebedarfs innerhalb von Bilanzkreisen muss sehr kurzfristig reagiert werden, was bei einer manuellen Steuerung der Geräte für die Bewohner einen deutlichen Komfortverlust bedeuten würde. Aus diesem Grund werden in dieser Arbeit nur Geräte betrachtet, die vollständig automatisiert betrieben werden können.

4.1.3 Lastkurven und Energieverbrauch

Der *Verband der Elektrizitätswirtschaft e. V. (VDEW)* verfügt über Standardlastprofile für Haushaltskunden, die auch von Energieversorgern zur Abschätzung des Lastverhaltens ihrer Kunden eingesetzt werden. Dazu werden diese normierten Standardlastkurven entsprechend des Jahresstromverbrauchs aus Tabelle 5 angepasst und dann über alle Kunden aggregiert.

Obwohl diese Standardlastkurven einen einzelnen Haushaltskunden nur sehr ungenau beschreiben, ermöglicht die Aggregation über viele Haushaltskunden eine gute Abschätzung des zu erwartenden Verbrauchs über den Tag hinweg. Für größere Industriebetriebe existieren nur wenige Standardlastprofile, da diese meist bilaterale Verträge mit den Energieversorgern schließen und ihre Prozesse und die daraus resultierenden Lastkurven direkt mit den EVU abstimmen.

Die Gesamtlastkurve bildet die Grundlage für die Einsatzplanung konventioneller Kraftwerke. Die Energieversorger bzw. die Bilanzkreisverantwortlichen versuchen, ausgehend von den zu erwartenden Lastgängen ausreichend elektrische Energie bereitzustellen oder einzukaufen. Wie in Kapitel 2 erläutert, müssen Abweichungen von diesen Plänen von den Verantwortlichen vergütet werden. Für die Festlegung der auftretenden stochastischen Abweichungen im Modellgebiet werden ebenfalls die hier vorgestellten Lastdaten verwendet.

4.1.4 Elektrische Verbraucher

Die im letzten Abschnitt beschriebenen Lastprofile der Haushalte setzen sich aus den Lastkurven der betriebenen Geräte zusammen. Bei den Lastprofilen von Haushalten entfallen allein 21% des Gesamtenergieverbrauchs auf den Kühlprozess (Kühl- und Gefriergeräte) sowie 13% auf die Warmwasserbereitung (Warmwasser Bad und Küche, vgl. Tabelle 6). Für die Reaktion auf Preissignale kommen nur solche Geräte infrage, die über große Freiheitsgrade bei der Energienutzung verfügen und deren Umplanung zu keinen oder vernachlässigbaren Komfortverlusten der Bewohner führt.

Aus verschiedenen Statistiken des Statistischen Bundesamtes [Sta03, SGE+04] können die Anzahl und die Verteilung von elektrischen Geräten in Privathaushalten bestimmt werden. In Tabelle 7 ist die Anzahl der Geräte je 100 Haushalte in Abhängigkeit von der Anzahl der im Haushalt lebenden Personen dargestellt. Aus diesen Daten ist ersichtlich, dass im Schnitt jeder Haushalt über mindestens einen Kühlschrank verfügt, aber nur jeder zweite Singlehaushalt über einen eigenen Gefrierschrank. Bei diesen Daten ist zu beachten, dass unter die Rubrik Kühlschrank auch alle Kühlschränke fallen, die ein integriertes Gefrierfach haben.

Tabelle 6: Anteil elektrischer Anwendungen am Stromverbrauch deutscher Haushalte [Ver02]

Anwendung	Anteil (%)
Kühlschrank	11
Warmwasser Bad	10
Gefriergerät	10
Elektroherd	9
Beleuchtung	8
Unterhaltungselektronik	7
Gemeinschaftsanlage	6
Waschmaschine	4
Geschirrspüler	3
Warmwasser Küche	3
Wäschetrockner	3
Elektrische Heizgeräte	2
Sonstige Haushaltsgeräte	24

Neben der Anzahl an Geräten ist für die Modellierung auch der Ausstattungsgrad der Haushalte relevant. Aus den Daten des Statistischen Bundesamtes ergibt sich, dass zwar in 1-Personen-Haushalten 101 Kühlschränke pro 100 Haushalte existieren, aber nur 98% der Haushalte einen Kühlschrank besitzen. Das bedeutet, dass einige Haushalte über zwei oder mehr Kühlschränke verfügen und zwei Prozent der Haushalte über gar keinen.

Anhand dieser Statistiken können Anzahl und Verteilung der Geräte relativ genau bestimmt werden. Um den Energieverbrauch der Geräte zu ermitteln, werden neben den allgemeinen Verbrauchsdaten aus Tabelle 6 auch die Daten des EU-Energielabels [Deu09a, Deu09b] verwendet. Aus diesen Daten, Messungen des Energieverbrauchs in Feldversuchen und einer durchschnittlichen Lebensdauer von 12 Jahren [Deu04] von Haushaltsgeräten können für die entsprechenden Haushaltsgeräte Energieverbrauch, Einsatzhäufigkeit und Einsatzzeitpunkte festgelegt werden. So kann z. B. der Jahresstromverbrauch von Kühlschränken dem europäischen Energielabel entnommen werden. Der Jahresstromverbrauch kann dann durch die Anzahl der Jahresstunden geteilt werden und liefert so eine flache Lastkurve über das Jahr hinweg (Jahreszeiten oder das Absinken der Außentemperatur in den Nachtstunden werden nicht berücksichtigt).

Im Rahmen von [EFK06b] wurden Strompreissignale auf Stundenbasis untersucht. Die Unterteilung des Energieverbrauchs in einzelne Stunden ist für die Betrachtung von Regel- bzw. Ausgleichsenergie zu grob, da diese auf Basis von 15-Minuten-Intervallen berechnet wird. Um die bisher erstellten Lastkurven weiter zu verfeinern, kann allerdings nicht der Energieverbrauch einer Stunde gleichmäßig auf 60 Minuten verteilt werden. So werden z. B. Kühlschränke nicht konstant über den Tag betrieben, sondern in Intervallen. Um die Länge der Intervalle und den Energieverbrauch innerhalb eines solchen Intervalls zu bestimmen, muss die Anschlussleistung des Gerätes bekannt sein.

Tabelle 7: Anzahl der Geräte pro 100 Haushalte nach Anzahl der Personen pro Haushalt [SGE+04, Sta03]

Anzahl Personen im Haushalt	1	2	3	4	5
Kühlschrank	101	120	124	129	168
Gefrierschrank	46	83	89	99	114
Spülmaschine	29	63	79	88	93
Waschmaschine	85	99	101	102	106
Trockner	18	39	51	61	67
Herd	92				
Backofen	90				
Elektrische Heizlüfter	22				

Die Anschlussleistung von Geräten kann beim Betrieb gemessen werden, aus ihr ergibt sich direkt die Intervalllänge. Ein Kühlschrank mit einem Jahresstromverbrauch von 286kWh verbraucht beispielsweise ca. 45W pro Stunde. Bei einer Anschlussleistung von 165W bedeutet dies, dass der Kühlschrank ungefähr 12 Minuten pro Stunde in Betrieb ist. Die restliche Zeit ist die Temperatur im Toleranzbereich und der Kühlschrank muss nicht kühlen. Zusätzlich muss noch festgelegt werden, wie lange ein Kühlschrank ohne Energiezufuhr seine Temperatur im Toleranzbereich halten kann. Es gibt nur wenige Informationen darüber, wie lange ein Kühlschrank seine Temperatur maximal halten kann, bevor der Inhalt auftaut. Den Daten verschiedener Hersteller lässt sich entnehmen, dass Gefrierschränke in vielen Fällen 24 Stunden die Temperatur halten könnten, bis der Inhalt zu tauen beginnt. Da keine verlässlichen Daten für Kühlschränke und Gefrierschränke vorhanden sind, wird angenommen, dass die Geräte, ausgehend von der tiefsten erlaubten Temperatur, maximal zwischen 180–300 Minuten ohne Energie auskommen. Auch in den Untersuchungen zu Strompreissignalen [EFK06b] wurde eine maximale Verschiebung der Energienutzung um fünf Stunden angenommen. Je größer die Zeit ohne Energiezufuhr sein kann, desto größer sind die zur Verfügung stehenden Freiheitsgrade.

Da keine Daten über die Anschlussleistung der Geräte im Modell vorhanden sind, wird jedem Gerät für die Simulation eine feste maximale Zeitspanne, in der das Gerät ohne Energiezufuhr auskommen kann sowie eine Anschlussleistung fest zugewiesen. Aus diesen Daten kann später die Laufzeit pro Stunde und die Zustandsänderung pro Minute (angeschaltet und ausgeschaltet) berechnet werden. Diese Daten werden für die genaue Modellierung der Geräte benötigt.

In einem letzten Schritt mussten die erstellten Lastprofile noch verrauscht werden, um zu verhindern, dass alle Haushalte identische Lastprofile besitzen und über die gleichen Geräte verfügen. Dabei ist zu beachten, dass sich das Gesamtlastprofil aller Haushalte nicht ändert, da dieses auf Standardwerten des VDEW beruht.

Tabelle 8: Kühl- und Gefrierschränke im Modellgebiet

Gerät	Verbrauch	Größe	Jahresverbrauch	Anzahl
Gefrierschrank	Niedrig	Klein	133,56kWh	30
Gefrierschrank	Mittel	Klein	190,80kWh	59
Gefrierschrank	Hoch	Klein	235,32kWh	30
Gefrierschrank	Niedrig	Mittel	152,64kWh	95
Gefrierschrank	Mittel	Mittel	222,60kWh	192
Gefrierschrank	Hoch	Mittel	279,84kWh	95
Gefrierschrank	Niedrig	Groß	286,20kWh	73
Gefrierschrank	Mittel	Groß	330,72kWh	148
Gefrierschrank	Hoch	Groß	407,04kWh	73
Kühlschrank	Niedrig	Klein	190,80kWh	162
Kühlschrank	Mittel	Klein	273,48kWh	323
Kühlschrank	Hoch	Klein	343,44kWh	162
Kühlschrank	Niedrig	Groß	203,52kWh	130
Kühlschrank	Mittel	Groß	286,20kWh	259
Kühlschrank	Hoch	Groß	362,52kWh	130

In Tabelle 8 werden die im Modell verwendeten Geräte zusammen mit ihren Häufigkeiten und ihren technischen Daten aufgelistet. Für die ausschließliche Verwendung von Kühl- und Gefriergeräten sind folgende Gründe zu nennen:

- Die Randbedingungen für den Betrieb der Geräte sind gering (lediglich das Temperaturniveau muss eingehalten werden),
- Die Freiheitsgrade sind relativ groß (z. B. im Vergleich zu Waschmaschinen, die ohne Benutzerinteraktion genau einmal betrieben werden können).

- Die Anzahl der Geräte im Modellgebiet ist sehr groß.

- Der Komfortverlust für den Benutzer durch eine automatisierte Steuerung ist als gering zu bewerten.

Wie in Tabelle 6 dargestellt, machen Kühlschränke und Gefrierschränke ca. 20% des Energieverbrauchs von Haushalten aus. Auch Nachtspeicherheizungen und elektrische Warmwasserbereiter würden sich für eine Steuerung eignen, aber da diese im Sommer nur sehr selten oder gar nicht verwendet werden, wird in diesem Modell auf deren Einsatz verzichtet. Andere Geräte wie Elektroherde, Beleuchtung und Unterhaltungselektronik führen bei kurzfristigen Planungsänderungen zu großen Komfortverlusten für den Benutzer und Waschmaschinen und Trockner werden meist nicht häufig genug eingesetzt, um einen wesentlichen Beitrag für die hier zugrunde liegende Fragestellung zu leisten.

In den folgenden Kapiteln wird dennoch auf die Integration von Geräten wie z. B. Waschmaschinen eingegangen, um einen generischen Ansatz zu entwickeln. Generell können alle Elektrogeräte, die über die in Kapitel 5 spezifizierten Eigenschaften verfügen, in das System eingebunden werden.

Die Gesamttagesleistung der im Modellgebiet vorhandenen Kühl- und Gefriergeräte beträgt 1.447,37kW und rechnerisch ca. 60,30kW pro Stunde.

4.1.5 Dezentrale Stromerzeugungsanlagen

Neben den Geräten in den Haushalten müssen auch die dezentralen Anlagen zur Wärmebereitstellung berücksichtigt werden. Zur Wärmebereitstellung innerhalb der einzelnen Häuser wurden im ursprünglichen Modell die in Tabelle 9 aufgeführten Technologien eingesetzt. In dem hier verwendeten Modellgebiet sind nur die Anlagen interessant, die sowohl Strom produzieren als auch steuerbar sind. Als steuerbare dezentrale Erzeugungsanlagen werden fünf verschiedene Typen von Blockheizkraftwerken (BHKW) eingesetzt. Die elektrische Leistung reicht dabei von 1kW bis 5,5kW.

Die elektrische Gesamtanschlussleistung liegt in dem Referenzmodell [EFK06b] bei rund 153kW. Die reale Gesamtjahresleistung der dezentralen Anlagen hängt jedoch von der benötigten Wärme und der Größe des Warmwasserspeichers ab. In diesem Modell werden die Anlagen zwischen 200 und 800 Minuten pro Tag betrieben.

Die Anzahl der dezentralen Erzeugungsanlagen wurde für die folgenden Untersuchungen erhöht, damit die Gesamterzeugungsleistung ungefähr dem Gesamtstromverbrauch der Kühl- und Gefrierschränke entspricht. Bei der Diskussion der neuen Laststeuerungskonzepte wird später auch näher auf den Fall eingegangen, dass Gesamterzeugung und Gesamtverbrauch der betrachteten Geräte und Stromerzeugungsanlagen nicht übereinstimmen. Das Referenzmodell [EFK06b] enthielt 30 dezentrale Erzeugungsanlagen. Die Anzahl wird in diesem Szenario auf 101 erhöht. In Tabelle 10 sind die Charakteristika der einzelnen Anlagen aufgeführt. Ähnlich wie bei den elektrischen Geräten musste auch bei den dezentralen Anlagen festgelegt werden, wie lange die Anlagen maximal nicht betrieben werden müssen. Die erzeugte Wärme kann in den Wärmekesseln für eine gewisse Zeit gespeichert werden. Diese maximale Zeitspanne hängt natürlich stark von der

Größe des Wärmekessels und dem Temperaturverlust über die Zeit ab. In dieser Arbeit wurde von maximal 240–390 Minuten ausgegangen. Die Anfahrzeiten der dezentralen Anlagen werden in diesem Modell nicht betrachtet, können aber später im Modell berücksichtigt werden.

Tabelle 9: Heiztechnologien im Modellgebiet

Anlagentyp	Primärenergieträger	Anteil	Anzahl
Wärmepumpe	Gas	9%	90
Solarthermie	Gas	1%	10
Nachtspeicherheizung	Strom	5%	50
Blockheizkraftwerke	Gas	2%	20
	Heizöl	1%	10
Heizkessel	Gas	45%	450
	Heizöl	37%	370

Tabelle 10: Blockheizkraftwerke im Modellgebiet (vgl. [EFK+07])

Bezeichnung	Leistung [kW]				Wirkungsgrad [%]				Anzahl
	Elektrisch		Thermisch		Elektrisch		Thermisch		
	Min	max	min	max	min	max	min	max	
BHKW_1,5_G	1,5	5,0	4,0	13,5	25,0	25,0	65,0	65,0	24
BHKW_5,5_G	5,5	5,5	12,5	12,5	27,0	27,0	61,0	61,0	11
BHKW_5,3_H	5,3	5,3	10,5	10,5	30,0	30,0	59,0	59,0	11
FC_1	0,1	1,0	2,5	2,5	25,0	30,0	55,0	60,0	55

Das Modell enthält damit 1.961 Energieverbraucher und 101 dezentrale Energieerzeugungsanlagen, die alle ihre eigenen Restriktionen besitzen. Nur die verbleibenden Freiheitsgrade stehen später für neue Lastmanagementstrategien zur Verfügung.

Die genaue Realisierung der einzelnen Geräte wird in Kapitel 5 mit den noch notwendigen Erweiterungen dargestellt.

4.2 Planabweichungen im Modellgebiet

Wie in Kapitel 2 beschrieben, muss der Bilanzkreisverantwortliche dem Netzbetreiber einen Fahrplan für den nächsten Tag vorlegen, aus dem der zu erwartende Verbrauch und die geplante Produktion hervorgehen. Wenn Abweichungen auftreten, werden diese durch den Bezug von Regelenergie/Ausgleichsenergie ausgeglichen. Je besser die Prognose ist, desto geringer ist das Risiko für den Bilanzkreisverantwortlichen, Ausgleichsenergie beziehen zu müssen.

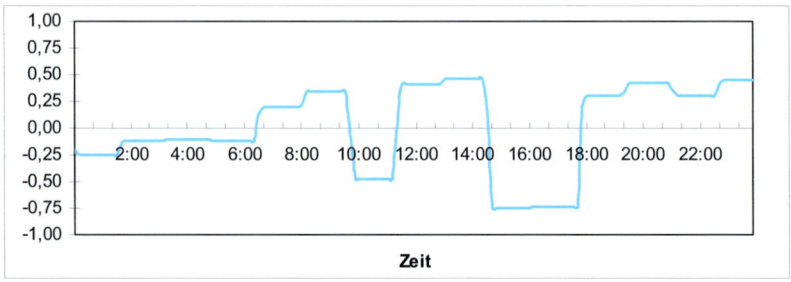

Abbildung 17: Hohe Abweichung für eine lange Zeit

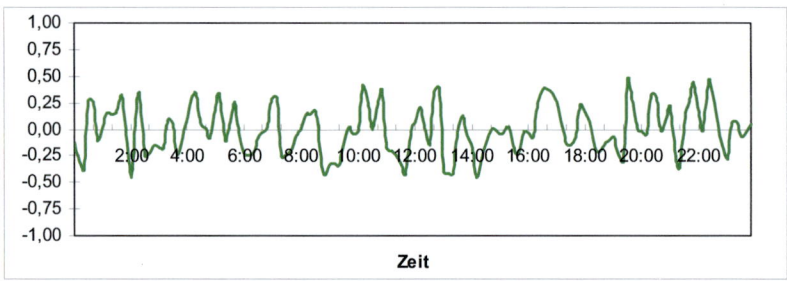

Abbildung 18: Mittlere Abweichung für eine mittlere Zeit

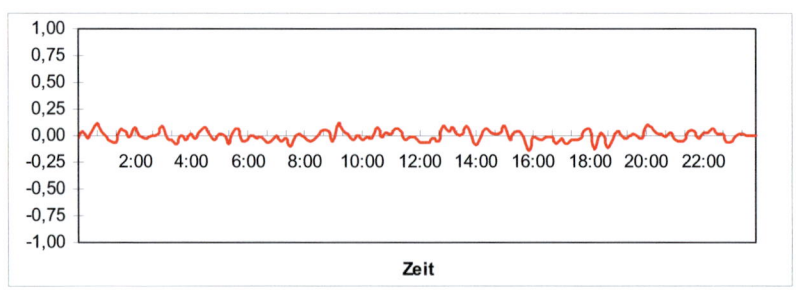

Abbildung 19: Kleine Abweichung für kurze Zeit

Nach [Swi06, FH05] weicht der Verbrauch normalerweise um maximal 5% von der Prognose ab. Diese Abweichungen müssen auch in dem hier verwendeten Modellgebiet umgesetzt werden. Die Grundlage bilden die im letzten Abschnitt beschriebenen Lastkurven für das gesamte Modellgebiet. Es wird angenommen, dass diese Lastkurve normalerweise von den Bilanzkreisverantwortlichen vollständig gedeckt wird und es später keine Abweichung bei der Erzeugung durch Großkraftwerke gibt.

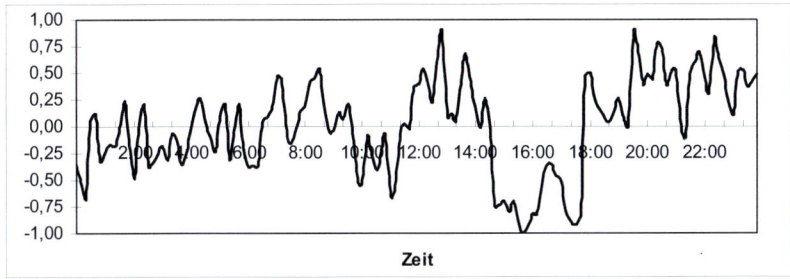

Abbildung 20: Gesamtabweichung

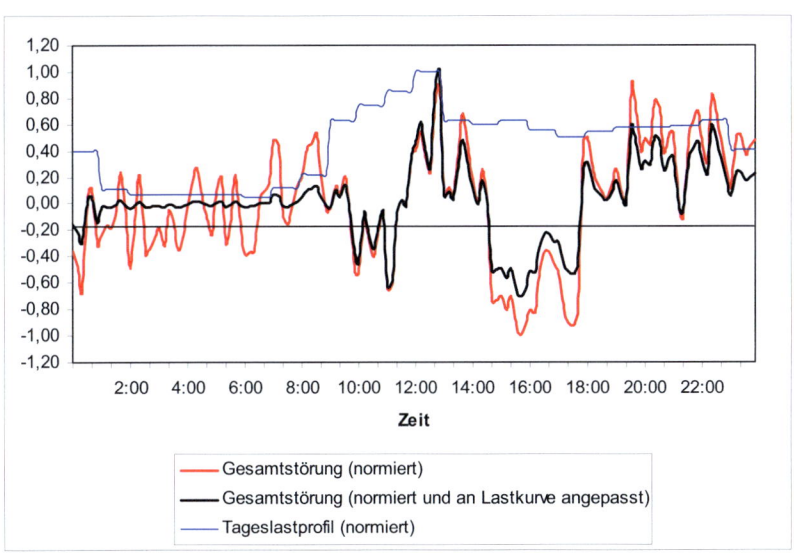

Abbildung 21: Normierte Abweichung im Modellgebiet

Um Schwankungen zwischen Erzeugung und Verbrauch im Modellgebiet abzubilden, wird der aktuelle Verbrauch stochastisch verändert. Dazu wird ein dreistufiges System mit kurzen (<10 Minuten), mittleren (<30 Minuten) und langen Planungsabweichungen (<120 Minuten) verwendet. Bei langen Abweichungen wird für eine längere Zeit deutlich von der Prognose nach oben oder unten abgewichen (Abbildung 17). Bei mittleren und kurzen Abweichungen wird immer wieder für eine kurze (Abbildung 19) oder mittlere Zeitspanne (Abbildung 18) von der Prognose abgewichen. Die Gesamtabweichung setzt sich aus der Summe der langen, mittleren und kurzen Abweichung zusammen. Die Höhe und Länge der einzelnen Abweichungen kann für alle drei Kurven, aus denen die Gesamtstörung zusammengesetzt ist, individuell festgelegt werden.

In Abbildung 20 ist die Zusammensetzung einer externen Abweichung beispielhaft dargestellt. Die Summe der drei einzelnen Kurven ergibt die Gesamtabweichung. Die resultierende Kurve ist noch unabhängig von dem zugrundeliegenden Lastprofil im Modellgebiet und gibt nur allgemein die Struktur der Abweichungen vor. Da die Abweichung im Normalfall zu jeder Stunde unter 5% des Plans liegen (vgl. [Swi06]), muss die entsprechende Lastkurve im Modellgebiet berücksichtigt werden.

In Abbildung 21 ist beispielhaft die Lastkurve des virtuellen Stadtteils (normiert) dargestellt. Zusammen mit der beschriebenen generellen Abweichung ergibt sich nun das normierte Grundprofil der Abweichung für die Simulationen in dieser Arbeit. Die Abweichung ist immer dann besonders groß, wenn auch der Verbrauch im Modellgebiet sehr hoch ist (z. B. zwischen 12:00 Uhr und 18:00 Uhr). Zu Zeiten, zu denen der Energieverbrauch im Stadtteil gering ist (zwischen 2:00 Uhr und 6:00 Uhr), ist auch die resultierende Abweichung sehr klein.

Tabelle 11: Parameter der Abweichungsgrundprofile

Name	Abweichung			
	Klein	Mittel	Groß	Maximum
dynamische Abweichung 1	0,2	0,6	1	1,8
dynamische Abweichung 2	0,4	0,6	1	2,0
dynamische Abweichung 3	0,6	0,6	1	2,2
dynamische Abweichung 4	0,2	0,8	1	2,0
dynamische Abweichung 5	0,4	0,8	1	2,2
dynamische Abweichung 6	0,6	0,8	1	2,4
dynamische Abweichung 7	0,2	1	1	2,2
dynamische Abweichung 8	0,4	1	1	2,4
dynamische Abweichung 9	0,6	1	1	2,6

Für die Simulation werden unterschiedliche Grundprofile verwendet und mit einer vorgegebenen Leistung (Grundabweichung) multipliziert. Dadurch kann unter anderem überprüft werden, wie groß die Abweichungen maximal werden dürfen, damit das System die Abweichungen noch beheben kann.

In Tabelle 11 sind die Parameter für die unterschiedlichen Grundprofile aufgeführt. Die Zahlen entsprechen dem normierten Anteil der drei Abweichungstypen am Gesamtungleichgewicht. Entsprechend der vorgegebenen Grundabweichung addieren sich die Anteile der kleinen, mittleren und großen Abweichung z. B. bei der dynamischen Abweichung 1 auf maximal 1,8 (bei einer Grundabweichung von 100kW wäre dies eine Maximalabweichung von 180kW).

Neben den dynamischen Abweichungen können auch statische Abweichungen vorgegeben werden. Bei statischen Abweichungen ist die Dauer und die Höhe der Abweichung dem Bilanzkreisverantwortlichen im Voraus bekannt und verändert sich nicht. So kann z. B. eine Abweichung vorgegeben werden die um 12:00 Uhr einen Mehrverbrauch von 50kW verursacht und um 16:00 Uhr eine Mehrerzeugung von 70kW. Statische Abweichungen können z. B. genutzt werden, um den Kauf oder Verkauf von Strom an der EEX nachzubilden.

4.3 Abrechnung und Vergütung

Obwohl im Rahmen dieser Arbeit keine Abrechnungs- oder Vergütungsmodelle entwickelt wurden, soll in diesem Abschnitt ein einfaches Beispiel eines Vergütungsmodells und der möglichen Probleme bei alternativen Modellen vorgestellt werden.

Den Teilnehmern entsteht durch die Teilnahme an einem Lastmanagementsystem ein gewisser Aufwand (z. B. durch den Anschluss der Geräte an ein Automatisierungssystem oder die Spezifikation der Charakteristika der Geräte für die Steuerung), der in vielen Fällen mit einem Komfortverlust verbunden ist (z. B. ist die Wäsche später fertig). Zusätzlich muss die notwendige Infrastruktur im Haushalt von den Kunden bereitgestellt werden (z. B. das Automatisierungssystem oder der Internetanschluss). Den Teilnehmern müssen deshalb Anreize geboten werden, sich an einem solchen System zu beteiligen. Dies können z. B. ökologische oder ökonomische Anreize sein, aber auch gesetzliche Vorgaben. Da bei einer reinen Lastverschiebung die Summe an genutzter Energie gleich bleibt, muss gewährleistet sein, dass dem Teilnehmer durch die Verschiebung der Energienutzung keine höheren Kosten entstehen. Dies könnte zum Beispiel bei der Verwendung von zeitvariablen Tarifen auftreten, wenn Geräte durch das Verschieben der Gerätenutzung in einen Zeitbereich verschoben werden, in dem höhere Preise gezahlt werden müssen.

Bei dezentralen Energieumwandlungsanlagen und der Verwendung von Wärmespeichern kommt hinzu, dass durch die Lastverschiebung der Primärenergiebedarf (z. B. Gas oder Öl) ansteigen kann. Dadurch, dass Warmwasser in Tanks gespeichert wird, entstehen Wärmeverluste. Diese Wärmeverluste müssen durch einen längeren Betrieb der Anlage ausgeglichen werden, was zu einem höheren Primärenergieverbrauch führt. Auch hier darf ein automatisiertes Lastmanagement nicht zu höheren Kosten führen. Wenn Lastverschiebungen zu höheren Kosten führen, müssen die Anlagen ggf. anderweitig in das System eingebunden werden. In [Wie08] werden verschiedene neuartige Betriebsführungskonzepte vorgestellt, wie auch solche Anlagen besser in das Energiesystem eingebunden werden können.

Ein einfaches System zur monetären Vergütung misst den durch das Lastmanagementsystem entstandenen Effekt (z. B. finanzielle Einsparungen, Reduktion von CO_2 Emissionen, Auslastung der Kraftwerke oder die Erhöhung der Energieeffizienz), bewertet diesen und zahlt jedem Teilnehmer einen daraus resultierenden Betrag aus. Dabei muss unterschieden werden, ob überhaupt Geräte, bei denen durch eine Lastverschiebung höhere Kosten entstehen können, betrieben werden oder nicht.

Als Grundlage für eine Vergütung könnten Einsparungen im Bilanzkreis, die durch die Verwendung eines Lastmanagementsystems entstehen, an die Teilnehmer weiter gegeben werden. So kann zum Beispiel ein Bilanzkreis ein Lastmanagementsystem einsetzen, um seine Ausgaben für Regel- und Ausgleichsenergie zu reduzieren. Die eingesparten Beträge könnten zu einem gewissen Teil an alle Teilnehmer ausgeschüttet werden. So entsteht ein Anreiz, sich an dem System zu beteiligen, da jede Einsparung auch den Teilnehmern selbst zugutekommt. Zusätzlich können aus den eingesparten Beträgen Teile der Infrastrukturaufwendungen der Teilnehmer finanziert werden.

Komplizierte Vergütungssysteme, die z. B. jede Lastverschiebung vergüten oder das An- bzw. Abschalten von Geräten honorieren, können zu einer Konkurrenzsituation zwischen den Teilnehmern führen. Jeder Teilnehmer wird versuchen, seinen eigenen Gewinn zu maximieren, auch wenn dies nicht vorteilhaft für das Gesamtsystem ist. Die Teilnehmer konkurrieren darum, wer seine Last verschieben darf und dafür vergütet wird. Teilnehmer könnten daher versuchen, mit nicht an das System angeschlossenen Geräten Steuerungsbedarf zu erzeugen, welcher dann durch eigene Geräte ausgeführt und später vergütet wird.

Zusätzlich stellt sich die Frage, wie bei der Vielzahl der Geräte einzelne Verbraucher, die eine Lastverschiebung durchgeführt haben, identifiziert werden können. Im Prinzip haben alle Geräte, die zu einer für das Gesamtsystem günstigen Zeit betrieben werden, den gleichen Beitrag geleistet, unabhängig davon, ob das Gerät erst verschoben werden musste oder direkt für diese Zeit geplant wurde. Bei einem System, bei dem jede Verschiebung belohnt wird, hätten Teilnehmer einen Anreiz, ihre Geräte möglichst ungünstig zu planen, damit sie auf jeden Fall durch das System verschoben werden.

Abschließend treten datenschutzrechtliche Probleme bei der Abrechnung auf. Aus den Managementdaten lassen sich Rückschlüsse auf die Lebensgewohnheiten, die verwendeten Geräte und persönliche Vorlieben ziehen. Diese den Kernbereich des privaten Lebens betreffenden Daten müssten an eine zentrale Stelle geleitet und dort gespeichert und ausgewertet werden. Aus datenschutzrechtlicher Sicht ist es aber am sinnvollsten, wenn solche Daten gar nicht erst erhoben werden müssen und damit auch nicht missbraucht werden können.

In dem oben skizzierten einfachen Vergütungsmodell, bei dem nur die Teilnahme an dem System und nicht die Lastverschiebungen vergütet werden, treten die genannten Probleme nicht auf, da nur die allgemeinen Daten der Teilnehmer gespeichert werden müssen und sich der Gewinn nur durch erhöhte Effizienz des Gesamtsystems steigern lässt. Für die Teilnehmer ist es ökonomisch sinnvoll, nach Möglichkeit alle Geräte an das System anzuschließen, da dadurch die Effizienz und damit der persönliche Gewinn erhöht werden kann.

4.4 Aufgabenstellung in dieser Arbeit

Ausgehend von dem vorgestellten Modellgebiet werden im nächsten Kapitel 5 verschiedene Strategien vorgestellt, wie mit Hilfe von dezentralen Anlagen und kleinen Verbrauchern bestehende Ungleichgewichte im Modellgebiet ausgeglichen werden können. Im Folgenden wird die genaue Problemstellung erläutert, außerdem werden die für die spätere Bewertung wichtigen Faktoren aufgelistet.

Das Ziel dieser Arbeit liegt in der Entwicklung von Strategien für den bestmöglichen verteilten Ausgleich der Planungsabweichungen zwischen Energieerzeugung und Energieverbrauch. Dadurch soll der Bezug von Regelleistungen soweit wie möglich reduziert werden. Die Anlagen sollen dabei jedoch nicht, wie in Kapitel 3.1 beschrieben, zu einem virtuellen Regelkraftwerk zusammengeschlossen werden, welches die Anforderungen für die Teilnahme am Regelenergiemarkt erfüllt. Stattdessen sollen die Geräte und dezentralen Anlagen in Bilanzkreisen eigenständig mithelfen, auftretende Abweichungen zu reduzieren. Im folgenden Kapitel wird auch auf Situationen eingegangen in denen es für den Bilanzkreisverantwortlichen sinnvoll ist, bewusst Abweichungen herbeizuführen.

Bei der Entwicklung der Strategien wird soweit wie möglich auf zentrale, vom Betreiber vorzuhaltende Komponenten verzichtet. Der Betreiber stellt in regelmäßigen Abständen Informationen über das aktuelle Ungleichgewicht zur Verfügung. Diese Daten stehen auch heute schon den Netzbetreibern und Bilanzkreisverantwortlichen zur Verfügung, da diese zur Abrechnung von Regelleistung benötigt werden. Eine gesonderte Erhebung dieser Daten ist damit nicht notwendig.

Ausgehend von diesen zentralen Daten sollen die vorhandenen Geräte unter Berücksichtigung ihrer eigenen Restriktionen das vorhandene Ungleichgewicht reduzieren und dabei keine neuen Abweichungen erzeugen. Zu diesem Zweck können die Geräte sich untereinander koordinieren. Abweichungen, die sich nicht ausgleichen lassen, werden wie bisher üblich durch den Bezug von Regelleistung ausgeglichen. Der Bilanzkreis muss damit nicht für den vollständigen Ausgleich des aktuellen Ungleichgewichts durch eigene Anlagen sorgen.

In dieser Arbeit wird vorausgesetzt, dass im Bilanzkreis keine Engpässe oder sonstige Störungen im Stromnetz auftreten oder durch Lastverschiebungen innerhalb des Bilanzkreises verursacht werden können. Auch wenn der Anteil an dezentralen Erzeugungsanlagen deutlich erhöht wurde, sollen dadurch keine Probleme im Stromnetz verursacht werden. In einem realen Bilanzkreis müssten Engpässe und Störungen selbstverständlich berücksichtigt werden. Da in dem in dieser Arbeit betrachteten Bilanzkreis keine Engpässe auftreten oder verursacht werden können, wird auf die Betrachtung von Lastflüssen verzichtet. Da in dieser Arbeit das Stromnetz nicht abgebildet wird, werden auch Transmissions- und Transformationsverluste nicht betrachtet.

Für die Untersuchungen wird zusätzlich angenommen, dass alle Haushalte an das Internet angeschlossen sind und mit anderen Teilnehmern beliebige Nachrichten austauschen können. Auf sogenannte Nachbarschaften von Teilnehmern wird bei der Vorstellung der entwickelten Strategien im nächsten Kapitel näher eingegangen. Die veröffentlichten

Daten über die aktuelle Planabweichung sollen zu jeder Zeit und von jedem Teilnehmer automatisch abgerufen und verarbeitet werden können.

Alle eingesetzten Geräte verfügen in dieser Arbeit über die Fähigkeit, ihren eigenen Zustand zu bewerten, zu prognostizieren und bei Bedarf ihre Energienutzung anzupassen. Die genaue Spezifikation der Anforderungen wird im nächsten Kapitel erläutert. Ob die Geräte selbst diese Fähigkeiten besitzen oder von einer in jedem Haushalt vorhandenen zentralen Steuereinheit gesteuert werden, ist dabei unerheblich (vgl. Kapitel 5).

Da es sich bei dem dieser Arbeit zugrunde liegenden Problem um ein stochastisches Problem handelt, müssen alle Strategien mehrfach mit unterschiedlichen Zufallswerten getestet und analysiert werden. Bei allen vorgestellten Strategien wurden mindestens 25 Tests durchgeführt und der entsprechende Mittelwert gebildet, um verlässliche Aussagen über die Qualität treffen zu können.

Tabelle 12: Unterschiedliche Modellgrößen

Modellgebiet	Anzahl Haushalte	Stromverbraucher	Stromerzeuger
x1	1.001	1.961	101
x2	2.002	3.922	202
x5	5.005	9.805	505
x10	10.010	19.610	1.010
x20	20.020	39.220	2.020

Um die Skalierbarkeit untersuchen zu können, werden unterschiedlich große virtuelle Stadtteile betrachtet. Die Grundlage bildet dabei das im letzten Kapitel vorgestellte Modellgebiet. Für die Untersuchungen werden dabei fünf Varianten des Modellgebiets verwendet (Tabelle 12). Diese Modellgebiete unterscheiden sich in ihrer Größe, um Aussagen über die Leistungsfähigkeit der entwickelten Strategien treffen zu können. Um ein größeres Modellgebiet zu erhalten, werden die Teilnehmer dem Modellgebiet mehrfach zugewiesen. Ein Gebiet mit 10.010 Haushalten enthält damit 10-mal das im letzten Abschnitt beschriebene Grundmodell. Entsprechend werden die erforderlichen Pläne für Energienutzung, Energieerzeugung und Abweichungen angepasst. Als Obergrenze wird ein Modellgebiet mit 20.020 Haushalten betrachtet. In die Untersuchung gehen nur die im Modellgebiet modellierten Faktoren mit ein. Einflüsse von externen Faktoren oder Wechselwirkungen mit anderen Bilanzkreisen werden nicht betrachtet.

4.5 Bewertungskriterien

Für die Bewertung einzelner Strategien müssen verschiedene Faktoren berücksichtigt werden, da es nicht ausreicht, ausschließlich die Summe der verbleibenden Abweichungen zu betrachten.

Bei der Bewertung werden folgende Faktoren berücksichtigt:

* Positive und negative Planabweichungen

* Zeit bis zum Ausgleich

* Maximale positive und negative Abweichung

* Unnötige Einplanung

* Anzahl der ausgetauschten Nachrichten und Datenvolumen

* (Hardware-) Anforderungen

* Robustheit und Sicherheit

Im Folgenden werden diese Punkte näher erläutert:

Positive und negative Planabweichungen

Ausgehend von dem für das Modellgebiet aufgestellten Plan und der simulierten Abweichung (vgl. Abschnitt 4.2) wird die verbleibende positive und negative Abweichung bestimmt. Da zwischen dem Bezug von positiver oder negativer Regelleistung unterschieden werden muss, muss die Differenzierung auch bei der Untersuchung erfolgen.

Zeit bis zum Ausgleich

Diese Zeitspanne bezeichnet die durchschnittliche Zeit zwischen einer erkannten Abweichung und dem Zeitpunkt bis diese (wenn möglich) ausgeglichen werden kann. Dieser Wert hängt sehr stark von der Häufigkeit der Messung des aktuellen Ungleichgewichts ab. Erst wenn die Daten mindestens einmal aktualisiert worden sind und das System festgestellt hat, dass die aktuelle Abweichung ausgeglichen worden ist, kann die Zeit gemessen werden. Das bedeutet, dass dieser Wert immer ein Vielfaches der Zeit zwischen zwei Messungen ist.

Unnötige Einplanungen

Eine unnötige Einplanung tritt immer dann auf, wenn gleichzeitig Stromverbraucher und -erzeuger eingeplant werden. Ein Teil der Stromerzeugung wird vom Verbrauch wieder aufgehoben und es werden somit mehr Geräte betrieben als für den Ausgleich von Abweichungen notwendig wären. Dabei werden nur Geräte und Anlagen betrachtet, die zum Zeitpunkt ihrer Einplanung nicht zwingend betrieben werden müssen. Geräte, die aufgrund interner Restriktionen (z. B. beim Überschreiten der Maximaltemperatur eines Kühlschranks) eingeschaltet werden, spielen für die Betrachtung keine Rolle, da der Betrieb aus Sicht der Haushalte unvermeidbar ist. Wenn in einem Bilanzkreis eine Überproduktion ausgeglichen werden soll und es werden dazu zusätzlich 20 Verbraucher und 15 dezentrale Stromerzeugungsanlagen eingeplant, so erhöht die zusätzliche Produktion unnötigerweise das Ungleichgewicht.

Die Summe der unnötigen Einplanungen sollte so gering wie möglich sein. Werden zum Ausgleich von Ungleichgewichten in einem Bilanzkreis gleichzeitig Stromverbraucher und Stromerzeuger zusätzlich eingeplant, hebt sich deren Effekt auf das Lastprofil zu einem gewissen Teil auf. Auch wenn dadurch keine zusätzlichen Ungleichgewichte auftreten, so verringert sich doch durch die unnötigen Einplanungen die Menge an Freiheitsgraden in der Zukunft. In einem optimalen System sollten zum Ausgleich von externen Schwankungen zur selben Zeit ausschließlich Verbraucher oder ausschließlich Erzeuger zusätzlich eingesetzt werden.

Anzahl der ausgetauschten Nachrichten und Datenvolumen

Für die Betrachtung der Leistungsfähigkeit des Systems muss auch die Anzahl der Nachrichten, die zwischen den Beteiligten ausgetauscht werden müssen, beachtet werden. Auch wenn für die hier vorgestellten Konzepte eine leistungsfähige Internetverbindung vorausgesetzt wird, sollten sowohl die Anzahl der ausgetauschten Nachrichten, als auch das Datenvolumen so klein wie möglich sein. Jede Kommunikation ist zeitaufwendig und beansprucht Ressourcen des Benutzers. Je nach zeitlicher Granularität der Steuerung (z. B. viertelstündlich oder minütlich) kann der Aufwand zur Koordination beträchtlich sein.

(Hardware-) Anforderungen

Um Geräte und Anlagen steuern zu können, müssen diese mit entsprechender Technik ausgerüstet werden. Obwohl handelsübliche Computer problemlos in der Lage wären, eine solche Aufgabe zu erfüllen, sind diese zu teuer und in den seltensten Fällen energiesparend. Eine Steuerung und Optimierung ist unwirtschaftlich, wenn für den Betrieb der Steuerungstechnik mehr Energie aufgewendet werden muss, als hinterher sinnvoll umgeplant werden kann.

Um die Steuerung und Optimierung auf kleineren Geräten durchführen zu können, dürfen die Verfahren und Algorithmen keine hohen Anforderungen an Rechenleistung und Speicherbedarf stellen. Aus den verfügbaren Ressourcen lässt sich die Intervalllänge für die Aktualisierung der Informationen über das aktuelle Ungleichgewicht ableiten. Wenn z. B. für Optimierung und Austausch von Nachrichten 30 Sekunden benötigt werden, ist es nicht sinnvoll, die Aktualisierungsintervalle kürzer zu gestalten.

Robustheit

Die entwickelten Strategien müssen abschließend auch auf ihre Robustheit überprüft werden. In dieser Arbeit wird dabei untersucht, wie das System auf Fehler, Störungen und ähnliche Faktoren reagiert. Dies können in diesem Szenario der Ausfall von Geräten oder Kommunikationsverbindungen, fehlerhafte Prognosen oder Benutzereingriffe sein. Trotz dieser Unsicherheiten muss das System seine Aufgabe soweit möglich erfüllen und innerhalb der Spezifikationen agieren.

Im nächsten Kapitel werden verschiedene Strategien zur Steuerung und Optimierung vorgestellt, innerhalb des Modellgebietes getestet und anhand der oben aufgeführten Kriterien bewertet. Ausgehend von diesen Bewertungen werden weitere Verbesserungen diskutiert.

Kapitel 5

Dezentrales Lastmanagement

In diesem Kapitel werden Konzepte vorgestellt, die beschreiben, wie sich Geräte und dezentrale Stromerzeugungsanlagen einsetzen lassen, um ein Ungleichgewicht in einem Bilanzkreis zu verringern und damit den Bedarf an Regelleistung zu reduzieren. Anders als bei den Ansätzen zum zentralen Lastmanagement sollen dabei nicht großflächig Anlagen über Preissignale ein- und ausgeschaltet werden, sondern es soll nur eine Gruppe von Anlagen eine fest vorgegebene Laständerung durchführen. Dadurch soll eine aktuelle Schwankung oder eine vorhersehbare Abweichung ausgeglichen werden. Dabei ist eine Übersteuerung zu vermeiden, wie sie z. B. auftreten kann, wenn eine negative Abweichung durch eine größere positive Abweichung ersetzt wird. Zusätzlich müssen die internen Restriktionen, die den Betrieb eines Gerätes oder einer dezentralen Anlage bestimmen, durchgängig berücksichtigt werden. Im Folgenden werden zuerst die Fähigkeiten dargestellt, die ein Gerät oder eine Anlage benötigt, um an den neuen Lastmanagementstrategien teilnehmen zu können. Danach werden unterschiedliche Lastmanagementstrategien beschrieben und an den in Kapitel 4 vorgestellten Modellgebieten und Bewertungskriterien getestet und überprüft.

5.1 Lastmanagement von Haushaltsgeräten

Mit den in Kapitel 3 vorgestellten Konzepten zum Lastmanagement ist es sehr schwierig, eine große Anzahl von Haushaltsgeräten und dezentralen Erzeugungsanlagen spontan und präzise zu steuern. Wie in Kapitel 3 gezeigt, hat die Steuerung durch Preissignale den Nachteil, dass die Preissignale im Voraus festgelegt werden müssen. Da die Preise für Regelleistung erst im Nachhinein festgelegt werden, wissen die Bilanzkreisverantwortlichen im Vorfeld nicht, ob eine zukünftige Abweichung wirklich hohe Kosten verursachen wird. Wie in Kapitel 3 gezeigt, können die Preise für den Bezug von Regelleistung über den Tag hinweg sehr stark schwanken, was die kurzfristige Festlegung von sinnvollen Preissignalen durch Energieversorger oder Bilanzkreise sehr erschwert.

Eine Integration von Geräten und dezentralen Stromerzeugungsanlagen in das in Kapitel 3 vorgestellte virtuelle Regelkraftwerk ist ebenfalls sehr schwierig. So wären für die Teilnahme am Markt für Minutenreserve mehr als 150.000 Kühlschränke mit einer durchschnittlichen Anschlussleistung von 200W notwendig, um die geforderte Mindestleistung von 30MW zu erreichen. Auch für die Teilnahme an dem existierenden Regelkraftwerk der *steag* werden mehr als 5.000 Kühlschränke benötigt (vgl. Kapitel 3). Zusätzlich müsste die Leistung über mehrere Stunden hinweg (4 Stunden bei dem virtuellen Regelkraftwerk der *steag*) zur Verfügung stehen. Die wenigsten Geräte im Haushalt können hinreichend flexibel ein- und ausgeschaltet werden und verfügen gleichzeitig über ein konstantes Lastprofil.

Bei den zur Verfügung stehenden Geräten und Anlagen kann des Weiteren nicht davon ausgegangen werden, dass deren Leistung ganz, oder zumindest zu einem festgelegten Teil, für die Bereitstellung von Regelleistung reserviert werden kann. Die Geräte unterliegen über den Tag hinweg verschiedenen Restriktionen, die berücksichtigt werden müssen. So kann, wie im letzten Abschnitt beschrieben, ein Kühlschrank sein Lastprofil bei Bedarf zwar zeitlich verändern, trotzdem müssen die internen Temperaturbeschränkungen durchgängig eingehalten und der verzögerte Verbrauch nachgeholt werden.

Anders als bei den am virtuellen Regelkraftwerk beteiligten KWK-Anlagen, müssen diese Geräte zwingend an- oder ausgeschaltet werden, wenn deren Restriktionen es erfordern. Das kann dazu führen, dass z. B. ein Kühlschrank aufgrund seiner Restriktionen kühlen muss, obwohl die Leistung zu dieser Zeit gar nicht von einer zentralen Leitwarte angefordert wurde. Die Geräte verhalten sich damit völlig anders als die Anlagen, die an virtuellen Kraftwerken teilnehmen, da sie bestehende Planabweichungen in Bilanzkreisen verstärken können. Des Weiteren ist der Gesamtenergieverbrauch dieser Geräte weitgehend konstant. So bleibt der Gesamtenergieverbrauch einer Waschmaschine gleich, unabhängig davon, wann sie eingeschaltet wird.

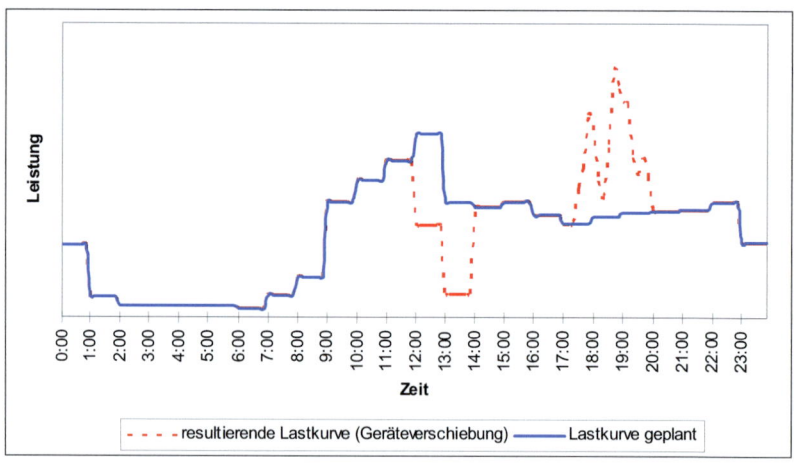

Abbildung 22: Auswirkungen von Lastverschiebungen

In Abbildung 22 ist die Problematik von Lastverschiebungen dargestellt. Wenn zwischen 12:00 Uhr und 14:00 Uhr die Last in einem Bilanzkreis gesenkt und dazu der Betrieb von Kühlschränken verzögert wird, dann führt dies zu einem späteren Zeitpunkt (zwischen 17:00 Uhr und 20:00 Uhr) zu einer entsprechenden Lasterhöhung (Konterabweichung). Das Problem dabei ist, dass nicht bekannt ist, wann die verschobene Last nachgeholt wird. Auch wenn die Last zu einem Zeitpunkt durch Lastverschiebungen erhöht wurde, muss diese aufgrund der festen Restriktionen an anderer Stelle wieder reduziert werden. In den folgenden Simulationen wird angenommen, dass die vorhandenen Geräte durch die Lastverschiebungen nicht mehr Strom verbrauchen oder erzeugen. Effizienzverluste, wie z. B. Wärmeverluste bei der Speicherung großer Mengen Warmwasser werden in dieser Arbeit nicht weiter betrachtet. Bei Geräten oder Anlagen, bei denen Lastverschiebungen zu höheren Kosten führen, muss sorgfältig überprüft werden, ob eine Einbindung in das im Folgenden vorgestellte Konzept sinnvoll ist.

Dieser, durch Lastverschiebungen verursachte, spätere ungeplante Betrieb von Geräten und Anlagen kann zu neuen Abweichungen im Netz führen, die im günstigsten Fall ein aktuelles Ungleichgewicht verringern. Durch die Vielzahl der Geräte und die große Menge an internen Randbedingungen kann es aber auch vorkommen, dass die durch Konterabweichungen verursachten Schwankungen größer sind als die externen Abweichungen, die zuvor ausgeglichen werden sollten.

Aufgrund der genannten Probleme bei den bestehenden Ansätzen werden neue Konzepte für ein kurzfristiges und präzises Lastmanagement benötigt. Da auf die Restriktionen der Geräte und Anlagen kein Einfluss genommen werden kann, wird im Folgenden ein Grundkonzept vorgestellt, um die späteren, aufgrund von Restriktionen verursachten Konterabweichungen zu verringern. Mit den vorgestellten Lastmanagementstrategien sollen sich Geräte und Anlagen zu bestimmten Zeiten für den Ausgleich von Schwankungen einsetzen lassen, aber selbst nach Möglichkeit keine neuen Schwankungen verursachen.

Um das angestrebte Ziel zu erreichen, werden alle Geräte und dezentralen Stromerzeugungsanlagen in einem Pool zusammengeschlossen (vgl. [KE09]). Die Geräte und Stromerzeugungsanlagen sollen dabei versuchen, ein ausgeglichenes Lastprofil zu erzeugen. Die Stromverbraucher und Stromerzeuger müssen sich untereinander abstimmen, damit sich ihre Energienutzung so ergänzt, dass im Normalfall keine Abweichungen auftreten. Ein Gerät, das gezwungen ist, Energie zu verbrauchen, kann sich mit einer vorhandenen Stromerzeugungsanlage abstimmen, damit diese dann die notwendige Energie erzeugt. Dadurch wird sichergestellt, dass die Energiebilanz (Erzeugung und Verbrauch) innerhalb des Pools ausgeglichen ist.

Um zusätzlichen Energieverbrauch auszugleichen, kann eine dezentrale Stromerzeugungsanlage den Strom produzieren oder ein anderer Stromverbraucher kann in dieser Zeit seinen Verbrauch entsprechend senken. Anlog dazu können bei einer Überproduktion weitere Energieverbraucher betrieben werden. Alternativ kann eine Stromerzeugungsanlage ihre Leistung entsprechend verringern.

Die Probleme bei diesem Ansatz liegen zum einen in den zum Teil sehr großen Leistungs- und Laufzeitunterschieden der Geräte und zum anderen in der Schwierigkeit, geeignete Partner zum Ausgleich der eigenen Energienutzung zu finden bzw. auszuwählen. Die Leistungsunterschiede und die unterschiedlichen Laufzeiten können durch die Kombination mehrerer Geräte oder Anlagen verringert werden. So werden z. B. 10 Kühlschränke mit einer Leistung von je 200W benötigt, um die Erzeugung von 2kW einer dezentralen Stromerzeugungsanlage auszugleichen. Es wird also eine Menge von

Erzeugern und Verbrauchern gesucht, deren gesamte Energienutzung eine möglichst kleine Abweichung erzeugt. Die verbleibenden Freiheitsgrade der Teilnehmer des Geräte- und Anlagenpools bezüglich der Energienutzung können dann für den Ausgleich von externen Schwankungen genutzt werden. Das Verfahren wird in Abschnitt 5.3.1 im Detail erläutert.

Um an den neuen Lastmanagementstrategien teilnehmen zu können, müssen sich die einzelnen Geräte und dezentralen Anlagen präzise steuern lassen und Informationen über ihre zukünftige Energienutzung austauschen. Dazu benötigen die Geräte folgende Fähigkeiten:

- Prognose des zukünftigen Energiebedarfs

- Prognose des eigenen Zustands

- Bestimmung der Freiheitsgrade bezüglich der Energienutzung

- Austausch von Informationen über vorhandene Freiheitsgrade

- Steuerung der eigenen Energienutzung

Im Folgenden werden zunächst die Fähigkeiten der Geräte genauer erläutert, bevor der Zusammenschluss der Geräte vorgestellt wird. Anschließend werden Strategien diskutiert, die den entstandenen Geräte- und Anlagenpool nutzen, um externe Schwankungen auszugleichen.

5.2 Modellierung

Damit eine präzise Steuerung von Geräten und dezentralen Stromerzeugungsanlagen möglich wird, müssen die Geräte in der Lage sein, ihre Freiheitsgrade bezüglich der Energienutzung zu bestimmen und Informationen darüber mit anderen auszutauschen. Bei Bedarf muss es zusätzlich möglich sein, vorhandene Pläne anzupassen. Im Folgenden wird die Modellierung der wesentlichen Charakteristika der Geräte und Anlagen erläutert. Dazu gehört auch ein Datenformat für den Austausch von Informationen über die vorhandenen Freiheitsgrade und die interne Steuerung der Geräte.

5.2.1 Geräte und Anlagen im Modellgebiet

Bei der Modellierung der elektrischen Geräte müssen die Charakteristika der einzelnen Geräte genau beachtet werden. Die im Folgenden vorgestellten Restriktionen müssen beim Lastmanagement durchgängig beachtet werden und diese Restriktionen begrenzen damit die Einsatzmöglichkeiten. Die in Haushalten vorhandenen Geräte lassen sich für ein automatisiertes Lastmanagement grob in drei Klassen unterteilen:

- Die erste Klasse enthält alle Geräte, welche bei Bedarf eingesetzt werden und dann kontinuierlich einen festen Energieverbrauch haben. Beleuchtung, Unterhaltungselektronik und auch Computer gehören zu dieser Klasse. Je nach Nutzungsart kann sich der Energieverbrauch dieser Geräte ändern, ist dann allerdings weitgehend konstant. Ein Beispiel für den nutzungsabhängigen Energieverbrauch dieser Geräte sind Computer, die unter Volllast deutlich mehr Strom verbrauchen als bei einer geringeren Prozessorlast.

- Die zweite Klasse enthält alle Geräte, die entsprechend eines vordefinierten Programms Energie verbrauchen. Hierzu gehören unter anderem Waschmaschinen und Trockner. Nach Beendigung des Programms, welches den Energieverbrauch steuert, wird das Gerät in vielen Fällen abgeschaltet oder verbleibt in einem Stand-by-Modus.

- Die dritte Klasse enthält alle Geräte, die versuchen, sobald sie eingesetzt werden, einen vorgegebenen Zustand zu erhalten, und dazu durchgängig messen, ob die relevanten Parameter noch innerhalb des Toleranzbereichs liegen. Zu dieser Klasse von Geräten gehören unter anderem alle Anlagen mit einem thermischen Speicher, wie z. B. Kühlschränke, Gefrierschränke, Kraft-Wärme-Kopplungsanlagen oder Klimaanlagen. Diese Geräte messen ununterbrochen ihren eigenen Zustand und schalten sich automatisch ein, sobald ein vorgegebener Grenzwert unter- oder überschritten wird (z. B. die Temperatur im Kühlschrank). Das Gerät wird im Normalfall so lange betrieben, bis eine Ober- oder Untergrenze erreicht wird und das Gerät voraussichtlich für eine längere Zeit ohne weitere Energiezufuhr auskommen kann. Elektrische Durchlauferhitzer ohne eigenen Speichertank gehören in die erste Klasse, da sie nur Strom verbrauchen, während Warmwasser benötigt wird.

Für das vorgestellte Szenario sind besonders die Geräte der zweiten und dritten Klasse interessant, da diese sich zeitlich flexibel einsetzen lassen und automatisiert an- und ausgeschaltet werden dürfen. Bei Geräten aus der ersten Klasse wird es der Benutzer in den meisten Fällen nicht erlauben, dass Geräte, die er gerade nutzt, ausgeschaltet werden. Trotzdem können auch Geräte dieser Klasse integriert werden (vgl. Abschnitt 5.3.1).

Normalerweise verfügen Haushaltsgeräte nicht über ausgeklügelte Systeme, um ihren eigenen Zustand zu bewerten, und die Fähigkeit, Prognosen über die zukünftige Energienutzung zu erstellen, ist zumeist auch nicht vorhanden. Die meisten dieser Geräte (z. B. Kühlschränke oder Geräte zur Warmwasserbereitung) verfügen nur über einen einfachen Temperatursensor, der das Gerät ein- und ausschaltet, sobald eine vorgegebene Temperatur unter- bzw. überschritten wird.

Prognose des Energieverbrauchs und des Gerätezustands

Für den Einsatz in dem hier zugrundeliegenden Szenario ist es deshalb notwendig, dass die Geräte in der Lage sind, ihre eigene Energienutzung vorherzusagen und bei Bedarf entsprechend anzupassen. Dazu muss jedes Gerät seine eigenen Charakteristika kennen und zukünftige Veränderungen prognostizieren können. Diese Fähigkeit ist besonders wichtig, um später die auftretenden Konterabweichungen ausgleichen zu können.

Bei den Geräten der ersten Klasse ist die Vorhersage der Dauer des Energieverbrauchs relativ schwierig, da diese Geräte Strom verbrauchen, sobald sie vom Benutzer eingeschaltet werden und die Energienutzung beenden, sobald der Benutzer sie abschaltet. Über geeignete Prognoseverfahren und historische Daten über die Energienutzung ließe sich für viele Geräte aber trotzdem ein Lastprofil vorhersagen. So wäre z. B. möglich, die Zeit, zu der das Gerät normalerweise eingeschaltet wird, und die übliche Laufzeit zu bestimmen und daraus den zu erwartenden Energieverbrauch abzuleiten. Da sich diese

Geräte aber nicht aufgrund von externen Signalen ein- und ausschalten lassen, wird im Folgenden auf Geräte dieser Klasse nicht weiter eingegangen.

Die Vorhersage der eigenen Energienutzung ist für Geräte der zweiten Klasse denkbar einfach. Da diese Geräte von einem vorgegebenen Programm gesteuert werden, kann für jedes Programm der zu erwartende Energieverbrauch oder sogar das entsprechende Lastprofil im Gerät hinterlegt werden. Diese Lastkurve kann aber noch von externen Parametern (z. B. der Temperatur des Frischwassers bei einer Waschmaschine) beeinflusst werden, die dann bei der Prognose zu berücksichtigen sind.

In Abbildung 23 ist exemplarisch die Lastkurve einer Waschmaschine dargestellt. Der Stromverbrauch ändert sich über die Betriebszeit, da das Waschprogramm in verschiedene Phasen unterteilt ist. Der Stromverbrauch in den einzelnen Phasen hängt von verschiedenen externen Parametern ab. Beim Aufheizen des Waschwassers sind die Wassermenge und die Waschtemperatur, welche vom Programm vorgegeben werden, und die Ausgangstemperatur des Frischwassers mitentscheidend für den Stromverbrauch. Unter Berücksichtigung dieser Parameter ist es aber meist möglich, eine relativ gute Lastkurve vorherzusagen.

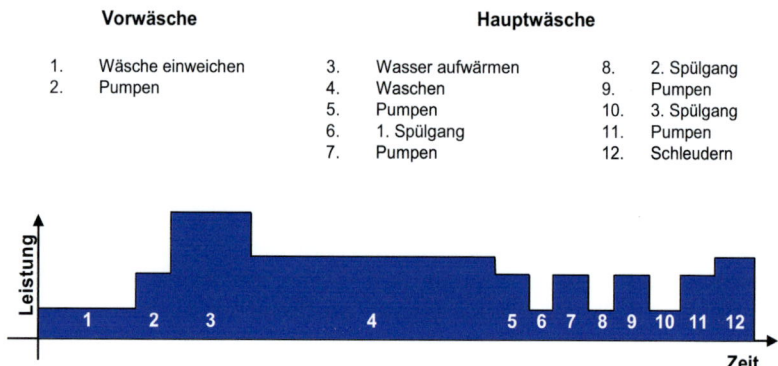

Vorwäsche		**Hauptwäsche**			
1.	Wäsche einweichen	3.	Wasser aufwärmen	8.	2. Spülgang
2.	Pumpen	4.	Waschen	9.	Pumpen
		5.	Pumpen	10.	3. Spülgang
		6.	1. Spülgang	11.	Pumpen
		7.	Pumpen	12.	Schleudern

Abbildung 23: Schematische Lastkurve einer Waschmaschine

Die Vorhersage der Daten ist für Geräte der dritten Klasse genauso wie bei den zur zweiten Klasse gehörenden Geräten recht einfach. Die Höhe des Energieverbrauchs ist in den meisten Fällen durch das Gerät fest vorgegeben. Es ändert sich lediglich die Einsatzhäufigkeit oder die Betriebszeit in Abhängigkeit der externen Parameter. Beispiele für solche Geräte sind Kühl- und Gefrierschränke. Bei einem Kühlschrank ist die Leistungsaufnahme in den meisten Fällen unabhängig von der Temperatur. Der Kühlschrank wird so lange betrieben, bis im Inneren des Kühlschranks die entsprechende Temperatur hergestellt ist. In Abbildung 24 ist beispielhaft das Lastprofil eines Kühlschranks dargestellt. Immer wenn der Kühlschrank betrieben wird (linke Skala), sinkt die Temperatur (rechte Skala) des Kühlschranks. Wenn sich der Kühlschrank abschaltet, steigt die Temperatur wieder langsam an. Je nach Wärmeverlust und Leistung des Kühlschranks verändern sich die Laufzeiten und die Länge der Stand-by-Zeiten. Dies kann sowohl zu einer längeren

Kühlperiode als auch zu einer höheren Einschaltfrequenz führen. Diese Parameter können aus der aktuellen Außentemperatur und dem daraus resultierenden Temperaturverlust pro Zeit berechnet werden. Der tatsächliche Verbrauch kann später jedoch auch stark von den Prognosen abweichen, da es durch den Eingriff des Benutzers (häufiges Öffnen und Schließen des Kühlschranks) oder durch unvorhergesehene Ereignisse (z. B. Störungen und Fehler) zu kurzfristigen Abweichungen kommen kann. Auch die Menge an Kühlgut kann die Prognose beeinflussen, da ein voller Kühlschrank mehr Strom verbraucht als ein leerer Kühlschrank.

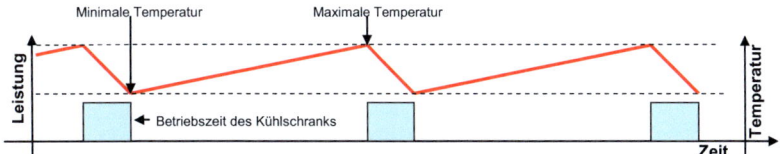

Abbildung 24: Lastprofil und Temperatur eines Kühlschranks

Sollte das Gerät nicht über die notwendigen Fähigkeiten zur Prognose verfügen, können bereits vorhandene Geräte auch nachgerüstet werden. Bei der Verwendung von Kühloder Gefrierschränken ist es lediglich notwendig, dass die Schwellwerte (vorgegeben) und die aktuelle Temperatur (direkt messbar) bekannt sind. Der Zeitpunkt, wann ein Kühlschrank wieder betrieben werden muss, ergibt sich aus dem Temperaturverlust über die Zeit hinweg und der Temperaturveränderung, die eintritt, wenn der Kühlschrank eingeschaltet wird. Diese Parameter können ebenfalls gemessen werden. Mit diesen Daten und der Möglichkeit, den Kühlschrank extern ein- und auszuschalten, kann die Steuerung auch von externen Modulen übernommen werden.

Zusammenfassend kann deshalb gesagt werden, dass in dem dieser Arbeit zugrundeliegenden Szenario jedes Gerät entweder über einen festen Satz an Lastprofilen (Geräte der Klasse 2), aus denen bei Bedarf das entsprechende ausgewählt und ausgeführt wird, oder über eine Zustandsvariable verfügt, die den aktuellen Zustand (Klasse 3) in Abhängigkeit von voreingestellten Parametern angibt. Mit diesen Daten können die Geräte eine Prognose erstellen, welche die zukünftige Energienutzung widerspiegelt.

Freiheitsgrade in der Energienutzung

Aufbauend auf den Prognosen zur zukünftigen Energienutzung können die Freiheitsgrade der Geräte ermittelt werden. Diese Freiheitsgrade können dann genutzt werden, um Laständerungen durchzuführen. Geräte der ersten Klasse verfügen meist über keine Freiheitsgrade, da der Benutzer die Geräte aktiv einschaltet und nicht bereit ist, die Nutzung zu unterbrechen oder zu verschieben. Geräte mit voreingestellten Lastkurven, wie zum Beispiel Waschmaschinen, verfügen über wenig Freiheitsgrade. So können zwar die Lastkurven über verschiedene externe Parameter (wie zum Beispiel die Waschtemperatur) angepasst werden, bieten aber ansonsten wenig Möglichkeiten der Verbrauchssteuerung.

Tabelle 13: Geräte mit verschiedenen Freiheitsgraden

Gerät	Freiheitsgrad	Beschreibung
Waschmaschine	Startzeit	Die Startzeit kann meist frei gewählt werden.
	Heizzeitpunkt	Zu verschiedenen Zeitpunkten muss Frischwasser aufgeheizt werden. Dieser sehr stromintensive Vorgang kann um mehrere Minuten verzögert werden.
	Schleudern	Auch der Start des Schleudervorgangs kann um mehrere Minuten verzögert werden. Die Wäsche bleibt allerdings so lange nass in der Trommel.
Spülmaschine	Startzeit	Die Startzeit kann meist frei gewählt werden.
	Heizzeitpunkt	Ähnlich wie bei der Waschmaschine können das stromintensive Aufheizen des Spülwassers oder das Trocknen um mehrere Minuten verzögert werden.
Trockner	Startzeit	Die Startzeit kann meist frei gewählt werden.
	Heizzeitpunkt	Auch beim Trockner wird in regelmäßigen Abständen ein Heizaggregat verwendet. Im Trockner wird dieses allerdings nicht zum Erhitzen von Wasser verwendet. Die Heizzeitpunkte können ohne negative Auswirkungen um mehrere Minuten verzögert werden.

In Tabelle 13 sind drei Geräte der zweiten Klasse mit den Möglichkeiten der Verbrauchssteuerung aufgelistet. Bei einer Waschmaschine kann der Startzeitpunkt eingestellt werden und zwischen verschiedenen Programmteilen könnten kurze Pausen eingeschoben werden, um das recht starre Lastprofil etwas flexibler zu gestalten. Dies erfordert allerdings eine entsprechende Steuerung in der Waschmaschine, da diese nur schwer von externen Modulen gesteuert werden kann. Ob eine solche Unterbrechung sinnvoll ist, hängt später davon ab, wie groß die Leistungsunterschiede zwischen den einzelnen Programmteilen sind und wie lange sich ein entsprechender Programmteil verzögern lässt.

Da die Geräte der zweiten Klasse vom Benutzer für den Einsatz vorbereitet werden müssen und meist nach dem einmaligen Einsatz ohne Benutzereingriff nicht erneut eingesetzt werden können, eignen sich diese Geräte nicht so gut für ein kurzfristiges Lastmanagement wie Geräte der dritten Klasse. Das Hauptaugenmerk in dieser Arbeit liegt deshalb auf den Geräten der dritten Klasse, deren Einsatzzeitpunkte ohne Benutzereingriff automatisiert gesteuert werden können.

Die Geräte der dritten Klasse verfügen im untersuchten Szenario über Variablen, die ihren internen Zustand beschreiben, und über ein Prognosemodul, welches Aussagen über den zukünftigen Zustand treffen kann. Bei der Modellierung wurde darauf geachtet, dass sowohl der Speicherbedarf als auch die Anforderungen an die Rechenkapazitäten für entsprechende Prognosemodule möglichst gering sind.

Im Folgenden wird am Beispiel des Kühlschranks die Modellierung der in Kapitel 4 spezifizierten Geräte und Anlagen innerhalb der Simulation detailliert beschrieben. Dazu werden zuerst die allgemeine Funktionsweise und die notwendigen Fähigkeiten erläutert. Die dabei getroffenen Aussagen gelten analog auch für alle anderen Geräte der ersten und zweiten Klasse. An verschiedenen Stellen wird bei Bedarf auf Unterschiede zu anderen Geräten hingewiesen.

Ein Kühlschrank verfügt über einen Kompressor, welcher eine Kühlflüssigkeit durch das Gerät pumpt. Dabei wird über die Kühlflüssigkeit Wärme aus dem Inneren des Kühlschranks nach außen geführt und über einen Kondensator an die Raumluft abgegeben. Solange die im Kühlschrank eingestellte Temperatur noch nicht erreicht ist, verbraucht der Kühlschrank weiter elektrische Energie. Bei einem Defekt des Temperatursensors oder in dem Fall, dass die eingestellte Temperatur nicht erreicht werden kann, kühlt der Kühlschrank ununterbrochen weiter, was zu einer starken Erhöhung des Energieverbrauchs führt.

Der Betrieb eines Kühlschranks wird über zwei Schwellwerte gesteuert. Beim Überschreiten des ersten Schwellwerts (maximale Temperatur) beginnt der Kühlschrank seinen Inhalt zu kühlen, bis der zweite Schwellwert erreicht wird. Beim Erreichen des zweiten Schwellwertes schaltet sich der Kühlschrank automatisch ab. Durch die höhere Außentemperatur erwärmt sich das Innere des Kühlschranks wieder, bis der erste Schwellwert erreicht wird. Beim Erreichen des ersten Schwellwerts beginnt erneut ein Kühlvorgang.

In dem hier vorgestellten Modell werden die Schwellwerte und die Temperatur auf einen Zustandswert abgebildet. Dieser Zustandswert gibt prozentual das aktuelle Verhältnis der Schwellwerte zur aktuellen Temperatur an. 0% symbolisieren den ersten Schwellwert und 100% den zweiten Schwellwert. Zusätzlich werden Parameter benötigt, die angeben, wie sich der Zustand verändert, wenn das Gerät ausgeschaltet ist bzw. wenn der Kühlschrank seinen Inhalt kühlt. Diese Parameter sind unabhängig vom Benutzer und beschreiben den normalen Betriebszyklus des Kühlschranks. Temperaturveränderungen durch das Öffnen der Kühlschranktür werden später gesondert betrachtet.

Die Parameter für die Zustandsveränderung beim Betrieb bzw. im Ruhezustand könnten vom Hersteller vorgegeben oder auf einfache Art und Weise im laufenden Betrieb gemessen werden. Das Messen dieser Parameter hat den Vorteil, dass die Parameter der Realität entsprechen und sich jederzeit überprüfen lassen. Die Parameter lassen sich dann auch entsprechend der aktuellen Außentemperatur anpassen. Dies erfordert allerdings, dass der Kühlschrank mit den entsprechenden Sensoren und Computerchips ausgestattet ist, um die Messungen vorzunehmen und auszuwerten. Alternativ können die Daten auch an ein Steuerungsmodul weiter geleitet werden, welches die Steuerung und die notwendigen Berechnungen übernimmt. Auf die Steuerung wird in Abschnitt 5.2.3 genauer eingegangen.

In Abbildung 25 ist die Repräsentation eines Kühlschranks innerhalb der Simulation dargestellt. Neben den Parametern wird auch die erwartete Lastkurve dargestellt. Ein Block in der Abbildung bedeutet, dass der Kühlschrank für eine gewisse Zeit arbeitet und dabei die in der linken y-Achse angegebene Leistung aufnimmt. Die Linie symbolisiert abstrakt den Zustand des Kühlschranks und nicht wie in Abbildung 24 die Temperatur. Beim Betrieb des Kühlschranks verbessert sich der Zustand auf maximal 100%, ansonsten sinkt der Zustandswert kontinuierlich bis auf 0% ab. Beim Erreichen von 0% oder 100% muss der Kühlschrank zwangsweise ein- bzw. ausgeschaltet werden, da ansonsten das vorgegebene Temperaturintervall verlassen würde und dies zu Schäden am Kühlgut führen könnte. Solange der Zustandswert diese Extremwerte nicht erreicht hat, kann das Gerät nach Belieben ein- und ausgeschaltet werden und eignet sich somit sehr gut für das Lastmanagement.

Bezeichnung: Kühlschrank

Zustandsänderung(Stand-by):   -0,04%/Min

Zustandsänderung(Betrieb):   +0,25%/Min

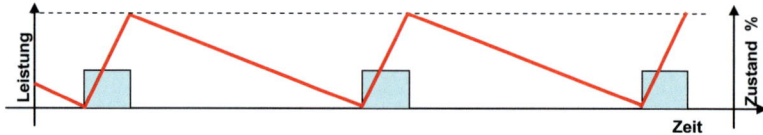

Abbildung 25: Repräsentation eines Kühlschranks im Modellgebiet

In dieser Arbeit wird eine zeitdiskrete Simulation auf Minutenbasis verwendet. Das bedeutet, dass die minimale Intervalllänge für eine Operation eine Minute ist. Alle Geräte können jede Minute an- und ausgeschaltet werden. Die Minuten der Simulationszeit sind durchnummeriert.

Für Kühlschränke lässt sich der Zustand s zum Zeitpunkt $t+1$ formal folgendermaßen prognostizieren:

$$s_{t+1} = s_t + x_{t+1}z_{On} + (1 - x_{t+1})z_{Off} \qquad (1)$$

$$x_t \in [0,1];$$

$$x_t = \begin{cases} 1 \; wenn \, Gerät \, betrieben \, wird \\ 0 \; sonst \end{cases}$$

$$t \in \{1,...,n\}$$

mit:

s_t Zustand zum Zeitpunkt t

x_t Auswahlindikator für den Betrieb des Gerätes zum Zeitpunkt t

z_{on} Zustandsänderung pro Zeiteinheit (Gerät angeschaltet)

z_{off} Zustandsänderung pro Zeiteinheit (Gerät ausgeschaltet)

Der Zustand in Formel (1) zum Zeitpunkt s_{t+1} hängt vom vorhergehenden Zustand und der erwarteten Zustandsänderung durch den Betrieb des Gerätes ab. Wird das Gerät betrieben, wird der Wert von z_{on} addiert und ansonsten der Wert von z_{off}. Es können auch nichtlineare Zusammenhänge abgebildet werden, indem die Konstanten z_{on} und z_{off} durch entsprechende Funktionen ersetzt werden. In diese Funktionen können dann auch zusätzliche Parameter wie z. B. der aktuelle Zustand oder die Außentemperatur integriert werden.

Tabelle 14: Randbedingungen bei Geräten

Parameter	Beschreibung
Minimale Laufzeit Wertebereich: {0,..,n} Datentyp: natürliche Zahl	Ein Gerät muss nach dem Einschalten mindestens eine vorgegebene Zeitspanne arbeiten, weil ansonsten z. B. der Betrieb unökonomisch ist oder das Gerät beschädigt wird.
Maximale Laufzeit Wertebereich: {0,..,n} Datentyp: natürliche Zahl	Nach einer maximalen Laufzeit muss das Gerät abgeschaltet werden.
Ruhezeit Wertebereich: {0,..,n} Datentyp: natürliche Zahl	Nach dem Betrieb muss ein Gerät für eine vorgegebene Zeit ausgeschaltet bleiben. Dies kann z. B. zum Abkühlen notwendig sein.
Minimaler und maximaler Energieverbrauch Wertebereich: [0;n] Datentyp: reelle Zahl	Bei Geräten, die über einen variablen Stromverbrauch verfügen, müssen die Grenzen bzw. der Energieverbrauch der einzelnen Modi berücksichtigt werden.
Gerätezustand Wertebereich: [0;100] Datentyp: reelle Zahl	Der Gerätezustand bewertet prozentual, zu welchem Prozentsatz sich ein Gerät innerhalb der spezifizierten Parameter befindet.
Zustandsänderung pro Zeiteinheit, wenn das Gerät nicht betrieben wird Wertebereich: [-100;0] Datentyp: reelle Zahl	Der Gerätezustand (z. B. die Temperatur) ändert sich prozentual, wenn das Gerät ausgeschaltet wird. Dieser Parameter ist nicht fest definiert, sondern kann sich dynamisch ändern (z. B. durch die Außentemperatur).
Zustandsänderung pro Zeiteinheit, wenn das Gerät betrieben wird Wertebereich: [0;100] Datentyp: reelle Zahl	Der Gerätezustand (z. B. die Temperatur) ändert sich prozentual, wenn das Gerät eingeschaltet wird. Dieser Parameter ist nicht fest definiert, sondern kann sich dynamisch ändern (z. B. durch die Außentemperatur).
Fester Endzeitpunkt Wertebereich: {0,...,n} Datentyp: natürliche Zahl	Das Gerät muss zwingend zu einem festgelegten Zeitpunkt seinen Auftrag bearbeitet haben.
Frühester Startzeitpunkt/spätester Startzeitpunkt Wertebereich: {0,...,n} Datentyp: natürliche Zahl	Das Gerät muss zwingend nach dem frühesten Startzeitpunkt und vor dem spätesten Startzeitpunkt seinen Auftrag begonnen haben.

Die prozentualen Zustandswerte können auch für Geräte verwendet werden, die nicht über einen Temperatursensor gesteuert werden. Bei einer Waschmaschine wäre der Gerätezustand bei einem Wert unter 100% und erst zu dem Zeitpunkt, an dem die Waschmaschine spätestens eingeschaltet werden muss, sinkt er auf 0% ab. Wenn die Waschmaschine ihr Programm beendet hat, liegt der Gerätezustand bei 100%. Die Waschmaschine hat also nur die drei Zustände: Betriebsbereit (Zustand größer 0% und kleiner 100%), sofortiger Betrieb bzw. in Betrieb (Zustand 0%) und nicht betriebsbereit (Zustand 100%).

Ausgehend von den gegebenen Parametern kann auf einfache Art und Weise berechnet werden, wann der Kühlschrank spätestens wieder ein- bzw. ausgeschaltet werden muss. Die Geräte werden mit einem gewissen Planungshorizont ausgestattet, in dem sie ihre Betriebszeiten, unter Berücksichtigung der oben genannten Randbedingungen, planen können.

In Tabelle 14 sind zusätzliche Randbedingungen aufgelistet, die bei der Planung von Geräten und dezentralen Stromerzeugungsanlagen berücksichtigt werden müssen. Nicht alle Geräte verfügen über alle Parameter, da z. B. ein Kühlschrank eine fest vorgegebene unveränderliche Leistungsaufnahme hat. Da bei einer Waschmaschine das Programm und damit der Stromverbrauch vom Benutzer vorgegeben wird, sind hier die wesentlichen Parameter der früheste/späteste Startpunkt bzw. ein definierter Endzeitpunkt, zu dem die Wäsche fertig sein muss.

Dezentrale Stromerzeugungsanlagen

Die dezentralen Stromerzeugungsanlagen können analog zu den Stromverbrauchern modelliert werden. Sie gehören in den meisten Fällen zur zweiten oder dritten Geräteklasse. Dezentrale Stromerzeugungsanlagen, die nicht über einen Wärmespeicher verfügen, müssen wie Geräte der ersten oder zweiten Klasse behandelt werden. Aus diesem Grund fallen Photovoltaikanlagen in die erste Klasse, da der Betrieb nicht sinnvoll automatisiert gesteuert werden kann. Verschiedene dezentrale Stromerzeugungsanlagen benötigen eine Anlaufzeit, bis sie die gewünschte Leistung erbringen. Es ist somit nicht möglich, sie beliebig an- und auszuschalten. Ist diese Anlaufzeit mit Kosten verbunden (z. B. durch einen erhöhten Primärenergiebedarf), ergibt sich daraus auch eine minimale Laufzeit, die nicht unterschritten werden darf, da sich die Anlage ansonsten nicht wirtschaftlich betreiben lässt.

Im Gegensatz zu den meisten anderen Geräten können dezentrale Energieerzeugungsanlagen ihre Produktionsleistung in vielen Fällen verändern. Damit hängt die Zustandsänderung nicht nur von der Laufzeit der Anlage ab, sondern auch von der Leistung über die Zeit hinweg. Da bei den meisten Anlagen der Wirkungsgrad bei geringer Leistung sehr schlecht wird, wird hier nur der Bereich betrachtet, bei dem der Wirkungsgrad noch weitgehend konstant ist. Bei den im Modellgebiet vorhandenen Anlagen ist das der in Tabelle 10 aufgeführte Bereich (vgl. Kapitel 4). Der Zustand der Anlage ändert sich somit auch entsprechend der Leistung der Anlage.

Bei den im Modellgebiet verwendeten dezentrale Stromerzeugungsanlagen symbolisiert der Gerätezustand anders als bei Kühlschränken nicht den akzeptablen Temperaturbereich, sondern den aktuellen Füllstand des Wärmetanks. Anders als bei Kühlschränken kann der Wärmetank theoretisch über längere Zeit leer sein und muss nicht zwingend in einem bestimmten Bereich gehalten werden. Dies kann z. B. dann auftreten, wenn in den nächtlichen Sommerstunden weder Heizung noch Warmwasser benötigt werden und damit der Tank erst wieder in den frühen Morgenstunden gefüllt sein muss.

Da viele dezentrale Anlagen ihre Leistung anpassen können und sich dabei auch der Wirkungsgrad verändern kann, muss dies auch bei der Prognose des Zustands berücksichtigt werden. Für die Prognose des Zustands zum Zeitpunkt s_{t+1} gilt nun:

$$s_{t+1} = s_t + z(p_t) \qquad \textbf{(2)}$$

$$t \in \{1, ..., n\}$$

mit:

s_t Zustand zum Zeitpunkt t

$z(p_t)$ Zustandsänderung pro Zeiteinheit bei einer Anlagenleistung p_t

p_t Leistung zum Zeitpunkt t

Der Zustand s_{t+1} in Formel (2) hängt nun auch von der Leistung ab, mit der die Anlage betrieben wird. Die Funktion $z(p_t)$ liefert die Zustandsänderung in Abhängigkeit der Leistung, mit der die Anlage betrieben wird. Wird die Anlage nicht betrieben, so ist die Leistung $p_t=0$. Je nach Randbedingungen und Einsatzzweck müssen in der Funktion $z(p_t)$ noch weitere Parameter berücksichtigt werden, wie z. B. der Warmwasserbedarf über den Tag hinweg.

5.2.2 Datenaustausch

Die im letzten Abschnitt beschriebene Modellierung ist ausreichend, sofern die Geräte nur auf allgemeine Steuersignale (z. B. Preissignale für den nächsten Tag) reagieren müssen. Die Geräte und Anlagen können den Zeitpunkt bestimmen, an dem sie Strom verbrauchen oder produzieren müssen, und können diese Freiheitsgrade individuell z. B. auf Basis von Strompreissignalen eines Energieversorgungsunternehmens für Lastverschiebungen nutzen. Für die präzise Steuerung einzelner Geräte ist diese Modellierung jedoch nicht ausreichend, da nicht bekannt ist, ob ein Gerät die Freiheitsgrade hat, um auf Preis- oder Steuersignale reagieren zu können.

Bei Strompreissignalen werden einer großen Anzahl von Teilnehmern die gleichen Preissignale gesendet. Damit wird ein Anreiz geschaffen, alle verfügbaren Geräte zum günstigsten Zeitpunkt zu betreiben. Wie in Kapitel 3 beschrieben, existieren verschiedene Ansätze, wie eine solche Steuerung automatisiert werden kann. Über Erfahrungswerte und Prognosen kann dann von den Energieversorgungsunternehmen abgeschätzt werden, welche Auswirkungen ein Preissignal auf das Gesamtlastverhalten haben wird. Auf Basis dieser Prognose kann ermittelt werden, wie viel Last in die preislich günstigeren Zeitbereiche verschoben werden wird und wo aufgrund der Verschiebung voraussichtlich

Erzeugungskapazitäten frei werden. Je nach Höhe der Preissignale und je nach Automatisierungsgrad der Haushalte kann es aber passieren, dass sehr viel mehr Last als erwartet in die günstigeren Zeitbereiche verschoben wird. Dieses als „Lawineneffekt" bezeichnete Problem kann zu neuen Lastspitzen führen. Eine präzise Steuerung einzelner Geräte ist mit einfachen Preissignalen nicht möglich, da keine Informationen über die Freiheitsgrade erfasst und ausgewertet werden (vgl. Kapitel 3).

Um detaillierte Lastprofile erstellen und Geräte individuell steuern zu können, ist es notwendig, dass die Geräte in der Lage sind, ihre Freiheitsgrade und Restriktionen nach außen zu kommunizieren. Ein Gerät muss damit, neben der Bewertung des eigenen Zustands, zusätzlich in der Lage sein, Informationen über seine Freiheitsgrade bei der Energienutzung weiterzugeben. Die Daten können dann ausgetauscht und bei Bedarf die eigene Planung abgeändert werden. Aus diesem Grund wird in diesem Abschnitt ein Datenformat vorgestellt, mit dem sich die Freiheitsgrade der Geräte ausdrücken lassen. Auf Basis der ausgetauschten Informationen über die Freiheitsgrade können die Geräte dann präzise gesteuert werden.

Wenn alle Geräte über eine zentrale Instanz gesteuert werden sollten, könnten alle relevanten Parameter und Restriktionen eines Gerätes an diese Instanz übertragen werden. Die zentrale Instanz könnte diese Daten auswerten und darauf aufbauend ein Steuersignal generieren. Dieser Ansatz führt jedoch zu erheblichen Problemen. Zum einen würde die Planung nicht mehr von den Geräten selbst vorgenommen, was zu Fehlern (Verletzung von Restriktionen) führen könnte. Zum anderen ergeben sich datenschutzrechtliche Probleme, wenn alle Nutzungs- und Gerätedaten an externe Dienstleister oder eine zentrale Steuereinheit übertragen werden. Aus der Nutzung bzw. aus den Freiheitsgraden der verschiedenen Geräte können Rückschlüsse auf die Lebensgewohnheiten der Benutzer gezogen werden. Zusätzlich kann die genaue Darstellung eines Gerätes mit seinem Zustand, seinen Restriktionen und seinem schon geplanten Lastverhalten sehr umfangreich werden. Ein externer Dienstleister oder eine zentrale Steuereinheit müsste die Daten aller Geräte im Bilanzkreis auswerten und eine Einplanung ermitteln, welche alle Restriktionen berücksichtigt. Je nach Anzahl und Art der Geräte kann eine solche Auswertung sehr aufwendig sein, wenn viele der in Tabelle 14 aufgeführten Parameter berücksichtigt werden müssen.

Wegen der datenschutzrechtlichen Probleme und aufgrund der Tatsache, dass es für eine zentrale Steuerkomponente sehr aufwendig ist, die Daten von sehr vielen Geräten zu analysieren, wird in dem hier vorgestellten Szenario ein anderer Weg gewählt, um die Freiheitsgrade zu repräsentieren. Es werden nur Informationen über die Freiheitsgrade ausgetauscht, jedoch keine Informationen über die zugehörigen Geräte oder Restriktionen. Für die Steuerung sind folgende Parameter relevant:

- Zeitpunkt der Energiebereitstellung

- Dauer der Energiebereitstellung

- Verfügbare Leistung (positive und negative Energie)

Stromproduktion wird dabei wie negativer Stromverbrauch behandelt. Es muss nicht unterschieden werden, ob ein Gerät seinen Verbrauch reduziert oder eine dezentrale Anlage ihre Produktion erhöht. Im Hinblick auf die Energiebilanz in einem Bilanzkreis ist der Effekt der gleiche. Analog wird auch nicht zwischen einer Reduzierung der Erzeugung und einer Erhöhung des Verbrauchs unterschieden. Es erfolgt damit eine Trennung zwischen den möglichen Lastveränderungen und der Art und Weise, wie diese Laständerungen realisiert werden können.

Um Geräte und dezentrale Anlagen präzise steuern zu können, müssen diese für einen vorgegebenen Zeitpunkt angeben, wie lange sie maximal und minimal an- oder ausgeschaltet werden können. Zusätzlich muss die minimale und maximale Laständerung, die in dieser Zeit möglich wäre, angegeben werden. Zur Verdeutlichung sind in Abbildung 26b beispielhaft die möglichen Pläne eines Kühlschranks zu einem Zeitpunkt t_1 dargestellt. Zusätzlich sind verschiedene wesentliche Zeitpunkte (t_2 bis t_6) eingezeichnet.

Der Kühlschrank hat in Abbildung 26a verschiedene Betriebszeiten geplant, die eingehalten werden sollen. Diese Planung verletzt bisher allerdings die Zustandsrandbedingungen, da der Zustandswert zeitweise unter 0% fällt. Durch eine weitere Einplanung könnte dieses Problem behoben werden. In Abbildung 26b wird ein weiterer Betriebszeitpunkt zum Zeitpunkt t_1 hinzugefügt. Der Kühlschrank müsste dabei minimal bis zum Zeitpunkt t_2 betrieben werden (oder für die vom Gerät vorgegebene Mindestlaufzeit) und maximal bis t_3 (bzw. bis zur maximalen Laufzeit). Jede Verkürzung oder Verlängerung der Laufzeit verletzt zu einem späteren Zeitpunkt (t_4, t_5 oder t_6) die Zustandsrandbedingungen. Für die Darstellung der Freiheitsgrade muss für alle infrage kommenden Startzeitpunkte t eine Liste mit jeweils der minimalen und maximalen Laufzeit und des minimalen bzw. maximalen Verbrauchs übermittelt werden.

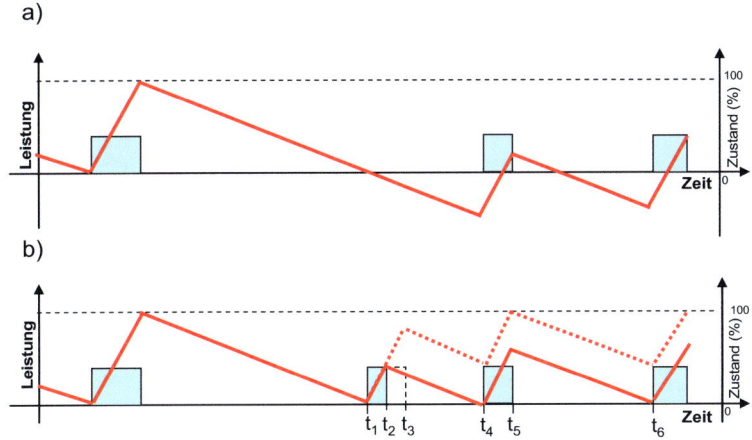

Abbildung 26: Mögliche Einplanungen zum Zeitpunkt t1

Aufbauend auf diesem Datenformat kann direkt eine Laständerung initiiert werden, da die Berücksichtigung der Restriktionen schon in der Darstellung der Freiheitsgrade enthalten ist. Trotzdem muss beachtet werden, dass sich aus den Freiheitsgrad-beschreibungen für unterschiedliche Zeitpunkte immer nur genau eine Laständerung auswählen lässt. Es ist nicht möglich, mehrere Laständerungen zu kombinieren, da dies die Restriktionen der Geräte verletzen könnte. Wenn dies notwendig oder sinnvoll werden sollte, müsste das Gerät zunächst seine Planung aufgrund der ersten Auswahl anpassen und anschließend die Liste seiner Freiheitsgrade aktualisieren. Aus dieser neuen Liste kann dann wieder neu ausgewählt werden. Mithilfe dieses Datenformats können auf einfache Art und Weise die Freiheitsgrade von Geräten dargestellt und ausgetauscht werden.

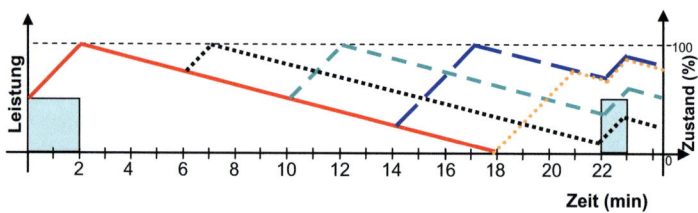

Abbildung 27: Freiheitsgrade für Lasterhöhungen zu verschiedenen Startzeitpunkten

In Abbildung 27 wird am Beispiel eines Kühlschranks der Gesamtaufbau des Daten-formats erläutert. Die minimale Intervalllänge ist dabei wieder eine Minute. Die durch-gezogene Linie repräsentiert die Prognose für die voraussichtliche Entwicklung des Zu-stands. Die gestrichelten Linien symbolisieren die Freiheitsgrade. In Tabelle 15 ist die vollständige Beschreibung der Freiheitsgrade zur Erhöhung des Verbrauchs von Minute 2 bis Minute 22 dargestellt. In diesem Beispiel müssen neben der Einhaltung der Zustands-grenzen keine weiteren Restriktionen beachtet werden.

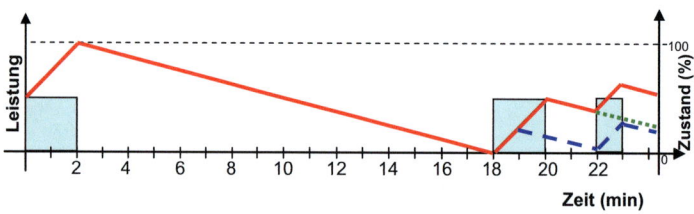

Abbildung 28: Freiheitsgrade beim Abschalten von Geräten

Bis Minute 6 kann der Kühlschrank nicht eingeschaltet werden, da ansonsten die Zu-standsobergrenze verletzt würde. Nur wenn die minimale Intervalllänge von einer Minute auf z. B. 20 Sekunden reduziert würde, wäre ein Betrieb möglich. Zwischen Minute 6 und Minute 9 kann der Kühlschrank genau für eine Minute betrieben werden, ohne dass die Zustandsobergrenze verletzt wird. Zwischen Minute 10 und Minute 14 kann der Kühlschrank für 2 Minuten eingeschaltet werden. Analog können die Freiheitsgrade bis Minute 18 bestimmt werden. Ab Minute 19 wird angenommen, der Zustand sei 0%, obwohl er laut Prognose unter 0% liegen müsste. Da dies aber den Restriktionen widerspricht, wird die Steuerung des Kühlschranks selbstständig dieses Problem durch weitere Betriebszeiten beheben, sodass davon ausgegangen wird, dass der Zustand mindestens 0% ist. Da durch längere Betriebszeiten der Zustandswert erhöht wird, müssen alle Verletzungen der oberen Grenze vermieden werden. Die restlichen Freiheitsgrade können analog bestimmt werden.

Genauso wie die die Freiheitsgrade für Lasterhöhungen bestimmt werden, können auch die Freiheitsgrade für Lastsenkungen ermittelt werden. In Abbildung 28 ist an einem Beispiel dargestellt, welche Möglichkeiten ein Kühlschrank hat, um seinen Verbrauch zu reduzieren oder seine Stromproduktion zu erhöhen. Der Kühlschrank hält durch die drei bisher geplanten Betriebszeiten seine Zustandsrandbedingungen ein. Da ein Haushaltsgerät im Normalfall keinen Strom produziert, bleibt als einzige Alternative die Reduktion der schon geplanten Betriebszeiten. Soll die Last zwischen Minute 2 und Minute 23 gesenkt werden, müssen die vorhandenen Betriebszeiten verkürzt oder gestrichen werden.

Tabelle 15: Darstellung der Freiheitsgrade eines Kühlschranks (Verbrauch)

Startzeit (Minute)	Laufzeit (Minute)		Laständerung (Watt)		Startzeit (Minute)	Laufzeit (Minute)		Laständerung (Watt)	
	Min	Max	Min	Max		Min	Max	Min	Max
2	0	0	0	0	14	1	3	$P_{Kühl}$	$P_{Kühl}$
3	0	0	0	0	15	1	3	$P_{Kühl}$	$P_{Kühl}$
4	0	0	0	0	16	1	3	$P_{Kühl}$	$P_{Kühl}$
5	0	0	0	0	17	1	3	$P_{Kühl}$	$P_{Kühl}$
6	1	1	$P_{Kühl}$	$P_{Kühl}$	18	1	3	$P_{Kühl}$	$P_{Kühl}$
7	1	1	$P_{Kühl}$	$P_{Kühl}$	19	1	3	$P_{Kühl}$	$P_{Kühl}$
8	1	1	$P_{Kühl}$	$P_{Kühl}$	20	1	2	$P_{Kühl}$	$P_{Kühl}$
9	1	1	$P_{Kühl}$	$P_{Kühl}$	21	1	1	$P_{Kühl}$	$P_{Kühl}$
10	1	2	$P_{Kühl}$	$P_{Kühl}$	22	0	0	0	0
11	1	2	$P_{Kühl}$	$P_{Kühl}$	$P_{Kühl}$ entspricht der elektrischen Anschlussleistung des Kühlschranks.				
12	1	2	$P_{Kühl}$	$P_{Kühl}$					
13	1	2	$P_{Kühl}$	$P_{Kühl}$					

In Tabelle 16 ist die resultierende Beschreibung der Freiheitsgrade aufgelistet. Zwischen Minute 2 und Minute 18 kann der Verbrauch nicht reduziert werden, da der Kühlschrank nicht betrieben wird. Das Abschalten in Minute 18 scheidet ebenfalls aus, da andernfalls die untere Zustandsuntergrenze ab Minute 18 verletzt wird. In Minute 20, 21 und 23 kann der Verbrauch ebenfalls nicht reduziert werden. Nur in Minute 19 oder in Minute 22 kann auf den Betrieb des Kühlschranks verzichtet werden. Der Zustand des Kühlschranks wird sich dabei entsprechend der blauen und grünen Linie verändern.

Tabelle 16: Darstellung der Freiheitsgrade eines Kühlschranks (Produktion)

Startzeit (Minute)	Laufzeit (Minute)		Laständerung (Watt)	
	Min	Max	Min	Max
2	0	0	0	0
3	0	0	0	0
4	0	0	0	0
5	0	0	0	0
6	0	0	0	0
7	0	0	0	0
8	0	0	0	0
9	0	0	0	0
10	0	0	0	0
11	0	0	0	0
12	0	0	0	0
13	0	0	0	0

Startzeit (Minute)	Laufzeit (Minute)		Laständerung (Watt)	
	Min	Max	Min	Max
14	0	0	0	0
15	0	0	0	0
16	0	0	0	0
17	0	0	0	0
18	0	0	0	0
19	1	1	$-P_{Kühl}$	$-P_{Kühl}$
20	0	0	0	0
21	0	0	0	0
22	1	1	$-P_{Kühl}$	$-P_{Kühl}$
23	0	0	0	0

$P_{Kühl}$ entspricht der elektrischen Anschlussleistung des Kühlschranks.

Das vorgestellte Datenformat der Freiheitsgrade kann analog auch für dezentrale Stromerzeugungsanlagen verwendet werden. Im Gegensatz zu den meisten Haushaltsgeräten können dezentrale Stromerzeugungsanlagen allerdings ihre Stromproduktion verändern. Dies muss bei der Bestimmung von Freiheitsgraden berücksichtigt werden und erhöht die Komplexität bei der Berechnung.

Ein Problem bei der Ermittlung der Freiheitsgrade ist, dass man zwischen Laufzeit und Leistung abwägen muss. In Abbildung 29 ist dieses Problem dargestellt. Für die Anlage ist schon eine Betriebszeit mit halber Leistung geplant. Ab Minute 13 kann die Anlage entweder mit voller Leistung P_{max} bis zu Minute 15 betrieben werden (Abbildung 29a) oder mit halber Leistung bis Minute 19 (Abbildung 29b). Mit dem beschriebenen Datenformat können nicht beide Fälle gleichzeitig abgebildet werden. Ein Lösungsansatz wäre, beide Beschreibungen aufzunehmen. In dieser Arbeit wird aber immer die höhere Leistung vorgezogen, da dann der Wirkungsgrad der Anlagen in den meisten Fällen deutlich besser ist als im Teillastbetrieb.

Mit dem vorgestellten Datenformat lassen sich jedoch nicht alle möglichen Kombinationen und zulässigen Pläne ausdrücken. Mit diesem Datenformat können keine Bedingungen abgebildet werden, wie z. B. die Bedingung, dass eine Einplanung in Minute 4 zwingend auch eine Einplanung in Minute 15 erfordert. Zwar existieren auch deutlich komplexere Darstellungsmöglichkeiten, mit denen sich die vorhandenen Freiheitsgrade besser abbilden lassen, diese sind jedoch aufwendiger zu erstellen. Des Weiteren kann das Gerätenutzungsverhalten der Besitzer besser herausgelesen werden, was aus Datenschutzgesichtspunkten nicht wünschenswert ist. Aus der hier vorgestellten Beschreibung ist nicht zu ersehen, um welche Geräte oder Anlagen es sich handelt und wie sich die Gesamtlastkurve des Haushalts zusammensetzt. Da es nicht relevant ist, um welches Gerät es sich genau handelt, können mit dieser Darstellung auch mehrere Geräte in einem Haushalt zusammengefasst werden. Die Zusammenfassung verschiedener

Geräte verschleiert die Nutzung einzelner Geräte stärker, was aus Datenschutzgründen wünschenswert ist, und reduziert zusätzlich den Kommunikationsaufwand, da man nicht die Freiheitsgrade aller Geräte einzeln übertragen muss.

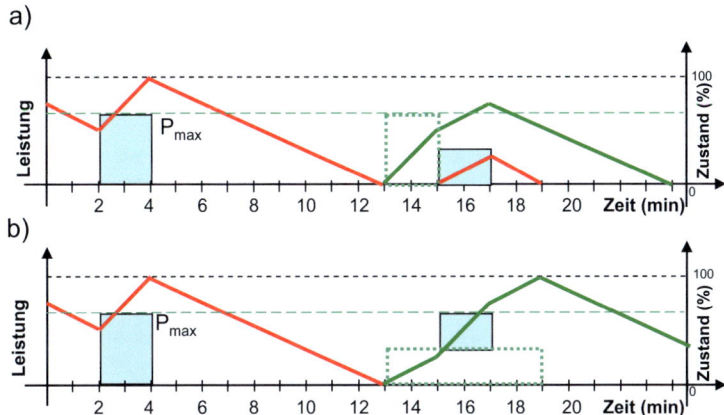

Abbildung 29: Darstellung eines zusätzlichen Betriebszeitpunkts mit maximaler Leistung oder maximaler Dauer

Für die in Abschnitt 5.3 entwickelten Konzepte zum kurzfristigen Lastmanagement ist ein häufiger Austausch von Informationen über die Freiheitsgrade notwendig. Durch das vorgestellte Datenformat sind der Speicherbedarf und die notwendige Bandbreite für die Übertragung sehr gering.

Die Beschreibung der Freiheitsgrade für einen bestimmten Zeitpunkt besteht aus vier reellen Zahlen. Für die Simulation werden *short-Integer*-Variablen mit je zwei Byte verwendet. Die Startzeit muss nur ein einziges Mal festgelegt werden, da die Freiheitsgrade fortlaufend eingetragen werden. Die Leistung wird in Watt angegeben, sodass sich mit zwei Byte eine Leistung zwischen -32.768W (Erzeugung) bis 32.767W (Verbrauch) darstellen lässt. Für die meisten dezentralen Anlagen und fast alle Haushaltsgeräte ist dieser Bereich mehr als ausreichend. Nur bei größeren dezentralen Stromerzeugungsanlagen, die z. B. einen ganzen Wohnblock versorgen, bei großen Geräten in Gewerbebetrieben oder bei der Zusammenfassung vieler Geräte in einem Häuserblock kann der Zahlenbereich überschritten werden. In einem solchen Fall müssten statt *short-Integer*-Variablen normale *Integer*-Variablen (vier Byte) verwendet werden. Damit lässt sich ein Leistungsbereich von mehr als 4GW abbilden.

Die maximale Zeitspanne in Minuten (*unsigned-Short-Integer*) liegt zwischen 0 und 65.535 (negative Zeiten können nicht vorkommen), was einer Zeitspanne von mehr als drei Jahren entspricht. Die Verwendung eines einzelnen Bytes (0-255) scheidet aus, da schon einfache Waschtrockner[9] je nach Programm eine Laufzeit von mehr als fünf Stunden (300 Minuten) haben können.

---

[9] Ein Waschtrockner ist eine Kombination aus Waschmaschine und Wäschetrockner

Aus diesen Werten ergibt sich, dass die Freiheitsgrade zu einem bestimmten Zeitpunkt im Normalfall nicht mehr als acht Byte Speicherplatz benötigen (vier *short-Integer-Variablen* zu je zwei Byte). Wenn alle Freiheitsgrade in einem Zeitfenster von 60 Minuten dargestellt werden sollen, ergibt sich ein Speicherbedarf von $60 \cdot 8 = 480$ Byte. Eine so geringe Datenmenge kann heutzutage ohne Schwierigkeiten über das Internet verschickt werden. Eine vollständige Beschreibung der Geräte inklusive Restriktionen, vorhandenen Plänen und aktuellem Status wäre in vielen Fällen deutlich umfangreicher.

5.2.3 Steuerung

Der Steuerung der Geräte und dezentralen Anlagen kommt eine besondere Bedeutung zu. Zum einen muss durch eine Steuereinheit direkt im Gerät sichergestellt werden, dass alle Restriktionen eingehalten werden, und zum anderen muss es möglich sein, in die Planung einzugreifen und die Energienutzung zu beeinflussen. Die Einhaltung der internen Restriktionen wie z. B. die Temperatur in einem Kühlschrank stellt keine besondere Herausforderung dar, da schon jetzt alle Geräte über diese Fähigkeit verfügen müssen. Aufbauend auf dem im letzten Abschnitt beschriebenen Datenformat der Freiheitsgrade kann eine Laständerung spezifiziert werden, die das Gerät durchführen soll. Die Integration dieser externen Pläne ist aber heutzutage bei den meisten Geräten noch nicht vorgesehen.

Da bei der Beschreibung der Freiheitsgrade der Zustand und die Restriktionen berücksichtigt werden, sollte der neue Plan ohne Änderungen übernommen werden können. Trotzdem kann es vorkommen, dass sich der Zustand der Geräte z. B. durch Benutzereingriffe unvorhergesehen verändert und die aktuelle Planung dann unzulässig ist. Generell haben die internen Restriktionen der Geräte und dezentralen Anlagen Vorrang vor allen vorhandenen Plänen oder gewünschten Laständerungen.

Sollte ein Plan in der aktuellen Form unzulässig sein, so wird der Plan direkt abgeändert, sodass sich wieder alle Restriktionen einhalten lassen. Wenn dies bedeutet, dass der gesamte Plan verworfen werden muss, dann wird dies durchgeführt. Wenn der aktuelle Plan verworfen wird, können auch die gewünschten Laständerungen nicht ausgeführt werden. Es sollte also so gut wie möglich vermieden werden, dass dieser Fall eintritt. Wenn erkannt wird, dass ein Plan unzulässig ist, sollte dieser mit so wenig Änderungen wie möglich korrigiert werden, bevor der ganze Plan verworfen werden muss. Die aktuelle Planung muss also durchgängig überprüft werden, um sicherzustellen, dass der Plan auch in der Zukunft zulässig ist.

Die in Kapitel 3 vorgestellte O/C-Architektur eignet sich für die Gestaltung des benötigten Steuerungssystems. Das Gerät bzw. die dezentrale Anlage mit den dazugehörigen internen Steuerungskomponenten bildet das *System unter Beobachtung und Steuerung* der O/C-Architektur. Die Geräte oder Anlagen sind autonom und selbst dafür verantwortlich, dass alle Restriktionen eingehalten werden. Der Observer beobachtet den Zustand und die aktuelle Planung und erstellt darauf aufbauend eine Prognose über die zukünftige Entwicklung des Zustands. Der Controller ermittelt aus den Daten des Observers die möglichen Freiheitsgrade, die er nach außen kommunizieren kann. Wird von außen eine entsprechende Laständerung ausgewählt, muss der Controller diese Änderung in die aktuelle Planung integrieren und z. B. mittels einer Simulation überprüfen, ob die Restriktionen mit dem neuen Plan noch eingehalten werden können. In Abbildung 30 ist die resultierende O/C-Architektur dargestellt.

Die Architektur kann dabei auf zwei Arten realisiert werden:

1. Observer und Controller befinden sich innerhalb der Geräte.

2. Observer und Controller befinden sich in einem Steuermodul außerhalb der Geräte.

Im einfachsten Fall sind Observer und Controller direkt in das Gerät integriert. Dies erlaubt den direkten Zugriff auf die internen Sensoren über die vorhandenen Schnittstellen. Das Gerät benötigt dann nur noch eine zusätzliche Schnittstelle, um mit anderen Geräten kommunizieren zu können (z. B. eine Netzwerkschnittstelle).

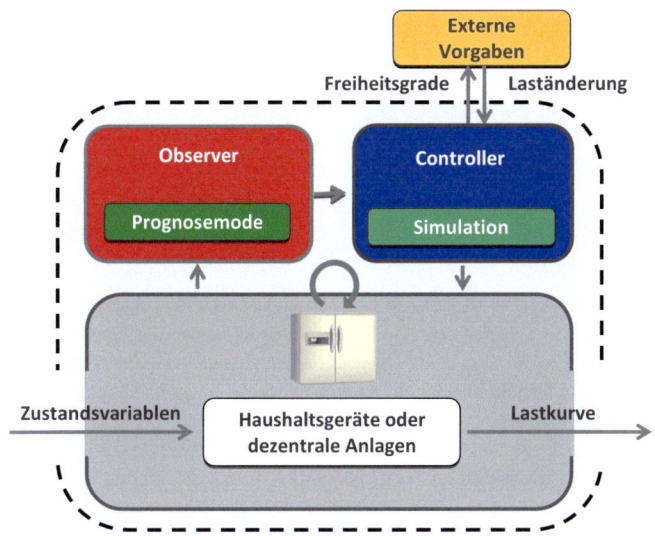

Abbildung 30: O/C-Architektur für Geräte und dezentrale Anlagen

Sollen bereits vorhandene Geräte nachgerüstet werden, lassen sich Observer und Controller in ein eigenes Steuermodul auslagern. Um Haushaltsgeräte und dezentrale Stromerzeugungsanlagen im SuOC nutzen zu können, müssen sie um entsprechende Schnittstellen erweitert werden. Über diese Schnittstellen werden die wesentlichen Parameter (z. B. die Temperatur und der Stromverbrauch bei einem Kühlschrank) vom Observer abgefragt. Wenn der Zugriff auf verschiedene Sensoren oder interne Daten nicht möglich ist, müssen zusätzliche Sensoren nachgerüstet werden, welche die fehlenden Daten liefern.

Aus den verschiedenen Messwerten kann der Observer die für die Prognose notwendigen Parameter berechnen. Da die Temperaturveränderung pro Minute nicht direkt gemessen werden kann, muss der Observer diesen Wert durch Analyse des Temperaturverlaufs und der Laufzeit ermitteln. Dabei müssen selbstverständlich Zeiträume gewählt werden, in denen der Temperaturverlauf nicht durch Eingriffe des Benutzers verfälscht wird. Auf Basis dieser Werte und der Sensordaten kann der Observer den Zustand der Geräte bewerten.

Um eine Laständerung auf Basis der Steuersignale des Controllers durchführen zu können, muss der Controller entweder Zugriff auf den internen Plan des Gerätes haben oder direkt die gesamte Planung übernehmen. Wenn der Controller die Planung übernehmen soll, wird noch eine direkte Steuerleitung benötigt, durch die sich das Gerät an- und ausschalten lässt. Der Controller verwaltet dann den Plan und schaltet das Gerät entsprechend an und aus. Nur wenn der Plan unzulässig sein sollte, greift die interne Steuerung des Gerätes ein und widersetzt sich den Anweisungen des Controllers. Das Gerät ist weiterhin selbst dafür verantwortlich, dass seine Restriktionen eingehalten werden. Auf diese Art und Weise können auch ältere Geräte in das System integriert werden.

Mit nur einem Gerät ist die Komplexität innerhalb des SuOC noch sehr gering. Sind Observer und Controller in einem externen Steuermodul, ist es auch möglich, mehrere Geräte in das SuOC aufzunehmen (z. B. alle steuerbaren Geräte in einem Haushalt). Observer und Controller müssen damit nicht für jedes Gerät existieren. Es ist ausreichend, wenn beide insgesamt einmal vorhanden sind. Da in einem normalen Haushalt nur sehr wenige steuerbare Geräte vorhanden sind und die einzelnen Aufgaben sehr einfach sind, werden vom Observer und Controller keine hohen Anforderungen an die Rechenleistung gestellt.

Da alle genannten Aufgaben von den Geräten und dezentralen Anlagen selbst oder von zusätzlichen Steuermodulen durchgeführt werden müssen, dürfen die Berechnungen nicht zu aufwendig sein und z. B. einen aktuellen Standardcomputer erfordern. Je aufwendiger z. B. die Erstellung von Prognosen ist, desto leistungsfähiger (Rechenleistung und vorhandener Speicher) und damit auch teurer müssen die Recheneinheiten in den Geräten oder den Steuermodulen sein. Dies führt zu höheren Kosten für die einzelnen Komponenten und erhöht meist auch den Energieverbrauch. Es ist nicht sinnvoll, ein Gerät zu steuern, wenn die zur Steuerung notwendigen Komponenten mehr Strom verbrauchen als das zu steuernde Gerät.

Als Alternative zu teuren zusätzlichen Hausautomatisierungstechnologien, welche die Steuerung übernehmen könnte, können auch die in den Haushalten vorhandenen Komponenten mitverwendet werden. Schon heute sind viele Haushalte über einen eigenen DSL-Router mit dem Internet verbunden. Es gibt von verschiedenen Herstellern Router, die neben ihrer Hauptaufgabe auch komplexe Zusatzaufgaben erfüllen können. So kann z. B. das Linux-Betriebssystem einer FritzBox [Fre09b] problemlos um weitere Komponenten erweitert werden. Viele Router verfügen zusätzlich über eine große Anzahl von Schnittstellen, über die sich externe Komponenten (z. B. Festplatten) anschließen lassen. Auch ist es vielfach möglich, den internen Speicher zu erweitern. Über die vorhandenen Anschlüsse können die benötigten Sensoren und schaltbaren Steckdosen sehr einfach ergänzt werden. Der Internet-Router wäre so nebenbei auch in der Lage, den Observer und den Controller für den Haushalt bereitzustellen.

Für die Kommunikation mit einem externen Controller oder Observer muss dabei nicht zwingend ein zusätzliches Kabel vorhanden sein. Es existieren schon heute verschiedene Systeme auf dem Markt, mit denen ein ganzes Haus nachträglich automatisiert werden kann. Zu diesen Systemen gehören z. B. der Konnex Bus [MHH07], digitalSTROM [HB09] oder auch entsprechende Funktechnik (z. B. WLAN). Mit diesen Technologien lassen sich auch die für den Observer benötigten Sensoren einbinden. Die Geräte müssen allerdings schon für die Verwendung dieser Technologien ausgerüstet sein, da es in vielen Fällen zu teuer wäre, diese nachzurüsten. Verfügen die Geräte nicht über die notwendigen Schnittstellen, bleibt noch die Möglichkeit, die Geräte über schaltbare Steckdosen zu steuern, und damit die interne Steuerung der Geräte zu überbrücken.

Die Erweiterung der Internet-Router um die in dieser Arbeit diskutierten Funktionalitäten hat den Vorteil, dass immer mehr Haushalte über einen DSL-Anschluss verfügen und damit kein weiteres zusätzliches Steuergerät benötigt wird. Da Router meistens durchgängig in Betrieb sind, können sie auch problemlos weitere Aufgaben rund um die Uhr erfüllen. Die Router sind mit dem Internet verbunden, und können damit Daten über den Systemzustand und die aktuellen Freiheitsgrade problemlos an andere Teilnehmer übermitteln. Das Datenvolumen des im letzten Abschnitt vorgestellten Datenformats zum Austausch von Freiheitsgradinformationen ist so gering, dass selbst bei einer Aktualisierung der Daten pro Minute nicht mit großen Einbußen bei der Bandbreite gerechnet werden muss. Bei einer feineren zeitlichen Auflösung (z. B. Sekunden statt Minuten) steigt allerdings das Gesamtdatenvolumen stark an.

Tabelle 17: Notwendige Fähigkeiten der Geräte

Fähigkeit	Verantwortlich
Bestimmung des Zustands	Observer
Prognose des Zustands und des Energieverbrauchs	Observer
Verwaltung von Plänen	Gerät oder Controller
Berücksichtigung der Restriktionen	Gerät und Controller
Kommunikation mit anderen Teilnehmern	Controller
Optimierung	Controller
Simulation von Plänen	Controller
Anpassung der Pläne	Controller

Da weder Internet-Router noch Hausautomatisierungssysteme über große Rechenkapazitäten verfügen, müssen alle Algorithmen, die den Datenaustausch und die Steuerung betreffen, relativ einfach sein. Im Rahmen dieser Arbeit wird nicht näher auf die Realisierung der Steuermodule eingegangen. Bei der weiteren Entwicklung wird allerdings darauf geachtet, dass die Algorithmen auch mit wenig Rechenleistung durchgeführt werden können. In Hausautomatisierungssystemen der Firma WAGO kommen [WAG09] ARM7 Prozessoren mit 44Mhz mit bis zu 130MIPS [ARM09] zum Einsatz. In modernen Internet-Routern werden vielfach Prozessoren der Familie ARM9 eingesetzt. Diese Prozessoren erreichen je nach Taktfrequenz bis zu 300Mips [ARM09]. Prozessoren für Heimcomputer mit 2 Kernen (2,1GHz) leisten ungefähr 19.000Mips [CPU09]. Wie in Kapitel 3 dargestellt, existieren bereits verschiedene Ansätze und entsprechende Prototypen, die Steuermodule mit ähnlichen Funktionalitäten untersuchen [BBN+06, Ins09a, Ene07].

Alle Fähigkeiten, die die Geräte und dezentralen Stromerzeugungsanlagen benötigen um an den folgenden Strategien zum dezentralen Lastmanagement teilzunehmen sind in Tabelle 17 zusammengefasst. Da Observer und Controller nicht zwingend im Gerät vorhanden sein müssen, wird unterschieden, ob die Funktionalität zwingend innerhalb des Gerätes vorhanden sein muss oder auch ausgelagert werden kann.

Im Folgenden wird angenommen, dass die einzelnen Geräte im Haushalt ein Multi-Agenten-System bilden, da sie autonom die eigenen Restriktionen überwachen und bei Bedarf selbstständig reagieren. Da sie auch mit dem Observer und dem Controller kommunizieren und nicht miteinander konkurrieren, handelt es sich um ein kommunizierendes kooperatives Multi-Agenten-System (vgl. Kapitel 3).

5.3 Erstellung eines restriktionslosen Geräte-Pools

Durch das im letzten Abschnitt eingeführte Datenformat für Freiheitsgrade und durch die Steuerungsalgorithmen sind die Geräte bzw. die Steuermodule in der Lage, Informationen über ihre Freiheitsgrade über das Internet auszutauschen. Es wäre nun möglich, diese Daten regelmäßig an einen zentralen Server zu schicken, welcher dann entscheidet, ob und welche Geräte ihre Leistung anpassen sollen. Eine zentrale Steuerung hätte den Vorteil, dass sich auf Basis der vorhandenen Informationen eine optimale Lösung ermitteln lässt.

Die Gesamterzeugung und der Gesamtverbrauch ändern sich durch Lastverschiebungen nicht, weshalb sich jede Laständerung an zwei Stellen im Lastprofil auswirkt (Konterabweichung). Dies ist zum einen der Zeitpunkt, zu dem die Last verschoben wird, und zum anderen der Zeitpunkt, an dem die Last vorher eingeplant war. Dieser Zusammenhang kann bei der Auswahl von Lastverschiebungen zu großen Problemen führen, da in den meisten Fällen nicht bekannt ist, wo die Last vorher eingeplant war. In Abbildung 31 sind verschiedene mögliche Auswirkungen von Lastverschiebungen dargestellt. Die Referenzkurve zeigt den erwarteten Verlauf ohne Lastverschiebungen. Wenn man eine Lastreduktion zwischen 12:00 und 13:00 Uhr erreichen möchte, dann muss die Last zu einem anderen Zeitpunkt nachgeholt werden. Dies kann zu neuen Spitzen vor und nach 12:00 Uhr im Lastprofil führen.

Bei einer Steuerung über Strompreissignale, wie sie in Kapitel 3 vorgestellt wurde, kann in der Regel aufgrund von Erfahrungswerten abgeschätzt werden, wie sich das Lastprofil insgesamt verändern wird. Bei einer präzisen kurzfristigen Steuerung auf Basis der vorhandenen Freiheitsgrade ist das aber meist nicht möglich, da jede Situation und die Menge an Freiheitsgraden jedes Mal anders ist. Eine generelle Steuerung über Preissignale ist somit nur schwer zu realisieren, da immer sehr kurzfristig neue Signale erzeugt werden müssten, bei denen nicht im Voraus bekannt ist, welchen Effekt diese haben werden.

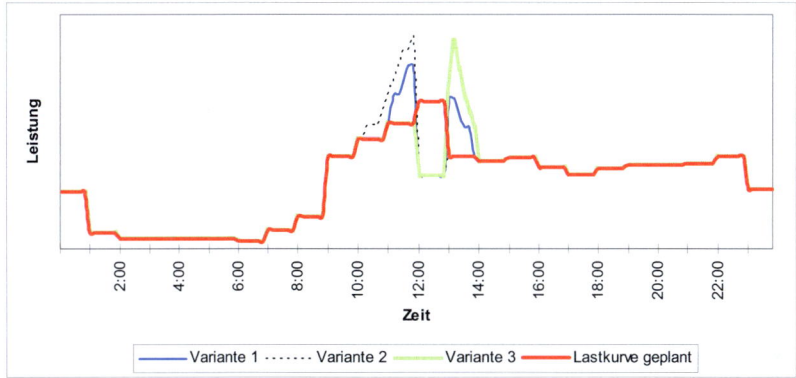

Abbildung 31: Auswirkungen von kurzfristigen Preissignalen

Wenn man kurzfristig mit Kühlschränken und ähnlichen Geräten die Last zu einem bestimmten Zeitpunkt reduzieren möchte, so ist es sehr wahrscheinlich, dass die Lasten direkt vor oder nach dem gewünschten Zeitpunkt neu eingeplant werden (vgl. Abbildung 31). Da die Restriktionen meist keine Verschiebung von mehr als maximal 3-5 Stunden erlauben, können Lasten nicht von z. B. morgens auf abends verschoben werden. Zusätzlich kann im alltäglichen Betrieb nicht davon ausgegangen werden, dass immer die maximale Verschiebung möglich ist, da Geräte nur eingeplant werden, wenn sich die Zustandsvariable der unteren Grenze nähert. Die möglichen zeitlichen Verschiebungen sind damit im Normalfall deutlich geringer.

Wenn deshalb Lasten über einen längeren Zeitraum hinweg verschoben werden, wäre es nötig zu wissen, wann die Geräte später wieder eingeplant werden. An dieser Stelle müsste dann eine Laständerung von anderen Geräten veranlasst werden, die ihre Lasten so verschieben, dass die nachgeholte Last der ersten Gruppe ausgeglichen wird. Abbildung 32 zeigt exemplarisch an einem einfachen Beispiel, wie ein solches Verfahren aussehen kann. Es müssen insgesamt viermal Lasten verschoben werden, bis die gewünschte Laständerung von 12:00 Uhr auf 23:00 Uhr durchgeführt ist. Um ein solches System mit einer zentralen Infrastruktur zu realisieren, müssen alle für die Lastverschiebung relevanten Daten an den zentralen Server gesendet werden. Dieser muss alle Daten sammeln und entsprechend den verschobenen Teillasten automatisch neue Lastverschiebungen initiieren, um die gewünschte zeitliche Verschiebung zu realisieren.

Ein solches Verfahren mit einem zentralen Server zu realisieren, erfordert einen sehr hohen Koordinationsaufwand. Für die Realisierung müsste direkt bekannt sein, wie sich eine Lastverschiebung auf das Gesamtlastverhalten auswirkt. Dies ist aber in den meisten Fällen nicht einmal dem Gerät selbst bekannt. Eine Änderung der Last kann meist an vielen Stellen im Lastprofil ausgeglichen werden. Dies im Vorfeld genau festzulegen, ist relativ schwierig. Selbst wenn eine solche Festlegung gelingt (z. B. bei einer Verschiebung der Startzeit von 9:00 auf 10:00), kann sich dies durch Benutzereingriffe wieder ändern (z. B. durch das Öffnen der Kühlschranktür steigt die Temperatur im Kühlschrank an). Zusätzlich verschieben nicht alle Geräte, die für eine Laständerung benötigt werden, die Lasten gleich (Gerät 1 von 8:00 Uhr auf 9:00 Uhr, Gerät 2 von 8:00 Uhr auf 9:25 Uhr, Gerät 3 von 8:00 Uhr auf 11:25 Uhr usw.). All diese Werte müssen immer berücksichtigt werden, um die nachfolgenden Lastverschiebungen sinnvoll durchzuführen.

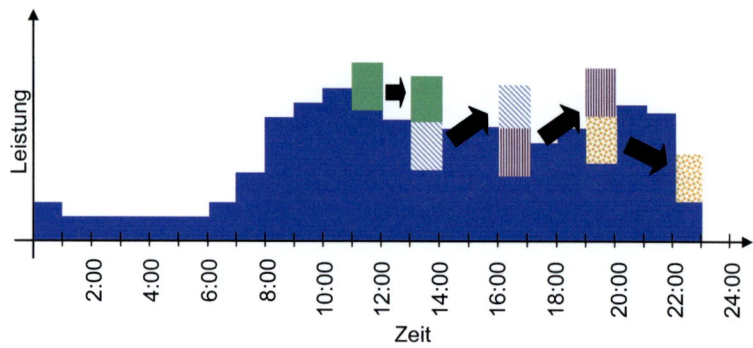

Abbildung 32: Kombination von Lastverschiebungen

Das Problem lässt sich vereinfachen, wenn der zentrale Server über alle Daten der Geräte verfügt und nur er direkt die Steuerung der Geräte durchführt. Das würde bedeuten, dass die O/C-Komponenten aller Geräte in den zentralen Server integriert werden. Von den datenschutzrechtlichen Problemen abgesehen, müsste der zentrale Server eine sehr große Datenmenge auswerten. Alle Gerätedaten, Restriktionen und Sensorenmesswerte müssten durchgängig an den zentralen Server übertragen werden. Dies ist zwar bei einem einzelnen Gerät kein Problem, kann aber bei einer großen Menge an Geräten (im hier verwendeten Modellgebiet 1.961 Kühl- und Gefrierschränke und 101 dezentrale Stromerzeugungsanlagen) sehr aufwendig werden. Die erforderliche zentrale Infrastruktur müsste von dem jeweiligen Betreiber (in diesem Szenario dem Bilanzkreisverantwortlichen) vorgehalten werden. Je nach Größe des Bilanzkreises könnten mit dem Betrieb der Rechnerinfrastruktur hohe Kosten verbunden sein. Zusätzlich bildet die zentrale Infrastruktur einen Schwachpunkt im System, da bei einem Ausfall des Systems keine geordnete Steuerung mehr stattfindet. Die Geräte sorgen in einem solchen Fall selbstständig dafür, dass ihre Restriktionen eingehalten werden. Des Weiteren stellt der zentrale Rechner ein Angriffsziel für Hacker dar. Durch Sabotage der zentralen Infrastruktur könnte die Steuerung vollständig ausfallen. Eine andere Möglichkeit wäre die Manipulation des Systems, um die Geräte so zu steuern, dass große Lastspitzen, und damit verbunden hohe Kosten, entstehen.

Aus den vorgestellten Gründen ist es sehr aufwendig, die in Kapitel 3 vorgestellten Konzepte zum zentralen Lastmanagement zu verwenden. Im Folgenden wird daher eine dezentrale Strategie zur Koordination vorgestellt, die auch die Auswirkungen einer Lastverschiebung auf das Gesamtlastverhalten reduziert.

5.3.1 Zusammenschluss von Geräten und dezentralen Anlagen

Anstelle eines zentralen Servers können die steuerbaren Geräte und Anlagen auch dezentral zu einem großen Geräte- und Anlagen-Pool zusammengeschlossen werden. Dieser Pool ist für die Koordination der Anlagen untereinander zuständig und soll die Restriktionen der einzelnen Geräte und Anlagen nach außen verstecken.

Die Grundidee dabei ist, dass die Geräte und Anlagen innerhalb des Pools ihren eigenen Energiebedarf decken und nach außen Verbrauch und Erzeugung immer ausgeglichen sind. Die verbleibenden Freiheitsgrade können anschließend genutzt werden, um Schwankungen außerhalb des Pools zu reduzieren. Der Begriff Koordination bezeichnet im Folgenden, dass die einzelnen Aktionen der Geräte und Anlagen sich gegenseitig beeinflussen. Versuchen die Geräte dabei gemeinsam ein Ziel zu erreichen, wird von Kooperation gesprochen. Eine Taxonomie der verschiedenen Begriffe findet sich in [VBFO03].

Mithilfe einer zentralen Infrastruktur wäre dies sehr einfach zu realisieren. Immer wenn abzusehen ist, dass ein Gerät Strom verbraucht bzw. eine dezentrale Anlage Strom produziert, wird eine Anfrage an den zentralen Server geschickt, der den Verbrauch und die Erzeugung der einzelnen Geräte und Anlagen zusammenfasst und dann mithilfe zusätzlicher Steuersignale die Leistung so anpasst, dass Erzeugung und Verbrauch wieder im Gleichgewicht sind. Auch bei diesem zentralen Server treten die im letzten Abschnitt genannten Probleme der Rechenleistung, des Datenschutzes und der Ausfallsicherheit auf.

Um diese Probleme zu vermeiden, wurde in dieser Arbeit ein Ansatz entwickelt, bei dem sich die Geräte untereinander ohne zentrale Infrastruktur organisieren. Alle Geräte, dezentralen Anlagen und Steuerboxen bilden dabei über das Internet ein Peer-to-Peer-Netz (P2P-Netz). Im Folgenden wird nur noch von Teilnehmern gesprochen und nur zwischen Geräten, dezentralen Stromerzeugungsanlagen und Steuerboxen explizit unterschieden, wenn deren Verhalten unterschiedlich ist.

Im P2P-Netz sind alle Teilnehmer gleichgestellt. Jeder Teilnehmer verfügt über eine virtuelle Nachbarschaft von anderen Teilnehmern. Mit diesen Nachbarn kann jeder Teilnehmer direkt kommunizieren und z. B. die Liste der Freiheitsgrade zu einem Zeitpunkt anfordern. Die genaue Ausgestaltung (z. B. die verwendete Overlay-Struktur) des Peer-to-Peer-Netzes ist für diese Arbeit nicht relevant, daher wird im Folgenden nur kurz auf die wesentlichen Charakteristika eingegangen. Für die Realisierung des P2P-Netzes könnten z. B. Gnutella [KM02] oder Freenet [Fre09a, CSWH01] verwendet werden. Generell eignet sich jedes P2P-Netz, welches folgende Eigenschaften aufweist:

- Teilnehmer können dem Netz jederzeit beitreten.
- Teilnehmer können das Netz verlassen.

- Jedem Teilnehmer ist eine Menge von anderen Teilnehmern bekannt (Nachbarschaft).

- Es können Nachrichten zwischen den Teilnehmern ausgetauscht werden.

Diese Anforderungen sind so allgemein, dass sie heute von fast allen Peer-to-Peer-Netzen erfüllt werden. Bei der Festlegung der Nachbarschaft müssen keine realen Gegebenheiten wie z. B. der Verlauf von Straßenzügen berücksichtigt werden. Allerdings müssen alle Teilnehmer im gleichen Bilanzkreis liegen, da ansonsten Lastveränderungen im falschen Stromnetzsegment auftreten können. Im Gegensatz zu z. B. Tauschbörsen ist es auch nicht notwendig, dass Verbindungen zu Teilnehmern, die sich nicht in der Nachbarschaft befinden, aufgebaut werden können. Im Normalfall muss nur mit den Teilnehmern in der Nachbarschaft kommuniziert werden. Je nach Situation kann es trotzdem sinnvoll und notwendig sein, die Nachbarschaft zu aktualisieren. Dies ist unter anderem dann notwendig, wenn Teilnehmer das Netz verlassen.

In dem hier verwendeten Szenario sollten die Teilnehmer nach Möglichkeit durchgängig mit dem Internet verbunden sein. Wenn die Steuerung z. B. von einem Internet-Router durchgeführt wird, stellt dies kein Problem dar. Teilnehmer, die immer nur für kurze Zeit mit dem Netz verbunden und dann wieder für lange Zeit unerreichbar sind, sind für den Zusammenschluss eher ungeeignet. Zwar können auch diese teilnehmen, aber die Mehrheit der Teilnehmer muss durchgängig bzw. kurzfristig erreichbar sein.

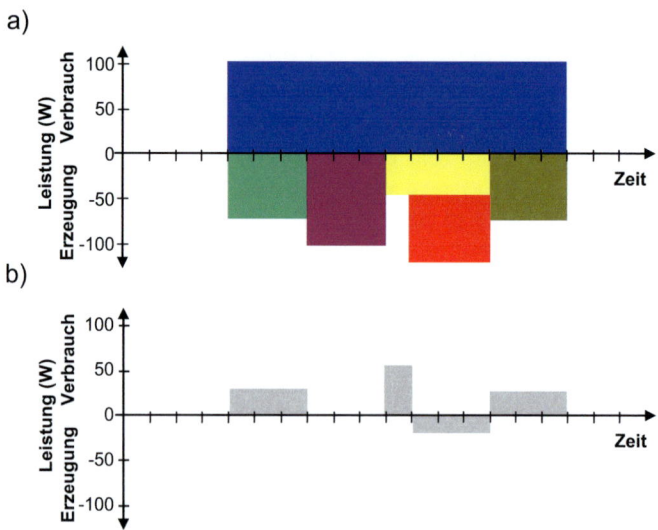

Abbildung 33: Koordination von Stromerzeugung und Stromverbrauch

Wenn ein Teilnehmer aufgrund seines internen Zustandes erkennt, dass in der nächsten Zeit Strom verbraucht werden muss, fragt er bei seinen Nachbarn nach, ob es andere Teilnehmer gibt, die den Verbrauch decken können. Mit Deckung ist die entgegengesetzte Energienutzung gemeint. Wenn ein Teilnehmer für eine gewisse Zeit den Verbrauch um 100W erhöht, kann in dieser Zeit entweder ein anderer Teilnehmer 100W mehr erzeugen oder der Verbrauch anderweitig um 100W gesenkt werden. Durch dieses Vorgehen ändert sich die Gesamtenergiebilanz nicht. Je nach Leistung und Dauer der nachgefragten Last kann es vorkommen, dass diese Leistung nicht durch einen einzelnen Teilnehmer abgedeckt werden kann. In einem solchen Fall muss eine Kombination aus mehreren Teilnehmern gefunden werden. Der Teilnehmer, der Energie nutzen möchte, fragt dazu bei einer Auswahl seiner Nachbarn nach deren Freiheitsgraden für den Zeitpunkt, wenn der eigene Stromverbrauch erwartet wird. Die Nachbarn senden, entsprechend des im letzten Abschnitt vorgestellten Datenformats, Informationen über die vorhandenen Freiheitsgrade zurück.

Ausgehend von den Freiheitsgradbeschreibungen muss der Teilnehmer dann eine Kombination auswählen, die seinen Verbrauch möglichst gut ausgleicht. Diese ausgewählten Laständerungen werden an die Nachbarn zurückgemeldet, welche entsprechend ihre eigenen Pläne anpassen. In Abbildung 33 ist dies an einem Beispiel dargestellt. In Abbildung 33a ist der Verbrauch und die Erzeugung unterschiedlicher Geräte und dezentraler Stromerzeugungsanlagen dargestellt. Die Stromerzeuger versuchen die vorgegebene Lastkurve möglichst gut abzudecken. Das resultierende Gesamtlastprofil ist in Abbildung 33b dargestellt.

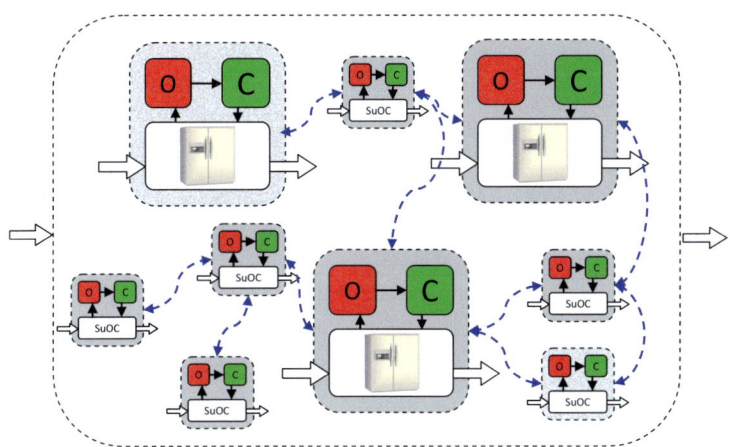

Abbildung 34: Zusammenschluss der Teilnehmer als verteilte O/C-Architektur

Der gesamte Pool bildet nun eine verteilte O/C-Architektur (vgl. Abbildung 34). Die einzelnen Teilnehmer besitzen jeweils einen eigenen Observer und einen Controller, der das Management der Geräte und Stromerzeugungsanlagen übernimmt. Die einzelnen Geräte und Stromerzeugungsanlagen, die zu einem Observer und Controller gehören, versuchen die Laständerungen in ihre Pläne zu integrieren. Bei der Integration müssen immer die Restriktionen berücksichtigt werden. Dadurch, dass sich die einzelnen O/C-Architekturen untereinander koordinieren, entsteht ein gemeinsames Ziel (Verbrauch und

Erzeugung aufeinander abstimmen), welches ohne zentrale Komponenten erreicht wird. Die Verbindungen zwischen den einzelnen O/C-Architekturen symbolisieren die Kommunikations- bzw. Nachbarschaftsbeziehungen. Es handelt sich also wieder um ein kommunizierendes kooperatives Multi-Agenten-System (vgl. Kapitel 3).

Optimierung

Für die Teilnehmer stellt sich die Frage, wie sie effizient aus den Freiheitsgraden der Nachbarn die optimale Zusammensetzung auswählen können. Wenn z. B. eine dezentrale Erzeugungsanlage Strom produzieren muss, und in der Nachbarschaft vier Teilnehmer die zusätzliche Energie verbrauchen könnten, muss ein möglichst guter Plan für alle Nachbarn gefunden werden. Die Teilnehmer unterliegen bezüglich ihrer minimalen und maximalen Einsatzdauer und Erzeugungsleistung unterschiedlichen Restriktionen.

Das resultierende Optimierungsproblem ist in Abbildung 35 dargestellt. In das Diagramm ist der notwendige Verbrauch über die Zeit eingezeichnet (graue Fläche). In diesem Beispiel muss für eine erwartete Stromerzeugung eine Auswahl an Geräten gefunden werden, welche die eingezeichnete Fläche optimal ausfüllen. Für vier Nachbarn sind die Freiheitsgrade dargestellt. Die durchgezogenen Linien symbolisieren die minimale Leistung und Einsatzdauer des Nachbarn, wenn er gewählt wird, und die gestrichelte Linie die maximal mögliche Leistung und Einsatzdauer. Für dieses Beispiel wird davon ausgegangen, dass keine weiteren Restriktionen bezüglich der zeitlichen Einplanung bestehen. In der Realität können aber sehr wohl große Einschränkungen bezüglich der zulässigen Kombination aus Startzeit, Laufzeit und Leistung existieren (vgl. Kapitel 4).

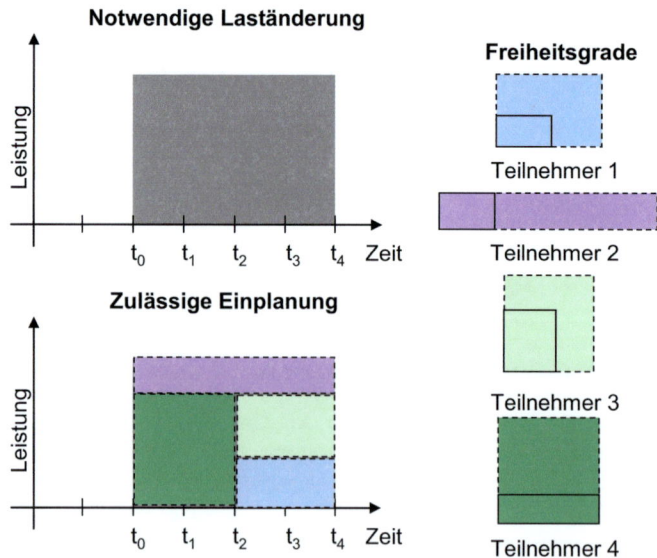

Abbildung 35: Auswahl und Einplanung einer optimalen Menge von Teilnehmern

Bei diesem Auswahlproblem handelt es sich um eine Variante des in der Informatik bekannten Rucksackproblems [KPP04]. Das Rucksackproblem ist NP-vollständig, und sofern $NP \neq P$ gilt, gibt es für das allgemeine Rucksackproblem keine Polynomialzeitalgorithmen. Beim klassischen 0/1-Rucksackproblem muss aus einer Menge von n Elementen eine Teilmenge ausgewählt werden. Jedes Element i verfügt über einen Wert p_i und ein Gewicht w_i. Zusätzlich ist ein Rucksack mit einer Kapazität c gegeben. Es soll nun eine Menge von Elementen ausgewählt werden, deren Gewicht nicht die Kapazität des Rucksacks übersteigt und deren Gesamtwert P maximal ist.

Das Problem kann formal folgendermaßen beschrieben werden:

$$P = \max \sum_{i=1}^{n} p_i x_i \quad (3)$$

Unter Berücksichtigung der folgenden Nebenbedingungen:

$$\sum_{i=1}^{n} w_i x_i \leq c \quad (4)$$

$$x_i \in [0,1];$$

$$x_i = \begin{cases} 1 \ wenn \ Element \ gewählt \ wurde \\ 0 \ sonst \end{cases}$$

$$i \in \{1,...,n\}$$

mit:

x_i Auswahlindikator für Element i

w_i Gewicht von Element i

p_i Wert von Element i

n Anzahl von Elementen

c Kapazität des Rucksacks

Mit der Variable x_i wird entschieden, ob ein Element in den Rucksack aufgenommen wird oder nicht. Es existiert eine Variation des Problems, bei dem das Gewicht der Elemente gleich ihrem Wert ist. Das Ziel ist es dann, den Rucksack möglichst vollzuladen.

Das Problem, aus einer Menge von Freiheitsgraden eine optimale Auswahl zu treffen, um eine vorgegebene Laständerung zu decken, ist dem Rucksackproblem sehr ähnlich. Der größte Unterschied ist, dass es nicht nur einen einzelnen Rucksack gibt. Jeder Zeitpunkt (z. B. jede Minute) entspricht einem eigenen Rucksack, der gefüllt werden muss. Dabei wird für jeden Zeitpunkt eine zu deckende Leistung vorgegeben und es muss eine Menge von Geräten gefunden werden, die diese Leistung abdecken. Je nach Dauer der zu deckenden Leistung und der zeitlichen Auflösung können so sehr viele einzelne Optimierungsprobleme existieren, die miteinander verbunden sind.

Die Einplanung eines Nachbarn beeinflusst im Normalfall nicht nur einen einzelnen Zeitpunkt, sondern umfasst einen längeren Zeitbereich. Da es das Ziel ist, eine möglichst gute Deckung zu erreichen – also genauso viel Energie zu produzieren, wie verbraucht wird – wird nur die Leistung betrachtet und kein zusätzlicher Wert, wie beim klassischen Rucksackproblem. Im Gegensatz zum klassischen Rucksackproblem ist es auch möglich, die einzelnen Rücksäcke zu überladen, also mehr Leistung zu einem Zeitpunkt bereitzustellen als eigentlich benötigt wird. Das resultierende Problem ist nicht mehr zwingend NP-vollständig. Dadurch, dass die Leistung der Nachbarn angepasst werden kann, vereinfacht sich das Problem deutlich. So ist es unter Umständen möglich, solange Elemente in den Rucksack zu legen, bis dieser überladen ist, und dann das letzte Element so anzupassen, dass es optimal passt. Ein entsprechender Algorithmus ließe sich in polynomieller Zeit durchführen. Kann die Leistung aber aufgrund der Restriktionen der Nachbarn nicht angepasst werden, ergibt sich wieder ein klassisches Rucksackproblem.

Das resultierende Optimierungsproblem ist in den folgenden Formeln zusammengefasst. In Formel (5) wird die Höhe der Abweichung bestimmt, welche sich aus den Unterschieden zwischen Erzeugung und Verbrauch zu jedem Zeitpunkt ergibt. In Formel (6) ist die Nebenbedingung der Nachbarn bezüglich der Energienutzung dargestellt.

$$I = \min |\sum_{t=t_s}^{t_e} \left(P_d(t) + \sum_{i \in A} P_i(t) \right)| \qquad (5)$$

$$P_i(t) = \begin{cases} P_i, & wenn\, s_i \leq t \leq s_i + r_i \\ 0, & sonst \end{cases} \qquad (6)$$

mit:

d	Teilnehmer, dessen Leistung gedeckt werden soll (Verbrauch und Erzeugung haben umgekehrte Vorzeichen).
I	Verbleibendes Ungleichgewicht
$P_d(t)$	Leistung von Teilnehmer d zum Zeitpunkt t
P_i	Leistung von Teilnehmer i beim Betrieb
$P_i(t)$	Leistung von Teilnehmer i zum Zeitpunkt t
r_i	Laufzeit von Teilnehmer i
s_i	Startzeit von Teilnehmer i
t_e	Ende der zu deckenden Energienutzung
t_s	Start der zu deckenden Energienutzung
A	Menge der Nachbarn

Das Minimum in Formel (5) liegt bei $I=0$, wenn Erzeugung und Verbrauch der beteiligten Geräte gleich sind. Bei der Formel ist zu beachten, dass die Stromerzeugung als negativer Stromverbrauch aufgefasst wird. Es wird nicht zwischen einer Über- oder Unterdeckung unterschieden. Das Ziel ist die Minimierung der Abweichung I, bei der verschiedene Teilnehmer i die Energienutzung des Teilnehmers d ausgleichen. Die Energienutzung des Teilnehmers d beginnt zum Zeitpunkt t_s, endet zum Zeitpunkt t_e und hat eine Leistung von $P_d(t)$. Die äußere Summe addiert die Lasten über alle Zeitpunkte der Energienutzung. In der inneren Summe wird die Energienutzung aller Nachbarn der Menge A aufsummiert. Jedes Gerät i hat einen Startzeitpunkt s_i, eine Laufzeit r_i sowie eine Leistung $P_i(t)$. Die Leistung $P_i(t)$ ist, solange das Gerät nicht eingeplant wird, 0W und ansonsten P_i (vgl. Formel (6)). Aufgrund des verwendeten Datenformats zur Beschreibung der Freiheitsgrade muss die Energienutzung während des Betriebs konstant sein.

Dieses Problem ist im Vergleich zu vielen anderen Rucksackproblemen im Normalfall einfach zu lösen. Durch die Tatsache, dass die einzelnen Teilnehmer angepasst werden können, ergeben sich sehr viele verschiedene Optima. Darüber hinaus sind die Menge an Teilnehmern und die Menge an Freiheitsgraden klein und es reicht aus, eine sehr gute Lösung statt des Optimums zu finden. Da ein völliger Ausgleich der nachgefragten Leistung aufgrund von z. B. Messungenauigkeiten und Leistungsabweichungen meist nicht möglich ist, reicht es, wenn der Großteil der Leistung (z. B. 95%) abgedeckt wird.

Die Schwierigkeit des Problems wächst mit der Anzahl der Nachbarn, deren Freiheitsgraden und der Leistung und Dauer der benötigten Abdeckung. Zwar ist im Normalfall die Menge an benötigten Nachbarn gering, aber durch die stark beschränkte Rechenleistung, die von den Teilnehmern aufgewendet werden kann, stellt sich trotzdem die Frage, wie sich dieses Optimierungsproblem effizient lösen lässt.

Eine vollständige Überprüfung aller Kombinationsmöglichkeiten scheidet aufgrund der hohen Rechenzeitanforderungen aus. Schon bei kleinen Problemgrößen ist die Anzahl der möglichen Kombination zu groß, um alle durchprobieren zu können. Wenn beispielsweise für eine Überproduktion in einem 15-Minuten-Zeitraum eine Abdeckung gesucht wird und zehn Nachbarn infrage kommen, die jeweils maximal zehn Minuten betrieben werden, ergibt sich eine Menge von 1.500 Kombinationen (maximale Laufzeit × mögliche Startpunkte × Anzahl Nachbarn). Bei dieser Rechnung wurde noch nicht berücksichtigt, dass möglicherweise die Leistung der Nachbarn angepasst werden kann. Schon bei diesem einfachen Beispiel zeigt sich deshalb, dass es sehr aufwendig wäre, alle Kombinationsmöglichkeiten zu testen und bei größeren Problemen wahrscheinlich keine Möglichkeit mehr besteht, diese auf kleinen Steuerboxen oder Internet-Routern in akzeptabler Zeit zu lösen.

Aus diesem Grund werden für die Optimierung Evolutionäre Algorithmen (EA) [Wei07, GKK04] eingesetzt. Evolutionäre Algorithmen werden heute in vielen Bereichen zur Optimierung gewählt. Sie haben in der Vergangenheit gezeigt, dass sie gut geeignet sind, Rucksackprobleme zu lösen [KB06, CB98]. Evolutionäre Algorithmen gehören zu den naturinspirierten Optimierungsverfahren und arbeiten ähnlich der Evolution in der Natur. Durch die Kombination vorhandener Eigenschaften und der randomisierten Selektion der Lösungen mit den jeweils besten Eigenschaften werden mit der Zeit gute Eigenschaften verstärkt und schlechte Eigenschaften vermindert. Im Folgenden wird kurz der allgemeine Ablauf von Evolutionäre Algorithmen skizziert und danach werden diese zur Lösung des vorgestellten Problems verwendet.

Evolutionäre Algorithmen

Ein Evolutionärer Algorithmus gliedert sich in mehrere Phasen, die in Abbildung 36 dargestellt sind. Zuerst wird eine Menge zufälliger Individuen erzeugt, die die initiale Population bilden. Als Individuum wird eine Lösung des Problems bzw. eine Festlegung der gesuchten Parameter bezeichnet. Bei einem klassischen Rucksackproblem wäre dies eine Auswahl an Elementen, die in den Rucksack getan werden. Die zufälligen Individuen werden bewertet, wie gut sie das gegebene Problem lösen. Die Qualität von Individuen wird Fitness genannt.

Aus der Population wird dann eine Teilmenge ausgewählt, aus der später neue Lösungen erzeugt werden. Die Auswahl der sogenannten Eltern wird als Selektion bezeichnet. Die Selektion bestimmt, welche Individuen sinnvolle Eigenschaften haben, die man in neuen Lösungen verwenden sollte. Die Selektion ist ein stochastischer Prozess, bei dem Individuen mit einer höheren Fitness bevorzugt werden. Es gibt eine Vielzahl verschiedener Methoden, wie sich die Selektion realisieren lässt. Es ist z. B. möglich, Individuen mit einer höheren Fitness proportional häufiger auszuwählen als Individuen mit einer geringeren Fitness. Diese Selektionsmethode wird als *fitnessproportionale Selektion* bezeichnet. Bei einer *rangbasierten Selektion* wird nicht direkt proportional nach der Fitness, sondern proportional entsprechend der Position in der nach der Fitness sortierten Population ausgewählt. Es gibt noch weitere Selektionsarten, auf die hier aber nicht weiter eingegangen wird, siehe deshalb [Wei07, GKK04].

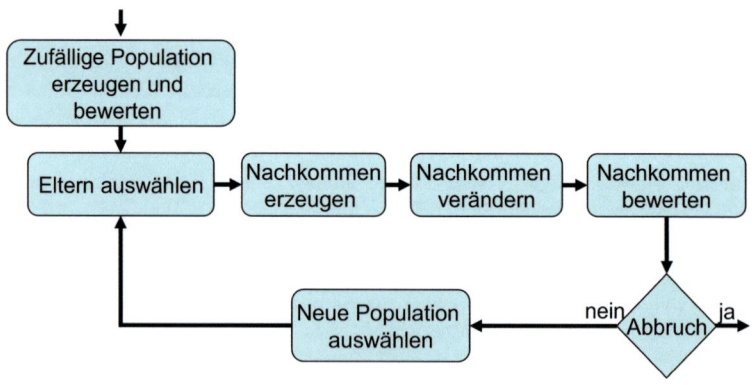

Abbildung 36: Ablauf eines Evolutionären Algorithmus

Nach der Auswahl der Elternindividuen müssen aus diesen Individuen neue Nachkommen erstellt werden. Dieser als Rekombination oder Crossover bezeichnete Vorgang ist stark abhängig von der Art, wie Lösungen im Rechner repräsentiert werden. Bei einem sogenannten One-Point-Crossover werden die Parameter einer Lösung – die sogenannten Gene – von zwei Individuen zufällig in zwei Hälften geteilt. Aus je einer

Hälfte beider Eltern wird ein neues Individuum (Kind) erzeugt. Bei den klassischen Rucksackproblemen werden die Elemente mit einer Liste von Wahrheitswerten abgebildet. Wurde ein Element dem Rucksack hinzugefügt, wird der entsprechende Wahrheitswert auf wahr gesetzt. Dies würde bei einem One-Point-Crossover bedeuten, dass bei n möglichen Elementen die ersten k Wahrheitswerte des ersten Elternteils mit den restlichen $n-k$ Elementen des zweiten Elternteils ein Kind bilden. Ähnlich wie bei der Selektion gibt es auch hier sehr viele unterschiedliche Möglichkeiten, wie sich die Rekombination realisieren lässt [Wei07, GKK04]. Eine der häufigsten Varianten ist der Two-Point-Crossover, bei dem die Gene in drei Teile ausgeteilt werden. Ein Kind setzt sich dann aus dem ersten und dritten Teil der Gene des ersten Elternteils und des zweiten Teils der Gene des anderen Elternteils zusammen.

Nach der Erstellung einer vorgegebenen Menge an Kindern werden diese noch mutiert. Bei der Mutation werden zufällig verschiedene Parameter verändert. Beim Rucksackproblem könnten z. B. zufällig Elemente hinzugefügt oder entfernt werden. Auch die Mutation muss in vielen Fällen auf das Problem angepasst werden, um optimale Ergebnisse zu liefern.

Für alle Kinder wird dann abschließend die Fitness bestimmt. Der gesamte Ablauf wird als Generation bezeichnet. Ist die Qualität der erreichten Lösungen noch nicht ausreichend, wird aus der alten Population und den Kindern eine neue Population ausgewählt ($\mu+\lambda$) und eine weitere Generation erzeugt. Dieser Prozess wird so lange wiederholt, bis das Abbruchkriterium erreicht ist. Als Abbruchkriterien kommen neben dem Erreichen einer vorgegebenen Fitness auch eine feste Anzahl von Generationen oder die Vorgabe einer maximalen Rechenzeit infrage.

Integration von Evolutionären Algorithmen zur Optimierung der Abdeckung

Um in dieser Arbeit aus den Freiheitsgraden der Teilnehmer eine optimale Deckung der eigenen Energienutzung zu bestimmen, wird für die Optimierung ebenfalls ein Evolutionärer Algorithmus verwendet [KE09]. Der Repräsentation einer Lösung kommt dabei eine große Bedeutung zu, da diese die Struktur des Suchraums vorgibt und den Verlauf der Optimierung entscheidend mitbestimmt. Ein Individuum für das vorliegende Problem besteht aus den einzelnen Plänen für jeden Nachbarn. Die Einplanung eines Teilnehmers beschreibt dabei genau die Leistungsänderung, die erfolgen soll. Ein einzelner Plan besteht aus drei Parametern:

- **Startzeit:** Die Startzeit bestimmt, wann ein Teilnehmer nach aktueller Planung betrieben werden soll.

- **Laufzeit:** Die Laufzeit bestimmt die Zeitspanne, während der ein Teilnehmer betrieben werden soll.

- **Energieverbrauch/Erzeugung:** Dieser Parameter bezeichnet den für die Laufzeit festgelegten Energieverbrauch bzw. die Erzeugung.

Zusätzlich wird noch ein Parameter benötigt, der angibt, ob der Teilnehmer überhaupt verwendet werden soll. In Abbildung 37 ist beispielhaft ein Individuum als Tabelle dargestellt und das resultierende Lastprofil eingezeichnet. Die gestrichelte Linie symbolisiert das Ziel der Lastveränderung. Die Fitness berechnet sich entsprechend Formel (5).

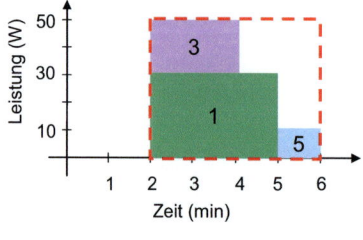

Teilnehmer-nummer	Einsatz	Start	Laufzeit	Leistung
1	✓	2	3	30
2	✗	8	4	2
3	✓	2	2	20
4	✗	3	4	20
5	✓	5	1	10
Fitness: 80%				

Abbildung 37: Darstellung einer Lösung des Evolutionären Algorithmus

Bei der Optimierung werden eine rangbasierte Selektion und ein One-Point-Crossover verwendet, bei dem zufällig eine Menge von Plänen des ersten Elternteils und der Rest der Pläne vom zweiten Elternteil verwendet werden. Die Kombination von Laufzeit, Startzeit und Leistung verschiedener Teilnehmer ist nicht sinnvoll, da die einzelnen Teilnehmer sehr unterschiedlich sein können (z. B. deutliche Leistungsunterschiede) und auch über unterschiedliche Freiheitsgrade verfügen können. Der One-Point-Crossover ist für die einfache Struktur des Problems und die geringe Problemgröße ausreichend.

Tabelle 18: Parameter des Evolutionären Algorithmus

Populationsgröße	15-50
Selektion	Rangbasierte Selektion
Crossover	One-Point-Crossover
Neue Individuen pro Generation	2–25
Maximale Anzahl von Nachbarn	10–200
Reproduktionsschema	$(\mu+\lambda)$
Generationen	Unbeschränkt bzw. 100–200
Laufzeit	Unbeschränkt bzw. 25ms–250ms
Abbruch bei Fitness	98%
Mutationsrate	0,2–0,9

Zur Startzeit, Laufzeit und der Leistung werden bei der Mutation normalverteilte Zufallswerte addiert. Sollte ein Individuum durch die Mutation ungültig werden (z. B. durch das Überschreiten der Maximalleistung einer Stromerzeugungsanlage) wird der Fehler automatisch korrigiert und auf den am nächsten noch zulässigen Wert gesetzt. In Tabelle 18 sind die wesentlichen Parameter des Evolutionären Algorithmus aufgeführt. Es wurden verschiedene Parameterwerte (Mutationsrate, Populationsgröße, Anzahl Nach-kommen usw.) getestet, die beste Konfiguration wird im Folgenden weiterverwendet.

Integration in der Optimierung in den virtuellen Stadtteil

Der Algorithmus wurde in das in Kapitel 4 beschriebene Modellgebiet integriert. Wenn ein Teilnehmer aufgrund seiner Restriktionen Strom verbraucht oder erzeugt, werden die Freiheitsgrade der Nachbarschaft abgefragt und mithilfe des Evolutionären Algorithmus muss anschließend eine möglichst gute Lösung ermittelt werden. Der Algorithmus wird abgebrochen, wenn entweder die vorgegebene Anzahl von Generationen erreicht wurde oder eine Abdeckung mehr als 98% beträgt. Eine Abdeckung von 98% ist ein sehr gutes Ergebnis und für die Nutzung im Pool vollkommen ausreichend. Entsprechend der ge-fundenen Lösung werden die Pläne der Nachbarn angepasst. In der Simulation werden 1.440 Minuten (ein Tag) simuliert. Da die Gesamterzeugung der dezentralen Strom-erzeugungsanlagen ungefähr dem Gesamtverbrauch der Geräte entspricht, ist (zumindest theoretisch) ein fast völliger Ausgleich möglich.

In der Simulation führen die einzelnen Teilnehmer nacheinander ihre Optimierungen durch. Nachdem ein Teilnehmer seine Optimierung beendet hat, werden die Pläne der Nachbarn direkt angepasst. Liegen diese Nachbarn noch in der Nachbarschaft eines anderen Teilnehmers, so werden bei Bedarf aktualisierte Freiheitsgradbeschreibungen ausgeliefert, die bereits die Planänderungen der ersten Optimierung berücksichtigen. Es kann somit nicht zu Konflikten bei der Einplanung kommen. Ein Konflikt entsteht, wenn zwei Teilnehmer gleichzeitig optimieren und den gleichen Nachbarn als Deckung ein-planen. Wenn der Nachbar nicht in der Lage ist, beide Teilnehmer abzudecken, können die zugesagten Laständerungen nicht durchgeführt werden. Da die Teilnehmer in einem realen System parallel arbeiten, können dort Konflikte auftreten und es müssen Maß-nahmen getroffen werden, wie Konflikte vermieden oder behoben werden können.

Dieses Problem kann auf unterschiedliche Arten gelöst werden. Es wäre z. B. möglich, dass ein Teilnehmer seine Nachbarn *sperrt* und erst dann wieder freigibt, wenn die Optimierung abgeschlossen ist. Eine Sperre könnt z. B. so aussehen, dass die Nachbarn nicht auf Anfragen anderer Teilnehmer reagieren, während die Optimierung durchgeführt wird. Eine andere Möglichkeit besteht darin, die Optimierung iterativ durchzuführen, bis alle Nachbarn gemeldet haben, dass sie die Laständerungen durchführen können. Tritt ein Konflikt auf, kann sich entweder der betroffene Nachbar selbst oder einer der Auftrag-geber um entsprechenden Ersatz kümmern.

Es ist auch möglich, die Konflikte einfach zu ignorieren. Wenn ein Konflikt auftritt, wird nur eine Laständerung durchgeführt und die anderen verworfen. In Abschnitt 5.6 werden Szenarien untersucht, wenn ein gewisser Anteil von Laständerungen nicht durchgeführt wird. Im Folgenden wird aber davon ausgegangen das keine Konflikte auftreten können.

In Abbildung 38 ist das Lastverhalten für den Fall, dass sich die Teilnehmer nicht ab-sprechen, dargestellt. Der Stromverbrauch wird dabei positiv auf der y-Achse auf-getragen und die Stromerzeugung negativ. In der Abbildung ist zusätzlich die resultierende Abweichung dargestellt. Jeder Wert ist dabei ein Durchschnitt über 15 Minuten. Es entsteht zu verschiedenen Zeiten ein Ungleichgewicht, weil die Teilnehmer unterschiedlichen Restriktionen unterliegen und damit zu unterschiedlichen Zeiten automatisch eingeplant werden. Als Kenngröße für das verbleibende Ungleichgewicht wird die Summe aller Ungleichgewichte gemessen und der Anteil an der Summe des Gesamtverbrauchs und der Gesamterzeugung ermittelt. Der resultierende Abweichungswert gibt prozentual an, wie groß der Teil der Gesamtenergienutzung (Erzeugung und Verbrauch) ist, der nicht ausgeglichen wurde. Der Abweichungswert ist 0%, wenn Erzeugung und Verbrauch zu jeder Zeit im Gleichgewicht waren, und 100%, wenn immer entweder Strom erzeugt oder verbraucht wurde, aber niemals beides gleichzeitig. Wenn zusätzlich noch externe Abweichungen hinzukommen, kann der Wert der Abweichungen auch 100% überschreiten. Für die Berechnung der notwendigen Ausgleichsenergie müssen immer 15-Minuten-Intervalle betrachtet werden (vgl. Kapitel 2). Im Folgenden ist es immer das Ziel, das Ungleichgewicht auf 0% zu reduzieren. Die resultierende Abweichung in Abbildung 38 sollte dann mit der x-Achse zusammenfallen.

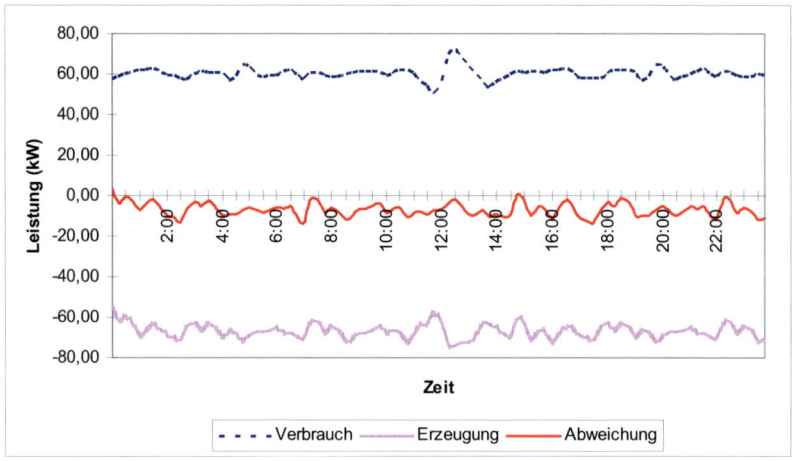

Abbildung 38: Abweichung im Modellgebiet

Die Abweichung im Modellgebiet liegt bei ca. 10,39%, wenn die Teilnehmer sich nicht untereinander absprechen. Wenn die Teilnehmer ihre Energienutzung untereinander abstimmen, sinkt der Wert auf minimal 5,39%. Die Ergebnisse sind in Abbildung 39 in Abhängigkeit der Größe der Nachbarschaft dargestellt. Nur Teilnehmer in dieser Nachbarschaft werden gefragt, ob sie die eigene Energienutzung decken können. Ist kein passender Teilnehmer in der Nachbarschaft vorhanden, kann die Energienutzung nicht abgedeckt werden. Die Güte der Lösung nimmt mit zunehmender Größe der Nachbarschaft zu. Das durch den Pool verursachte Ungleichgewicht lässt sich trotz der vielen Restriktionen um fast 50% reduzieren. Ein großer Nachteil dabei ist, dass eine sehr große Nachbarschaft benötigt wird, um die Reduktion zu erreichen. Eine große Nachbarschaft bedeutet jedoch einen größeren Kommunikations- und Optimierungsaufwand und sollte dementsprechend vermieden werden. Bei einer Nachbarschaftsgröße von 200 Teilnehmern müssen mehr als 90kB Nutzdaten pro Optimierung verschickt und verarbeitet werden. Je größer die Nachbarschaft ist, desto größer ist allerdings auch die Wahrscheinlichkeit, die gegebene Abweichung vollständig auszugleichen. Der direkte Vergleich der Lastkurven (Abbildung 38 und Abbildung 40) zeigt, dass sich das Lastverhalten durch die Koordination der Teilnehmer insgesamt glätten lässt und die Abweichung durchgängig nahe der x-Achse ist. Die verbleibende Abweichung ist deutlich kleiner als ohne Koordination der Teilnehmer.

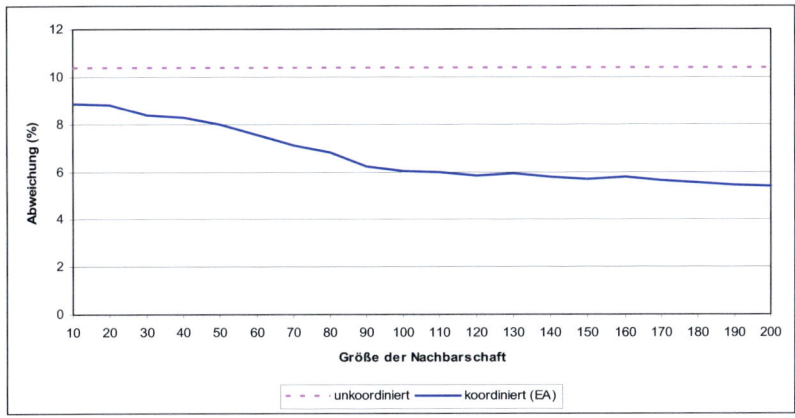

Abbildung 39: Abweichung mit und ohne Koordination

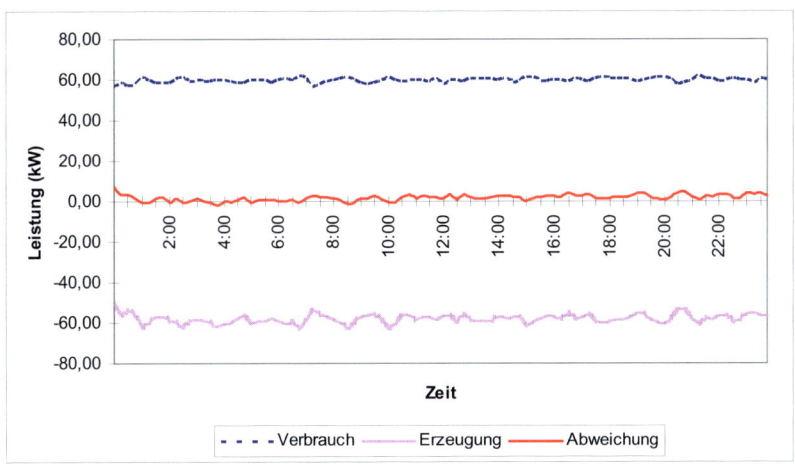

Abbildung 40: Abweichungen im Modellgebiet bei kooperierenden Teilnehmern

Die Optimierung benötigt sehr viel Rechenleistung und aus der großen Menge von 200 Nachbarn werden meist weniger als 10 Teilnehmer für die Lösung benötigt. Eine genaue Analyse der Ergebnisse zeigt, dass der Evolutionäre Algorithmus nicht in der Lage ist, die vielen Parameter (Startzeit, Laufzeit, Leistung) schnell genug aufeinander abzustimmen. Diese Parameter sind voneinander abhängig und können nur schlecht einzeln optimiert werden. Besonders die Festlegung der Leistung ist für den Evolutionären Algorithmus sehr aufwendig, da sie sich bei Stromerzeugungsanlagen relativ fein einstellen lässt. Da neue Werte nur durch zufallsgesteuerte Mutation erzeugt werden, benötigt der Evolutionäre Algorithmus sehr viele Mutationsschritte, bis der passende Wert gefunden wird.

Der Evolutionäre Algorithmus versucht nicht, die einzelnen Parameter sinnvoll aufeinander abzustimmen, sondern testet bevorzugt neue Kombinationen von Teilnehmern ohne die Startzeit, Laufzeit und Leistung stark zu verändern. Aus diesem Grund wirkt sich die Vergrößerung der Nachbarschaft positiv auf die Qualität der Lösung aus. Der Evolutionäre Algorithmus testet, ob ein Teilnehmer mit seiner aktuellen Konfiguration zu einer Verbesserung führt oder nicht. Das Problem degeneriert für den Evolutionären Algorithmus zu einem reinen 0/1-Rucksackproblem, bei dem nur Teile hinzugefügt oder entfernt werden.

Durch mehr Zeit bzw. mehr Generationen wäre der Evolutionären Algorithmus wahrscheinlich in der Lage, die Lösungen weiter zu verbessern. In den durchgeführten Simulationen verbesserte sich die Lösung je mehr Generationen erzeugt wurden. Aufgrund der vorhandenen Komponenten, die den Teilnehmern für die Optimierung zur Verfügung stehen (Steuerboxen oder Internet-Router), ist es aber nicht ohne Weiteres möglich, die Anforderungen an die Hardware beliebig zu erhöhen. Aus diesem Grund wird der Evolutionäre Algorithmus um eine lokale Suche ergänzt, die die Optimierung beschleunigen soll. Wird eine lokale Suche in einen Evolutionären Algorithmus integriert, spricht man von einem Memetischen Algorithmus [HKS05, CDG+99]. Memetische Algorithmen haben in der Vergangenheit gezeigt, dass sie in verschiedenen Bereichen deutlich leistungsfähiger sind als reine Evolutionäre Algorithmen.

Integration einer lokalen Suche

Die Analyse der vom Evolutionären Algorithmus gefundenen Lösungen aus dem letzten Abschnitt zeigt, dass es für einen Menschen meist sehr leicht wäre, die Lösungen weiter zu verbessern, da er das aktuelle Problem und die Konsequenzen von Veränderungen besser abschätzen kann. In Abbildung 41 ist ein Beispiel dargestellt, bei dem offensichtlich ist, wie die Lösung angepasst werden müsste. Alle Lastblöcke, die über die angeforderte Leistung (rotes Rechteck) hinausgehen, sollten offensichtlich vermieden werden. Es müsste also in einem ersten Schritt getestet werden, ob solche Anpassungen möglich wären. Dies würde in dem Beispiel in Abbildung 41 bedeuten, dass getestet wird, ob sich die Laufzeit von Teilnehmer 3 verringern, Teilnehmer 1 später starten und die Leistung und die Laufzeit von Teilnehmer 2 erhöhen lassen.

Diese Anpassungen können für einen Menschen offensichtlich sein, aber der Evolutionäre Algorithmus würde eventuell viele Generationen benötigen, um eine bessere Lösung zu finden. Um den Algorithmus zu unterstützen, wird der Evolutionäre Algorithmus um eine lokale Suche erweitert, die vor der Bewertung der Individuen durchgeführt wird. Die lokale Suche versucht, durch kleine Änderungen der Lösung das Ergebnis zu verbessern, und behält bei Erfolg die bessere Lösung bei. Die Grundidee ist, dass der Evolutionäre Algorithmus die Teilnehmer auswählt, die verwendet werden sollen, und einen groben Gesamtplan vorgibt, während die lokale Suche Startzeit, Laufzeit und Leistung optimiert, bis ein lokales Optimum für diese Kombination von Teilnehmern gefunden wird. Der neue Ablauf des Evolutionären Algorithmus ist in Abbildung 42 dargestellt (vgl. [KE09]). Die lokale Suche wird immer nach der ersten Bewertung durchgeführt, um einen Referenzwert für den Erfolg der lokalen Suche zu haben. Die Individuen werden bei der Durchführung der lokalen Suche nochmals bewertet.

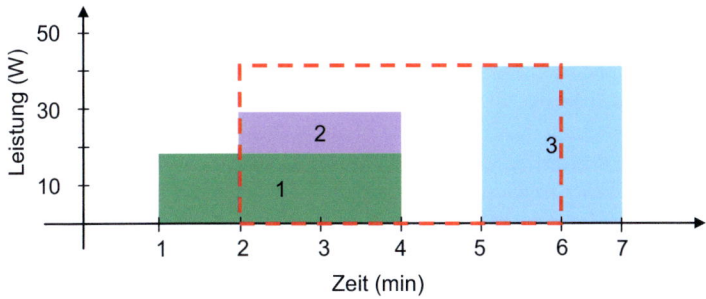

Abbildung 41: Darstellung einer Lösung mit Verbesserungspotenzial

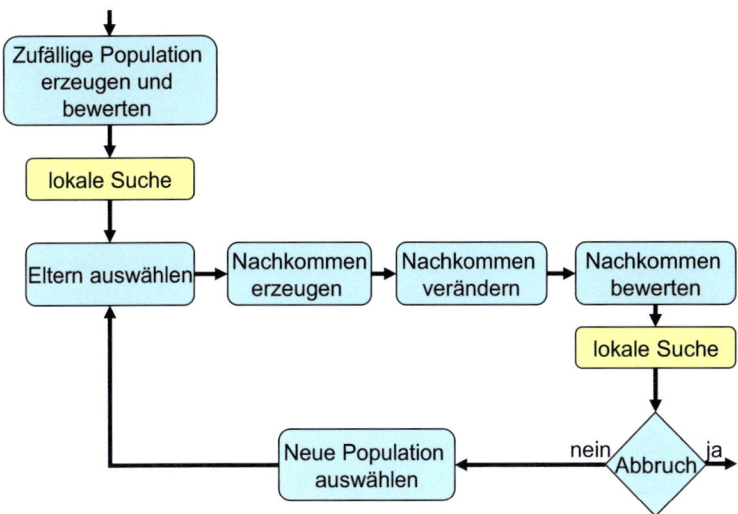

Abbildung 42: Ablauf des Evolutionären Algorithmus mit lokaler Suche

Für die lokale Suche wird ein sehr einfacher Algorithmus verwendet, welcher die Liste der bisher ausgewählten Teilnehmer durchläuft und versucht, jede Einplanung gezielt so zu verändern, dass die Fitness erhöht wird. Aus den Freiheitsgradbeschreibungen der Teilnehmer können leicht die möglichen Veränderungen abgelesen werden. Die lokale

Suche testet für jeden Teilnehmer verschiedene Veränderungen und übernimmt diese, wenn sie das Ergebnis verbessern. Folgende Veränderungen werden nacheinander überprüft:

1. Frühere oder spätere Startzeit

2. Verkürzte oder verlängerte Laufzeit

3. Spätere Einplanung bei gleichzeitiger Verkürzung der Laufzeit

4. Frühere Einplanung bei gleichzeitiger Verlängerung der Laufzeit

5. Verringerung oder Erhöhung des Energiebedarfs bzw. der Energieerzeugung

Die Tests vier und fünf sind zwar sehr ähnlich zu den ersten zwei Tests, decken jedoch jeweils einen besonderen Spezialfall ab, der von den anderen Tests in dieser Form nicht behoben werden kann. In Abbildung 43 sind die Sonderfälle entsprechend der obigen Nummerierung dargestellt. Im ersten Fall handelt es sich um eine einfache Verschiebung der Last. Die Fitness erhöht sich, wenn der Startzeitpunkt verändert und die Laufzeit beibehalten wird. Im zweiten Fall muss nur die Laufzeit angepasst werden, um das Ergebnis zu verbessern. Obwohl der dritte Fall Ähnlichkeit mit den ersten beiden Fällen hat, kann die optimale Lösung nicht in einem Schritt erkannt werden. Eine Verkürzung der Laufzeit führt offensichtlich zu einer Verschlechterung und auch ein späterer Startpunkt bei gleicher Laufzeit ändert nichts bzw. führt ebenfalls zu einer Verschlechterung. Erst das Zusammenspiel beider Regeln erlaubt es der lokalen Suche, die Planung optimal anzupassen. Gleiches gilt für den vierten Fall, bei dem nur eine Kombination aus längerer Laufzeit und früherer Einplanung die Fitness erhöht. Da sowohl die Startzeit als auch die Laufzeit ganzzahlige Werte mit einem kleinen Wertebereich sind, lässt sich diese Suche sehr einfach realisieren.

Bei der Anpassung der Leistung wird überprüft, ob sich das Ergebnis verbessert, wenn die Leistung erhöht oder verringert wird. Da sich die Leistung bei Stromerzeugungsanlagen sehr fein einstellen lässt, wird hier in einem ersten Schritt überprüft, ob die Fitness besser wird, wenn die maximale Leistung oder die minimale Leistung verwendet wird. Zusätzlich wird überprüft, ob man nicht auf den Teilnehmer verzichten kann, was einer Leistung von 0W entspricht. Sollten diese Tests zu keiner Verbesserung führen, wird ausgehend von dem aktuellen Status die Leistung um 10% des maximalen Regelbereichs erhöht bzw. verringert, bis sich keine Verbesserung mehr erreichen lässt. Alle auf diese Art erzeugten Lösungen sind zu jeder Zeit zulässig und müssen nicht aufwendig angepasst werden.

Als letzter Test wird noch überprüft, ob es an einer Stelle eine offensichtliche Lücke in der Abdeckung gibt, die sich einfach füllen lässt. Wenn z. B. zu einem Zeitpunkt noch 5.000W fehlen, wird zufällig ein noch nicht ausgewählter Teilnehmer mit passender Startzeit, minimaler Laufzeit und minimaler Leistung eingefügt. Erst in der nächsten Generation werden die Laufzeit und die Last von der lokalen Suche genau angepasst. Solange also passende Nachbarn verfügbar sind, werden alle größeren Lücken in der Abdeckung automatisch von der lokalen Suche gefüllt. Der Evolutionäre Algorithmus hätte, um das Gleiche zu erreichen, einen Teilnehmer hinzufügen und zufällig die Startzeit richtig setzen müssen.

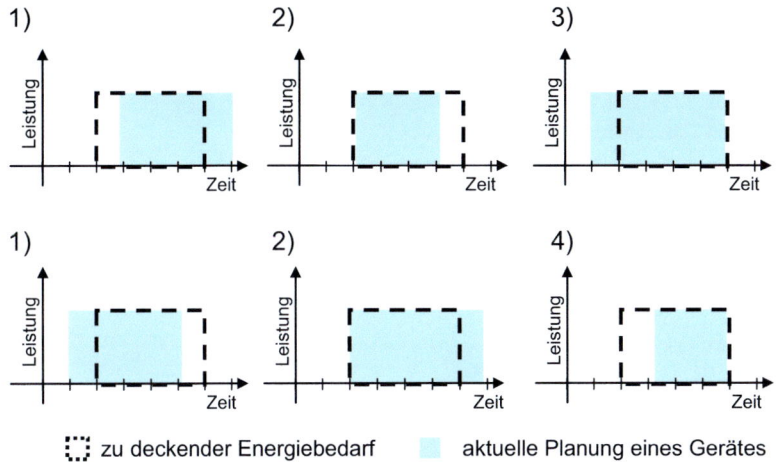

[··] zu deckender Energiebedarf   ▮ aktuelle Planung eines Gerätes

Abbildung 43: Veränderungen der Planung mit der lokalen Suche

Obwohl die Qualität der Lösung der entscheidende Faktor ist, spielt auch die Anzahl der Teilnehmer, die notwendig sind, um eine gute Abdeckung zu erreichen, eine wichtige Rolle. Es macht einen großen Unterschied, ob für die Abdeckung einer Last nur ein Teilnehmer oder sehr viele Teilnehmer notwendig sind. Häufig werden Teilnehmer nur für eine sehr kurze Zeitspanne und nur mit geringer Leistung eingeplant, obwohl auch ein größerer Beitrag möglich und sinnvoll gewesen wäre. Die Optimierungsfunktion berücksichtigt bisher nicht die Anzahl der verwendeten Teilnehmer, da dies für die Berechnung der Abdeckung keine Rolle spielt. Je mehr Teilnehmer zur Abdeckung eingesetzt werden, desto kleiner ist der durchschnittliche Anteil an der Abdeckung. Diese starke Stückelung der Abdeckung hat zwei unerwünschte Nebenwirkungen. Die Geräte werden ständig an- und ausgeschaltet, was die Effizienz reduziert (besonders in Hinblick auf notwendige und teure Anlaufphasen) und zusätzlich werden die Freiheitsgrade der Geräte durch die Vielzahl der Einplanungszeitpunkte sehr stark eingeschränkt.

Um dieses Problem zu reduzieren, wird bei jeder Lösung überprüft, ob wirklich jeder Teilnehmer notwendig ist. Dazu wird der Teilnehmer entfernt und die lokale Suche erneut durchgeführt. Erhöht sich die Fitness oder bleibt sie gleich, wird der Teilnehmer nicht wieder hinzugefügt. Je nach Menge der verwendeten Teilnehmer ist dieser Optimierungsschritt sehr aufwendig und wirkt sich sehr stark auf die Geschwindigkeit aus. Der Evolutionäre Algorithmus wird ebenfalls so angepasst, dass zuerst entsprechend der Fitness sortiert wird und danach die Anzahl der benötigten Teilnehmer bewertet wird.

Die lokale Suche soll jede vom Evolutionären Algorithmus erzeugte Lösung direkt in ein lokales Optimum führen. Die Population des Evolutionären Algorithmus besteht also nur noch aus Individuen, die jeweils ein lokales Optimum repräsentieren. Die Ergebnisse sind in Abbildung 44 in Abhängigkeit der Nachbarschaftsgröße dargestellt. Durch die Integration der lokalen Suche erhöht sich die Laufzeit des Algorithmus. Aus diesem Grund wird die maximale Anzahl der möglichen Generationen reduziert. Der

Evolutionäre Algorithmus muss jetzt innerhalb von 25 Generationen das Optimum finden. Die Ergebnisse verbessern sich durch die Integration der lokalen Suche deutlich. Die Abweichung konnte von 10,39% auf 3,24% reduziert werden. Auch liegt das Optimum nicht mehr bei einer Nachbarschaft von mehr als 200 Teilnehmern, sondern bei 50 bis 60 Teilnehmern.

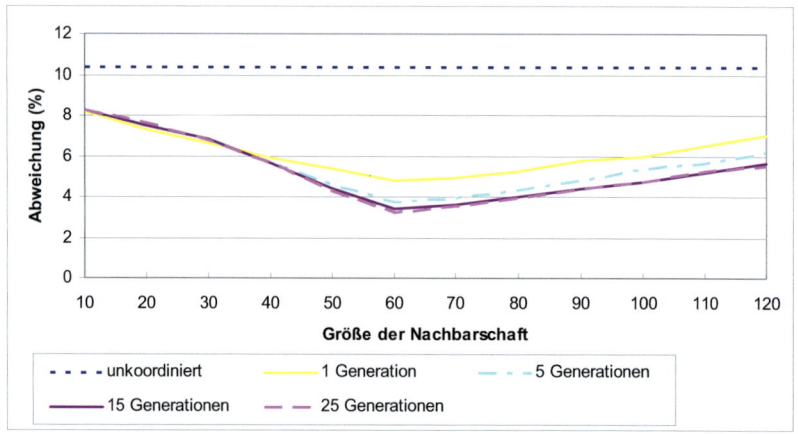

Abbildung 44: Abweichung bei Kombination des Evolutionären Algorithmus mit der lokalen Suche

Obwohl durch die lokale Suche mehr Rechenzeit pro Generation des Evolutionären Algorithmus benötigt wird, konnte die Geschwindigkeit der Optimierung insgesamt erhöht werden. Im Durchschnitt benötigt eine Generation mit lokaler Suche ungefähr 5,2-mal mehr Rechenzeit als eine Generation ohne lokale Suche. Wird für die Optimierung nur der Evolutionäre Algorithmus verwendet, werden in den meisten Fällen 200 Generationen durchgeführt, um eine gute Lösung zu finden. Durch die Integration der lokalen Suche kann die Optimierung häufig bereits nach weniger als fünf Generationen abgebrochen werden, weil eine Abdeckung von mehr als 98% erreicht wurde. Die lokale Suche dominiert den Evolutionären Algorithmus und ist hauptverantwortlich für die gute Qualität der Lösung.

Durch die einfache Struktur des Problems und durch die Tatsache, dass durch die Anpassbarkeit der Einsatzpläne in den meisten Fällen eine große Menge an globalen Optima existieren, kann aus fast jeder zufälligen Startkonfiguration eine gute Lösung generiert werden. Da alle Individuen direkt zu einem lokalen Optimum streben, konvergiert der Algorithmus sehr schnell und verbessert sich danach kaum noch. Das resultierende Lastprofil ist für eine Nachbarschaftsgröße von 60 Teilnehmern in Abbildung 45 zusammen mit der Referenzkurve ohne Kooperation dargestellt. Die Kurve wirkt glatter und es gibt deutlich weniger starke Abweichungen als im Referenzfall. Die maximale Differenz zwischen Erzeugung und Verbrauch liegt bei ca. 4,43kW statt bei 16,35kW im Referenzfall. Bei diesen Werten ist zu beachten, dass es sich um eine minutenbasierte Simulation handelt und dass für die Berechnung von Ausgleichsenergie ein Durchschnitt über 15

Minuten verwendet wird. Der Bedarf an positiver Ausgleichsenergie steigt von 1,04kWh auf ca. 1,96kWh, aber der Bedarf an negativer Regelleistung reduziert sich von 169,88kWh auf 28,46kWh.

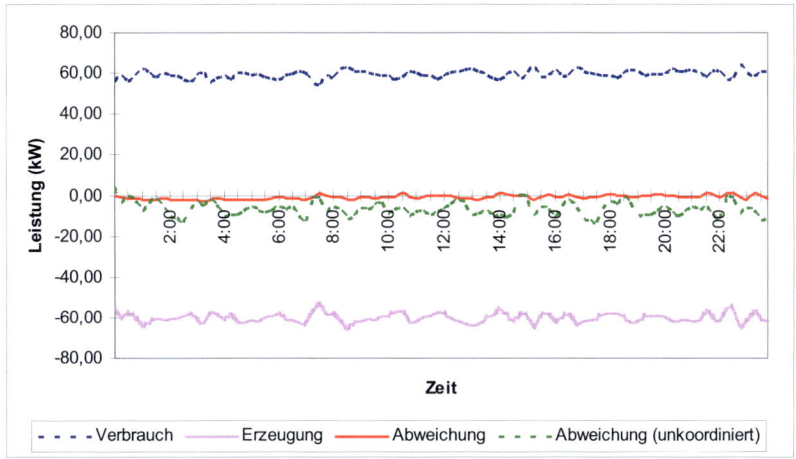

Abbildung 45: Lastkurve unter Verwendung des Evolutionären Algorithmus und der lokalen Suche (25 Generationen)

Obwohl die lokale Suche in den untersuchten Szenarien das Ergebnis deutlich verbessert, kann auf den Evolutionären Algorithmus nicht verzichtet werden. Zwar werden im Durchschnitt weniger als fünf Generationen benötigt, um ein Optimum zu finden, aber es gibt Fälle, in denen die lokale Suche nicht in der Lage ist, überhaupt einen Beitrag zu leisten.

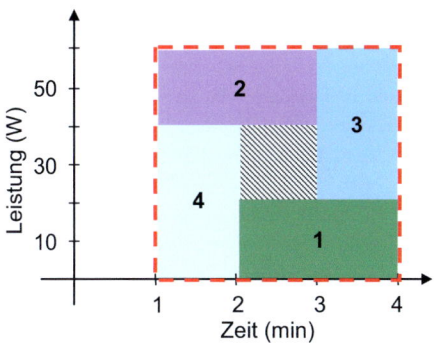

Abbildung 46: Verkantung von Teilnehmereinplanungen

In Abbildung 46 ist ein Beispiel für einen solchen Fall dargestellt. Der schraffierte Bereich in der Mitte muss noch abgedeckt werden und es stehen keine weiteren Teilnehmer zur Verfügung. Selbst wenn jeder der vier eingeplanten Teilnehmer angepasst werden kann (Startzeit, Laufzeit und Leistung), kann die lokale Suche keine Verbesserung erreichen. Wird z. B. die Leistung von Teilnehmer 3 verdoppelt, so überdeckt dies zwar die vorhandene Lücke, aber es führt zu einer Überdeckung nach Minute drei. Das gleiche Problem tritt auf, wenn die Laufzeit von Teilnehmer 4 erhöht wird. Jede Verbesserung der Abdeckung in der Mitte führt an anderer Stelle zu neuen Abweichungen. Die einzelnen Teilpläne haben sich so verkantet, dass die lokale Suche fehlschlägt. In diesem Beispiel können mehr als 11% der Leistung nicht abgedeckt werden. Erst durch die Neuorganisation der Teilnehmer lässt sich dieses Problem auflösen.

Aus diesem Grund werden auch die Ergebnisse in Abbildung 44 mit zunehmender Nachbarschaftsgröße wieder schlechter. Es werden zu viele Teilnehmer verwendet und es entstehen an vielen Stellen kleine Lücken, die durch die lokale Suche aufgrund der Verkantung der Teilnehmer nicht ausgeglichen werden können. Der Evolutionäre Algorithmus ist bei so vielen Teilnehmern ebenfalls nicht in der Lage, in den wenigen Generationen dieses Problem zu beheben.

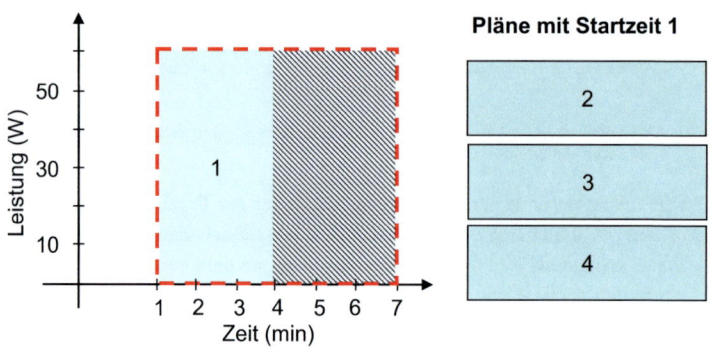

Abbildung 47: Problemsituation für die lokale Suche

Ein weiteres, für die lokale Suche unlösbares Problem tritt auf, wenn die Teilnehmer nur über geringe Freiheitsgrade verfügen und nur zu einem festgelegten Zeitpunkt mit fester Laufzeit und Leistung betrieben werden können. Sind sehr viele Teilnehmer auf diese Art und Weise eingeschränkt, kann die lokale Suche nicht funktionieren, da es keinen Spielraum für Veränderungen gibt. In Abbildung 47 ist ein entsprechendes Beispiel dargestellt. Obwohl für die nachgefragte Laständerung weitere Teilnehmer zur Verfügung stehen, kann die lokale Suche keine Verbesserungen erreichen, da sich weder Laufzeit noch Startzeit oder Leistung anpassen lassen. Das Problem mutiert dabei zu einem klassischen Rucksackproblem, bei dem man nur auswählen kann, ob ein Element verwendet wird oder nicht. In diesem Beispiel kann die lokale Suche keine Verbesserung finden, obwohl 50% der Fläche nicht abgedeckt sind und nur vier Teilnehmer betrachtet werden müssen. Für den Evolutionären Algorithmus ist diese Art von Problemen deutlich leichter zu lösen [UE05, KB06]. Der Evolutionäre Algorithmus und die lokale Suche teilen im Prinzip verschiedene Arten von Problemen untereinander auf und gelangen so in sehr kurzer Zeit zu einem sehr guten Ergebnis.

Insgesamt werden durch die Koordination der Teilnehmer und die Optimierung mit dem Evolutionären Algorithmus und der lokalen Suche die notwendige Ausgleichsenergie und das verbleibende Ungleichgewicht innerhalb des Pools deutlich reduziert. Die optimale Nachbarschaftsgröße liegt zwischen 50 und 60 Teilnehmern. Um die Freiheitsgrade der Nachbarn für eine Stunde abzufragen, müssen damit weniger als 32kB Nutzdaten übertragen werden, was bei den heutigen DSL-Übertragungsraten von 1.000-16.000 kbit pro Sekunde kein Problem darstellt.

Insgesamt werden von den Teilnehmern in der Simulation über den Tag hinweg ungefähr 90.000 Optimierungsläufe gestartet. Bei dieser großen Anzahl von Optimierungen wären in der Realität Konflikte zwischen Teilnehmern, welche dieselben Nachbarn einplanen unvermeidbar. In Abschnitt 5.6 werden die Auswirkungen betrachtet, wenn Konflikte nicht aufgelöst werden. Bei je 60 Teilnehmern in der Nachbarschaft werden insgesamt ca. 2,7GB Nutzdaten übertragen (ca. 117,2MB pro Stunde). Verteilt auf alle Teilnehmer macht das ca. 58kB pro Stunde. Selbst mit einer 1Mbit Internetverbindung könnte diese Menge problemlos bewältigt werden. Der Pool ist also trotz der vielen Geräterestriktionen in der Lage, sich sinnvoll zu koordinieren und das Lastverhalten untereinander abzustimmen.

Optimierung mit vorgegebener Laufzeit

Bei den bisher vorgestellten Testläufen wurde dem Evolutionären Algorithmus erlaubt, eine feste Anzahl an Generationen zu rechnen. Die reale Laufzeit des Algorithmus hängt aber von sehr vielen Faktoren ab (u. a. von der Größe der Nachbarschaft, dem Optimierungspotenzial für die lokale Suche und der Menge an Freiheitsgraden). Daher wurde auch untersucht, wie gut die Qualität der Lösung ist, wenn die Optimierung nach einer fest vorgegebenen Zeitspanne abgebrochen wird und nicht nach Ablauf einer festen Anzahl von Generationen.

Für die Messung der realen Laufzeit der Optimierung wurde aktuelle Hardware (2.0 GHz CPU, Single Core) verwendet. Der Hauptspeicher spielt für die Optimierung eine untergeordnete Rolle und kann deshalb vernachlässigt werden. In Anbetracht der Tatsache, dass Steuerboxen und Internet-Router nicht annähernd über die Rechenkapazitäten aktueller Hardware verfügen, wird dem Evolutionären Algorithmus für jede Optimierung eine maximale Rechenzeit zwischen 10ms und 250ms eingeräumt.

Unter der Annahme, dass Internet-Router und Steuerboxen nicht mehr als 100-mal langsamer sind als aktuelle Computer, kann auch auf diesen Geräten die Optimierung in weniger als 20 Sekunden abgeschlossen werden [ARM09]. Der Aufwand für die Kommunikation mit der Nachbarschaft muss noch hinzugerechnet werden. Insgesamt wirkt sich mehr Rechenleistung natürlich positiv auf die Qualität der Lösung aus.

Sollte eine Deckung von mehr als 98% erreicht werden, wird auch hier die Optimierung abgebrochen und das Ergebnis übernommen. In Abbildung 48 sind die Ergebnisse und der Referenzfall dargestellt. Schon bei einer sehr kurzen Maximallaufzeit von 25ms kann der Evolutionäre Algorithmus zusammen mit der lokalen Suche das Gesamtungleichgewicht deutlich reduzieren. Bei einer Laufzeit von 250ms kann der Algorithmus die Ergebnisse weiter verbessern.

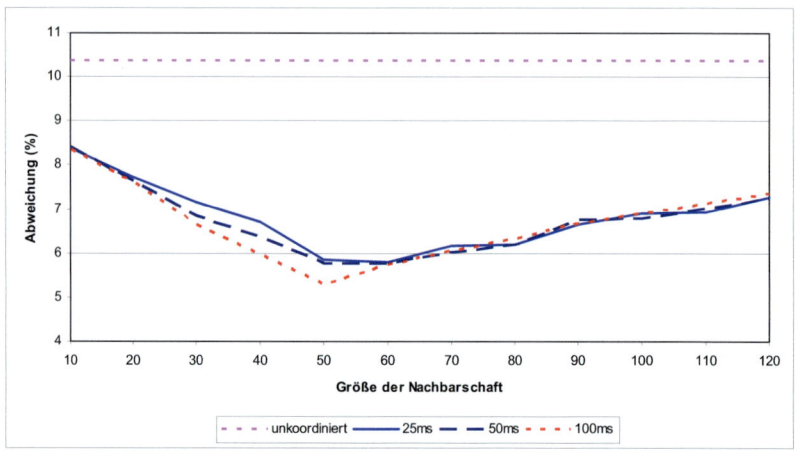

Abbildung 48: Optimierung mit unterschiedlicher Rechenzeit

Im Durchschnitt reicht eine Zeitspanne von 10ms bis 100ms pro Optimierungslauf aus, um eine gute Lösung zu finden. Nur in wenigen Fällen, wenn große Lasten abgedeckt werden (z. B. bei einer benötigten Abdeckung von 5,5kW für mehr als 60 Minuten), reicht dieser Zeitraum nicht aus. In diesen Fällen werden für die Abdeckung sehr viele Teilnehmer benötigt und die lokale Optimierung jedes Teilnehmers kostet sehr viel Zeit, sodass nur wenige Generationen durchgeführt werden. Bei den durchgeführten Testläufen hat die Optimierung durchschnittlich auch im besten Fall jeweils ca. 30ms gedauert.

Neben der vorgestellten Verbesserung der Optimierung durch die Integration der lokalen Suche gibt es auch die Möglichkeit, eine Verbesserung dadurch zu erreichen, dass die Rechenkapazitäten von mehreren Steuerboxen oder Internet-Routern genutzt werden. Evolutionäre Algorithmen können so parallelisiert werden, dass in jedem Knoten (den sogenannten Inseln) eine Optimierung durchgeführt wird und regelmäßig Individuen zwischen den Inseln ausgetauscht werden [BKS04]. Ein solcher Ansatz lohnt sich allerdings nur dann, wenn der erwartete Geschwindigkeitsvorteil den zusätzlichen Aufwand für die Verteilung und die Kommunikation übersteigt.

Die Ergebnisse zeigen jedoch deutlich, dass für die Optimierung keine großen Rechenkapazitäten vorgehalten werden müssen. Mit einer Vorlaufzeit von einigen Minuten können problemlos die Daten der Nachbarn abgefragt und die Optimierung durchgeführt werden. Da sich die Energienutzung in naher Zukunft (wenige Minuten) meist problemlos vorhersagen lässt, ist im Normalfall genug Zeit vorhanden, um die Energienutzung mit anderen Teilnehmern abzustimmen. Selbst wenn eine Absprache im Vorfeld nicht möglich ist, ist es meist sinnvoll, später noch eine Optimierung durchzuführen, um zumindest die verbleibende Energienutzung von anderen Teilnehmern decken zu lassen.

Tabelle 19: Ergebnisse des dezentralen Geräte- und Anlagenpools

	Referenzgebiet (unkoordiniert)	Bester Simulationslauf (60 Nachbarn, 25 Generationen, Evolutionärer Algorithmus und lokale Suche)
Maximaler Mehrverbrauch pro Minute	8,06kW	2,33kW
Maximale Mehrerzeugung pro Minute	16,35kW	4,40kW
Bedarf an positiver Ausgleichsenergie	1,04kWh	1,96kWh
Bedarf an negativer Ausgleichsenergie	169,88kWh	28,46kWh
Datenvolumen für die Koordination (Gesamtmodell)	Nicht zutreffend	2,7GB
Anzahl der ausgetauschten Nachrichten (pro Optimierungslauf)	Nicht zutreffend	<180
Zeit bis zum Ausgleich	Nicht zutreffend	0s (die notwendige Leistung kann im Vorfeld beschafft werden)
Ungleichgewicht im Modellgebiet	10,39%	3,24%
Rechenzeit (Durchschnitt)	0	30ms

In Tabelle 19 sind die wesentlichen Ergebnisse des dezentralen Geräte- und Anlagenpools zusammengefasst. Die maximale Mehrerzeugung und der maximale Mehrverbrauch konnten deutlich reduziert werden. Es wird nur dann Energie verbraucht oder erzeugt, wenn dies für einen Teilnehmer aufgrund seiner Restriktionen unumgänglich ist. Nur der zur Abdeckung notwendige Strom wird dann zusätzlich erzeugt oder verbraucht. Im Idealfall werden auch für die Abdeckung nur Teilnehmer verwendet, die zwingend aufgrund ihrer Restriktionen betrieben werden müssen. Dies kann aber nicht garantiert werden.

Das vorgestellte Verfahren der dezentralen Koordination der einzelnen Teilnehmer kann natürlich nur dann gut funktionieren, wenn die Gesamterzeugungsleistung innerhalb des Pools ungefähr dem Gesamtverbrauch entspricht. Unterscheiden sich diese Werte sehr stark, können nicht alle Teilnehmer eine gute Abdeckung erreichen. In der Realität kann nicht davon ausgegangen werden, dass alle Pools so zusammengestellt werden, dass sich der Bedarf innerhalb der Pools komplett decken lässt. Trotz dieser Problematik können die Konzepte der Koordination des Pools weiterverwendet werden. Sollte der Pool z. B. ausschließlich aus Stromverbrauchern bestehen, dann muss der Betreiber (z. B. der Bilanzkreisverantwortliche) die fehlenden Stromerzeugungsanlagen virtuell hinzufügen. Da der Energiebedarf des Pools zwingend gedeckt werden muss (z. B. durch den Einkauf von Strom bei einem Energieversorgungsunternehmen), kann der Betreiber den Energieverbrauch in gewissen Grenzen steuern. Dafür muss der Betreiber einen oder mehrere virtuelle Teilnehmer in das System integrieren, die dem Pool eine entsprechende Menge an Strom anbieten. Da der Energieversorger diese Menge an Strom aber schon im Vorfeld beschaffen muss und diese damit unveränderlich ist, verliert der Pool trotzdem einen Teil seiner Fähigkeiten, da sich nicht mehr Erzeugung und Verbrauch verschieben lassen.

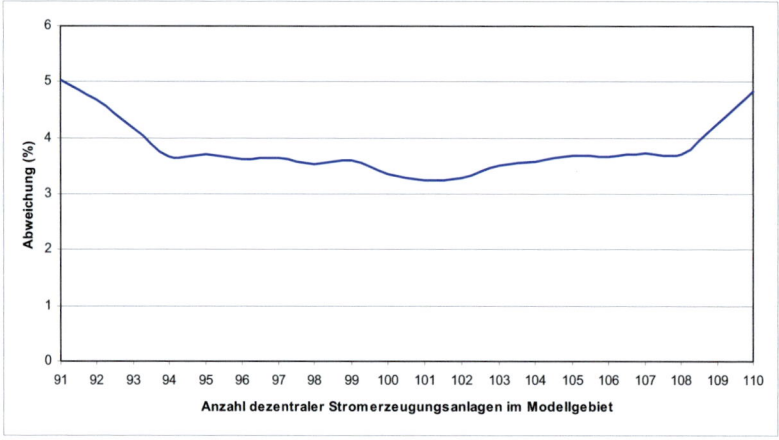

Abbildung 49: Abweichungen in Abhängigkeit der Anzahl an dezentralen Stromerzeugungsanlagen

In den folgenden Szenarien wird die Gesamterzeugung weiterhin ungefähr so groß wie der Gesamtverbrauch (1.961 Stromverbraucher und 101 Stromerzeuger, vgl. Kapitel 4) sein. Kleinere Abweichungen zwischen Erzeugung und Verbrauch können von dem Pool direkt ausgeglichen werden. In Abbildung 49 sind die Ergebnisse von Simulationsläufen dargestellt, bei denen bei fester Anzahl von Stromverbrauchern die Anzahl der dezentralen Stromerzeuger variiert wurde. Wenn die Erzeugungsleistung ungefähr der Stromproduktion entspricht, bleiben die Ergebnisse gut. Nur wenn die Beträge der Erzeugungsleistung und des Verbrauchs stark voneinander abweichen, nimmt das resultierende Ungleichgewicht signifikant zu.

Neben den hier in den Simulationen verwendeten Kühl- und Gefrierschränken lassen sich auch alle anderen Geräte in den Pool integrieren. Selbst wenn Geräte über keine Freiheitsgrade verfügen, kann das resultierende Ungleichgewicht im Pool reduziert werden, wenn versucht wird, Teilnehmer mit entsprechenden Freiheitsgraden zur Deckung zu nutzen. Je mehr Teilnehmer versuchen, ihre Energienutzung zu koordinieren, desto geringer ist die Wahrscheinlichkeit, dass eine unvorhergesehene Lastspitze entsteht. Der

Pool profitiert damit nicht nur von Teilnehmern, die über Freiheitsgrade bei der Energienutzung verfügen.

Durch die Zusammenschaltung der Geräte in einem großen Pool wird die genaue Zusammensetzung des Pools nach außen verborgen. Es ist für Außenstehende nicht erkennbar, aus wie vielen Teilnehmern der Pool besteht, wie die Energienutzung innerhalb des Pools ist und welche Restriktionen eingehalten werden müssen. Da für die Teilnahme am Pool keine privaten Daten zwischen den Teilnehmern ausgetauscht, und auch zentral keine Informationen über die Teilnehmer gespeichert werden, ist der Datenschutz gewährleistet.

Selbst wenn einzelne Geräte ihre Energienutzung grundlegend ändern, wirkt sich dies im Lastprofil fast nicht aus, da sie sich selbstständig um entsprechende Deckung kümmern. Dies erlaubt es, gezielt Lastveränderungen herbeizuführen, die nicht direkt zu weiteren Abweichungen führen.

Im nächsten Abschnitt wird beschrieben, wie sich die im Pool verbleibenden Freiheitsgrade für den Ausgleich von externen Abweichungen einsetzen lassen.

5.4   Einsatz des Pools

Der Zusammenschluss der Geräte und Anlagen beeinflusst bisher nur das Lastverhalten der Teilnehmer selbst und hat keinen großen Effekt auf das Lastverhalten des gesamten Stadtteils. Aus diesem Grund sind die bisher realisierten Einsparungen insgesamt eher gering, sodass sich der Aufwand für die Einführung der Konzepte meist nicht lohnen würde. Durch den Zusammenschluss der Teilnehmer ist es jetzt aber möglich, das Lastverhalten der Teilnehmer gezielt zu ändern, ohne die Restriktionen der Teilnehmer beachten zu müssen. Mit den im letzten Abschnitt vorgestellten Algorithmen können nun durch einen zentralen Betreiber kurzfristige Laständerungen initiiert werden, die sich ansonsten nur schwer realisieren lassen. Im Folgenden wird allgemein von einem Betreiber gesprochen, der den Pool für seine Zwecke einsetzen möchte. Zu den möglichen Betreibern gehören z. B. auch Bilanzkreisverantwortliche.

Damit sich die zusammengeschlossenen Teilnehmer für zusätzliche Laständerungen nutzen lassen, muss der Betreiber ebenfalls dem Pool beitreten. Dort wählt er dann, wie alle anderen Teilnehmer auch, eine zufällige Nachbarschaft. Jetzt kann der Betreiber nach Abdeckung für ein vorgegebenes Lastprofil suchen. Da die zu deckende Last des Betreibers normalerweise größer ist als der Verbrauch oder die Erzeugung eines einzelnen Teilnehmers, benötigt dieser eine größere Nachbarschaft als die anderen Teilnehmer im Pool.

Die Leistung, die durch den Betreiber nachgefragt werden kann, ist durch die im Pool verschiebbare Leistung begrenzt und hängt davon ab, wie lange eine Laständerung andauern soll. Je länger eine Laständerung beibehalten werden muss, desto weniger Leistung kann bereitgestellt werden, da der Pool ansonsten nicht in der Lage ist, sich zu reorganisieren.

Sollen nur kleine und kurze zusätzliche Lasten vom Pool abgedeckt werden, so hat dies in den meisten Fällen nur kleine Auswirkungen auf das Gesamtlastprofil. In Abbildung

50 wird vom Betreiber alle 700 Minuten ein externes Ungleichgewicht von 20kW (abwechselnd positiv und negativ) für 30 Minuten vorgegeben (Szenario 1). Es handelt sich dabei um eine statische Abweichung, da der Betreiber sowohl die Dauer als auch die notwendige Leistung spezifiziert und sich diese auch nicht nachträglich ändert. Diese Abweichung soll vom Pool abgedeckt werden. Der Pool steigert daraufhin um 0:00 Uhr seine Erzeugungsleistung und gleicht die externe Abweichung aus. Die zusätzlichen Lasten werden in den Pool integriert und von verschiedenen Teilnehmern abgedeckt. In dem resultierenden Gesamtlastprofil lässt sich fast nicht mehr erkennen, dass eine externe Abweichung ausgeglichen wurde. Die Kurve der resultierenden Abweichung ist weiterhin nahe der x-Achse und zeigt weder zu Zeiten der externen Ungleichgewichte noch zu anderen Zeiten signifikante Ausschläge.

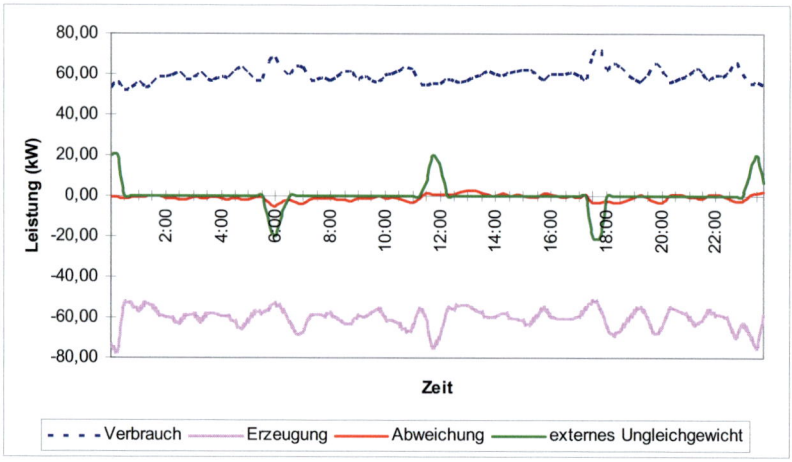

Abbildung 50: Zentrale Nutzung des Pools für externe Ungleichgewichte geringer Leistung (Szenario 1)

Ähnlich wie bei dem Beispiel aus Abbildung 32 wird die Last immer wieder auf einen späteren Zeitpunkt verschoben, bis ein entgegengesetztes Ungleichgewicht auftritt, das die Lastspitze ausgleichen kann. Anders als bei einem zentralen Ansatz wird dies hier automatisch durchgeführt und ist nicht an einzelne Geräte gebunden. Wenn bei einer zentralen Steuerung Lasten verschoben werden, tritt zu den Zeiten, an denen die Last vorher eingeplant war, ein neues Ungleichgewicht (Konterabweichung) auf, welches durch weitere Laständerungen wieder auszugleichen ist. Da sich die Lastkurven der Teilnehmer durch äußere Einflüsse ändern können, muss die genaue Zeit, an der die durch eine Umplanung entstandene Konterabweichung auftreten wird, ständig aktualisiert werden. In dem hier vorgestellten Ansatz ist dies nicht notwendig. Da alle Teilnehmer zu jeder Zeit versuchen, ihr eigenes Lastprofil abzudecken, wird automatisch immer auch für die Konterabweichung ein Ausgleich erreicht. Aus diesem Grund ist es nicht notwendig, die einzelnen Konterabweichungen nachzuhalten und bei der zukünftigen Planung zu berücksichtigen.

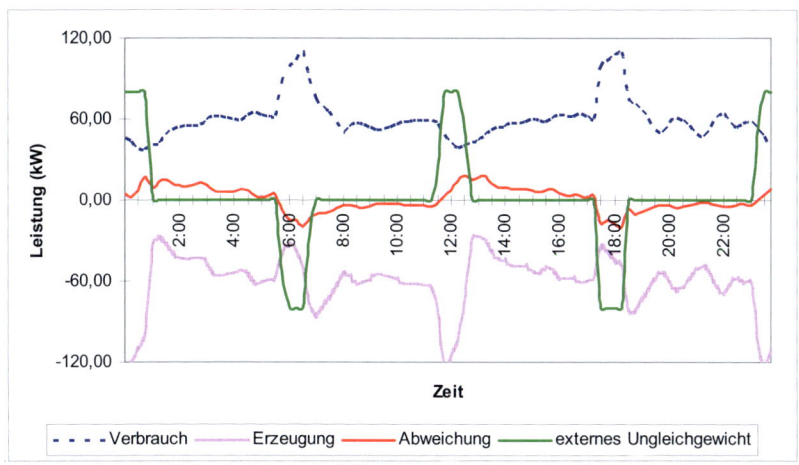

Abbildung 51: Zentrale Nutzung des Pools für externe Ungleichgewichte hoher Leistung (Szenario 2)

Wenn Lasten auf Wunsch des Betreibers umgeplant werden, so hat das auf die restlichen, nicht verwendeten Teilnehmer keinen Einfluss. Diese versuchen weiterhin, ihren Bedarf zu decken, ohne Abweichungen zu verursachen. Solange es den Teilnehmern möglich ist, in ihrer Nachbarschaft passende Partner zur Koordination der Energienutzung zu finden, kann jede externe Last in den Pool aufgenommen und nach außen verborgen werden. Es müssen also Teilnehmer für die Aufnahme einer externen Last vorhanden sein und andere Teilnehmer, die innerhalb des Pools die unvermeidbare Energienutzung abdecken. Ist eine externe Last sehr groß, dann kann sie zwar in vielen Fällen ausgeglichen oder reduziert werden, aber es sind dann später nicht mehr ausreichend Teilnehmer in den Nachbarschaften vorhanden, die die unvermeidbare Energienutzung des Pools abdecken. Dadurch entstehen dann neue Abweichungen. Es ist sehr schwierig einen allgemeinen Wert anzugeben, welche Abweichungen der Pool noch aufnehmen kann und welche nicht. Die Fähigkeiten des Pools hängen immer von der aktuellen Situation wie z. B. den bereits aufgenommen Lasten und den Restriktionen ab.

In Abbildung 51 ist das Lastprofil dargestellt, welches entsteht, wenn der Betreiber alle 700 Minuten eine zusätzliche Last von 80kW für eine Stunde abgedeckt haben möchte (Szenario 2). Der Pool erhöht auch in diesem Szenario um 0:00 Uhr selbstständig die Erzeugung und reduziert zusätzlich den Verbrauch. Da die nachgefragte Leistung größer ist als die Leistung der Stromverbraucher und Stromerzeuger, ist es dem Pool nicht möglich, die Leistung für die gesamte Zeit bereitzustellen. Nach etwa 20 Minuten bricht die erhöhte Erzeugung ein und fällt auf ein niedrigeres Niveau zurück. Zusätzlich kann die normale Erzeugung zur Deckung des Verbrauchs innerhalb des Pools nicht mehr vollständig erbracht werden, was insgesamt zu einer positiven Abweichung mit einer Dauer von vier Stunden führt (1:00-5:00 Uhr). Dies wiederholt sich auch, wenn der Betreiber später erneut externe Ungleichgewichte abgedeckt haben möchte. Die Kurve der Abweichung zeigt nun deutliche Ausschläge, die zu Zeiten der externen Ungleichgewichte beginnen und dann langsam abflachen. An den Erzeugungs- und Verbrauchskurven ist deutlich zu erkennen, wie der Pool seine Leistung entsprechend der externen Vorgaben anpasst und damit das Ungleichgewicht reduziert.

Wenn die Teilnehmer sich nicht koordinieren und die externen Ungleichgewichte ignorieren, entsteht ein Ungleichgewicht von 20,67%. Durch die Koordination kann das Ungleichgewicht auf 6,82% gesenkt werden. Der Gesamtbedarf an Ausgleichsenergie (positiv und negativ) reduzierte sich dabei von 509,87kWh, ohne Koordination der Teilnehmer, auf 182,54kWh, wenn die Teilnehmer ihre Energienutzung koordinieren. Das entspricht einer Reduktion von ungefähr 64%.

Die vom Betreiber in diesem Beispiel angeforderte Leistung ist für einen Pool dieser Größe deutlich zu hoch und kann nicht für einen so langen Zeitraum bereitgestellt werden. Das Hauptproblem liegt darin, dass nach der Anforderung einer so großen Last die normalen Teilnehmer, die aufgrund ihrer Restriktionen betrieben werden müssen, keine passenden Partner mehr in ihrer Nachbarschaft finden, die in der Lage sind, eine entsprechende Abdeckung bereitzustellen. Da die Teilnehmer Strom verbrauchen müssen, auch wenn sie keine Deckung gefunden haben, führt dies direkt zu einer Abweichung im Pool. Obwohl der Pool nicht in der Lage war, die Abweichung auszugleichen oder für eine längere Zeit hinauszuzögern, ist das resultierende Lastprofil deutlich glatter. Die maximale Abweichung wurde um mehr als 64% reduziert. Nach ca. 4 Stunden hat sich die Abweichung wieder auf das normale Maß eingependelt.

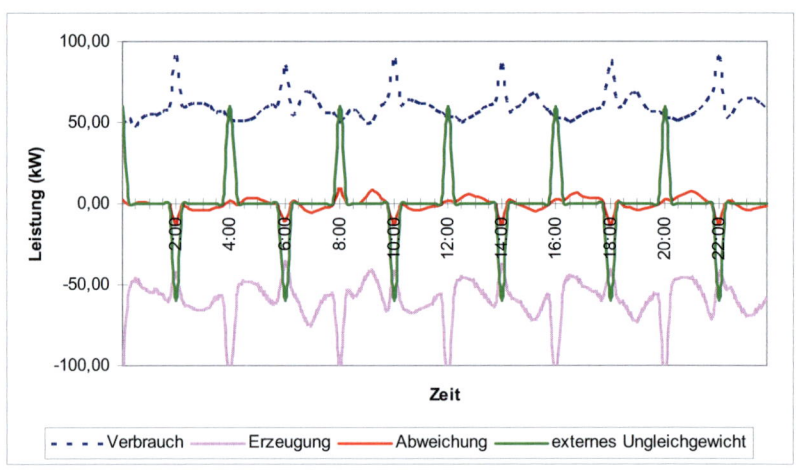

Abbildung 52: Zentrale Nutzung des Pools für externe Ungleichgewichte mittlerer Leistung (Szenario 3)

Es ist für den Pool einfacher, kurzfristig große Lasten umzuschichten, als für eine lange Zeit kleine bis mittlere Lasten. Dieses Problem hängt sehr stark mit den Restriktionen der Teilnehmer zusammen, da sich die Energienutzung in vielen Fällen nicht sehr weit verschieben lässt. In Abbildung 52 ist das Lastprofil dargestellt, welches entsteht, wenn vom Pool wiederholt für 15 Minuten eine mittlere Last (60kW) angefordert wird (Szenario 3).

Der Pool ist in der Lage, diesem Lastprofil zu folgen, und der Pool erzeugt nur kleinere Abweichungen in der Umgebung der Lastspitze. Erzeugung und Verbrauch spiegeln deutlich die Form des externen Ungleichgewichts wider. Wenn die Lasten vom Pool abgedeckt werden, liegt die Abweichung bei 4,24%. Ohne Verwendung des Pools läge sie bei 15,07%.

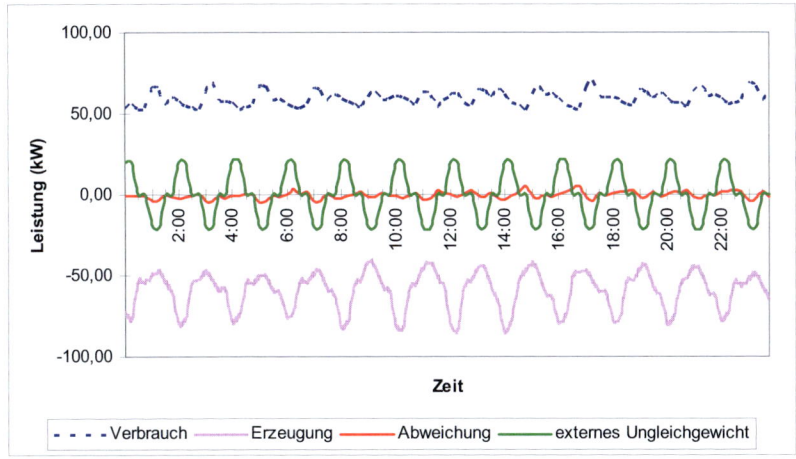

Abbildung 53: Zentrale Nutzung des Pools für häufige externe Ungleichgewichte geringer Leistung (Szenario 4)

Solange die Lasten nicht zu groß sind und insgesamt ungefähr gleichviel positive und negative Energie entnommen wird, kann der Pool eine Vielzahl von Lasten aufnehmen und nach außen verbergen. In Abbildung 53 nutzt der Betreiber den Pool, um in sehr kurzen Abständen einen höheren Verbrauch (20kW) und eine höhere Produktion für je 15 Minuten abdecken zu lassen (Szenario 4). Die resultierende Lastkurve fängt diese Spitzen alle problemlos ab, ohne zu anderen Zeitpunkten neue Abweichungen zu erzeugen. Die resultierende Gesamtabweichung hat sich kaum verändert. Damit erhöht sich der Bedarf an Ausgleichsenergie nur minimal. Ohne Koordination hätten diese Abweichungen zu einem Bedarf an Ausgleichsenergie von 326,52kWh geführt. Mit der Koordination kann der Bedarf auf 42,80kWh reduziert werden. Im Referenzfall mit Koordination, aber ohne externe Lasten, liegt der Bedarf an Ausgleichsenergie bei 30,42kWh.

Auswertung

Die Ergebnisse der verschiedenen Simulationen sind in Tabelle 20 aufgeführt. In Klammern stehen in der Tabelle auch immer die Ergebnisse, wenn keine Koordination der Energienutzung stattfindet. Wenn die Teilnehmer ihre Energienutzung koordinieren, kann die maximale Höhe der Abweichungen um mindestens 60% reduziert werden. Das resultierende Lastprofil ist im Vergleich zur unkoordinierten Energienutzung deutlich ausgeglichener. Auch bei den durch den Betreiber initiierten Lastverschiebungen treten keine unnötigen Einplanungen auf. Lasten werden verschoben, weil sie vom Betreiber angefordert werden. Andernfalls werden nur Anlagen betrieben, die aufgrund ihrer Restriktionen dazu gezwungen sind.

Tabelle 20: Ergebnisse des dezentralen Geräte- und Anlagenpools bei Abdeckung externer statischer Ungleichgewichte – mit Koordination (ohne Koordination)

	Szenario 1	Szenario 2	Szenario 3	Szenario 4
Zu deckende Leistung (kW)	±20	±80	±60	±20
Anzahl der Abweichungen	5	5	12	24
Dauer der Abweichung (Minuten)	30	60	15	30
Maximaler Mehrverbrauch pro Minute (kW)	4,07 (28,06)	22,77 (88,06)	11,08 (68,06)	6,35 (28,06)
Maximale Mehrerzeugung pro Minute (kW)	9,05 (35,12)	33,68 (95,12)	21,34 (74,83)	8,76 (36,35)
Bedarf an positiver Ausgleichsenergie (kWh)	16,66 (18,27)	99,98 (197,18)	30,95 (81,23)	14,48 (78,84)
Bedarf an negativer Ausgleichsenergie (kWh)	28,42 (177,10)	82,57 (312,69)	43,97 (250,07)	28,32 (247,68)
Ungleichgewicht im Modellgebiet	3,34% (11,06%)	6,82% (20,67%)	4,24% (15,07%)	3,54% (13,84%)
Datenvolumen für die Koordination (Gesamtmodell) (GB)	~2,7GB			
Anzahl der ausgetauschten Nachrichten (pro Optimierungslauf)	<180			
Zeit bis zum Ausgleich	0s (die notwendige Leistung kann im Vorfeld beschafft werden)			

Insgesamt ergeben sich durch den Pool für den Betreiber direkt folgende Vorteile:

- Kurzfristiges Lastverschiebungspotenzial
- Lastverschiebungen verursachen keine Kosten
- Reduktion der maximalen Abweichungen
- Reduzierung des Regelenergiebedarfs
- Teilnehmer koordinieren sich selbst

Der Betreiber kann den Pool direkt einsetzen, um seine Energienutzung zu optimieren. Neben dem Ausgleich bzw. der Abmilderung von vorhersehbaren Abweichungen können auch andere Probleme reduziert werden. Durch die beschriebenen Lastverschiebungen können z. B. kurzfristige Lastspitzen eines Industriebetriebs ausgeglichen werden. Dazu muss zu dem Zeitpunkt, zu dem Maschinen angefahren werden, der Verbrauch vom Pool reduziert oder die Erzeugung erhöht werden. Der Betreiber muss dies nicht langfristig vorbereiten, sondern kann die Laständerungen sehr kurzfristig durchführen. Dieses Verfahren erlaubt die flexible Nutzung der vorhandenen Freiheitsgrade bei Privatkunden.

Eine weitere Möglichkeit für den Betreiber besteht darin, die Anlaufphase von eigenen Kraftwerken zu verbergen. Sollte abzusehen sein, dass eine Abweichung auftritt, die der Pool nicht effizient beheben kann, ist der Pool zumindest in der Lage, einen Beitrag zu leisten, während die eigenen Kraftwerke angefahren werden. Besonders Anlagen, die für die Bereitstellung von Minutenreserve geeignet sind, und damit innerhalb von 15 Minuten anlaufen müssen, können durch den Pool ergänzt werden. Die Anlagen können während der Anlaufphase unterstützt werden und zusätzlich kann die Laufzeit der Anlage durch den Pool verlängert oder verkürzt werden. Eine Verkürzung kann sinnvoll sein, wenn der Betrieb einer Anlage sehr teuer ist, und eine Verlängerung kommt dann infrage, wenn der Anlauf der Anlage sehr teuer ist und aus ökonomischen oder technischen Gründen eine längere Laufzeit vorteilhaft ist. Der Pool würde sich im letzteren Fall darum kümmern, dass die zusätzlich erzeugte Energie verbraucht wird, sodass es keine zusätzlichen Abweichungen im Bilanzkreis gibt.

Je nach Größe und Leistung des Pools kann der Betreiber den Pool auch nutzen, um Energie kurzzeitig zwischenzuspeichern oder kurzfristig für andere Zwecke zu verwenden. So ist es z. B. möglich, Energie im Pool zu speichern und später wieder zu entnehmen, wenn die Strompreise auf der EEX aufgrund starker Windeinspeisung sehr günstig sind oder die Abnahme sogar vergütet wird. Auch kann der Pool seine Energienutzung reduzieren, wenn die Preise an der EEX sehr hoch sind. Die überschüssige Energie kann dann verkauft werden. Für den Betreiber ergeben sich durch den Pool neue Handlungsoptionen und Geschäftsmodelle. Obwohl keine zusätzlichen Kraftwerke vorhanden sind, kann der Betreiber auf dem Markt agieren. Das Risiko, dass der Pool die gewünschten Laständerungen nicht durchführen kann, liegt dann aber beim Betreiber.

Für den Betreiber verhält sich der Pool wie eine dezentrale Anlage unbekannter Leistung. Es kann zwar eine Laständerung initiiert werden, aber die Höhe und die Dauer der Laständerung kann nur sehr schwer vorhergesagt oder garantiert werden. Ob die Nutzung des Pools zum Ausgleich von externen Abweichungen sinnvoll ist, hängt von der aktuellen Situation (z. B. vom Zustand in der Regelzone oder der Dauer der Abweichung) ab. Generell entstehen dem Betreiber durch den Pool keine Nachteile. Im besten Fall führt der Pool die gewünschten Laständerungen vollständig aus. Sollte der vollständige Ausgleich eines Ungleichgewichts nicht möglich sein, wird die Abweichung zumindest reduziert bzw. verzögert, was dem Betreiber die Zeit gibt, nach anderen Lösungen zu suchen. Sollte der Pool gar keine Lastveränderung durchführen können, hat der Betreiber zwar keine Vorteile, aber auch keine Nachteile durch den Pool.

Der Betreiber muss nur die entsprechende Rechnerinfrastruktur bereitstellen, um Lastveränderungen initiieren zu können. Er benutzt die gleichen Optimierungsalgorithmen, wie andere Teilnehmer im Pool. Entsprechend gering sind seine Hardwareanforderungen. Dies gilt allerdings nur für kleinere Abweichungen. Je größer eine Abweichung ist, desto mehr Teilnehmer werden für den Ausgleich benötigt und desto mehr Ressourcen benötigt der Optimierungsalgorithmus.

Der Betreiber muss nur die initiale Infrastruktur bereitstellen und einen Anreiz (ggf. einen monetären Anreiz) für die Teilnahme an dem Pool schaffen. Da sich die Gesamt-energienutzung der Teilnehmer nicht verändert wird, entstehen den Teilnehmern auch keine zusätzlichen Kosten, die extra vergütet werden müssten.

Erweiterung der O/C-Architektur

Die Nutzung des Pools durch den Betreiber erweitert die vorgestellte O/C-Referenzarchitektur um eine weitere Observer und Controller Komponente (vgl. Abbildung 54). Obwohl der Betreiber als virtueller Teilnehmer Teil des SuOC ist, unter-scheidet er sich von den anderen Teilnehmern deutlich. Der virtuelle Teilnehmer des Be-treibers beobachtet das System und erzeugt bewusst Ungleichgewichte in der Energie-bilanz. Den Teilnehmern innerhalb des Pools ist dieses Ziel nicht bekannt, und sie versuchen weiterhin, für ihren eigenen Bedarf eine Abdeckung zu finden. Der Betreiber bringt die Teilnehmer des Pools dazu, ihre Energienutzung in seinem Sinne zu verändern, und muss sich dabei nicht um zukünftige Konsequenzen der Energienutzung kümmern, da sich die Teilnehmer weiterhin untereinander koordinieren.

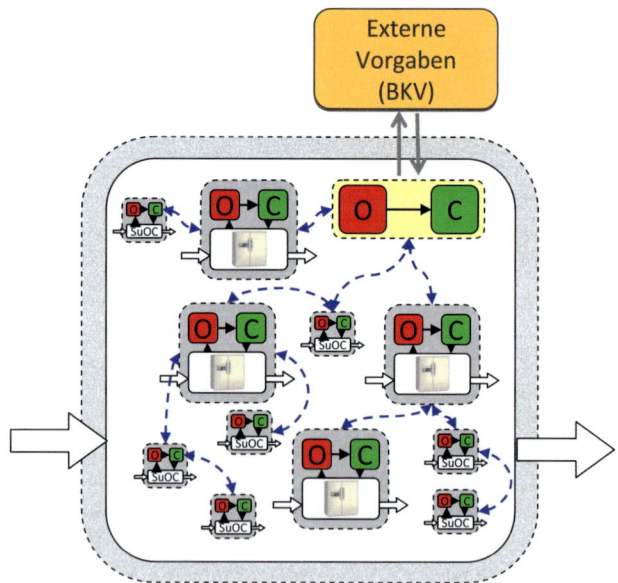

Abbildung 54: O/C-Architektur mit Geräte- und Anlagenpool und zentralem Betreiber

Der virtuelle Teilnehmer des Betreibers bildet damit eine eigene O/C-Struktur innerhalb des Pools. Ein Problem ist allerdings, dass der Betreiber zentrale Komponenten bereit-halten muss, mit denen sich der Pool direkt beeinflussen lässt. Die Bereitstellung eigener Hardware verursacht zusätzliche Kosten und erfordert, dass sich der Betreiber immer aktiv mit dem Pool auseinandersetzt. Der Betreiber muss die Optimierungen durchführen und häufig seine Nachbarschaft aktualisieren.

5.5 Dezentrale Regelstrategien

Die Ergebnisse aus dem letzten Abschnitt zeigen, wie sich der Pool einsetzen lässt, um externe Lasten abzudecken. Obwohl die verbleibenden Abweichungen deutlich kleiner geworden sind, verbleibt vielfach eine sichtbare Abweichung. Besonders, wenn große Lasten abgedeckt werden sollen, kann der Pool seinen eigenen Bedarf nicht mehr decken und erzeugt neue Abweichungen. Viele der verbleibenden Abweichungen kommen dadurch zustande, dass bei der Optimierung keine optimale Deckung gefunden wird und sich diese kleinen Differenzen zu einer großen Abweichung addieren. Der Pool besitzt jedoch in den meisten Fällen genug Reserven, um auch diese Abweichungen auszugleichen.

Da die Abweichungen des Bilanzkreises für Abrechnungszwecke gemessen werden, können diese Informationen auch genutzt werden, um das verbleibende Ungleichgewicht zu reduzieren. Dazu wird eine kleine Gruppe von Teilnehmern benötigt, welche in der Lage sind, ihre Leistung sehr kurzfristig zu verändern, und direkt auf eine Abweichung reagieren. Im Gegensatz zu den statischen Abweichungen, die vom Betreiber spezifiziert und fest vorgegeben werden, müssen dann zusätzlich dynamische Abweichungen behoben werden, die sich kurzfristig ändern können. In diesem Abschnitt wird der Pool um weitere Steuerungskonzepte erweitert, die es dem Pool ermöglichen, automatisch auf Abweichungen zu reagieren.

5.5.1 Unkoordinierte dezentrale Gruppen

Eine sehr einfache Möglichkeit, die Abweichungen, die der Pool nicht ausgleichen konnte, abzudecken, wäre es, eine entsprechende Menge von Teilnehmern diese Abweichung direkt messen und ausgleichen zu lassen. Dazu könnten alle Teilnehmer, die das Ungleichgewicht reduzieren können, eine Zufallszahl ziehen, und ihre Leistung dann ändern, wenn diese Zufallszahl einen vorgegebenen Schwellwert übersteigt. Die Idee hinter diesem Vorgehen ist, wenn 1% der Teilnehmer benötigt werden, um ein aktuelles Ungleichgewicht auszugleichen, die Schwellwerte so gesetzt werden müssen, dass der Schwellwert nur bei 1% der Teilnehmer überschritten wird. Für diese kurzfristigen Laständerungen kommen nur Teilnehmer infrage, die sofort ihre Leistung ändern können. Wenn eine gewisse Vorlaufzeit berücksichtigt werden müsste, könnte es sein, dass das aktuelle Ungleichgewicht gar nicht mehr vorhanden ist. Zusätzlich müssen die Teilnehmer ihre Leistungsänderung wieder kurzfristig rückgängig machen können, wenn das Ungleichgewicht nicht mehr besteht oder sich verändert.

Um dieses Konzept zu realisieren, wählt der Betreiber zufällig zwei Mengen von Teilnehmern aus, welche die gewünschten Laständerungen durchführen können. Die Mitglieder der ersten (positiven) Gruppe müssen positive Leistung bereitstellen können. Die Mitglieder der zweiten (negativen) Gruppe müssen dementsprechend negative Leistung bereitstellen können. Die Teilnehmer der einzelnen Gruppen müssen sich nicht untereinander kennen und auch der Betreiber muss nicht wissen, welche Teilnehmer zu einem

Zeitpunkt zu den jeweiligen Gruppen gehören. Der Betreiber stellt den Gruppen Informationen über das aktuelle Ungleichgewicht zur Verfügung, welche dann die Grundlage für die folgenden Aktionen bilden.

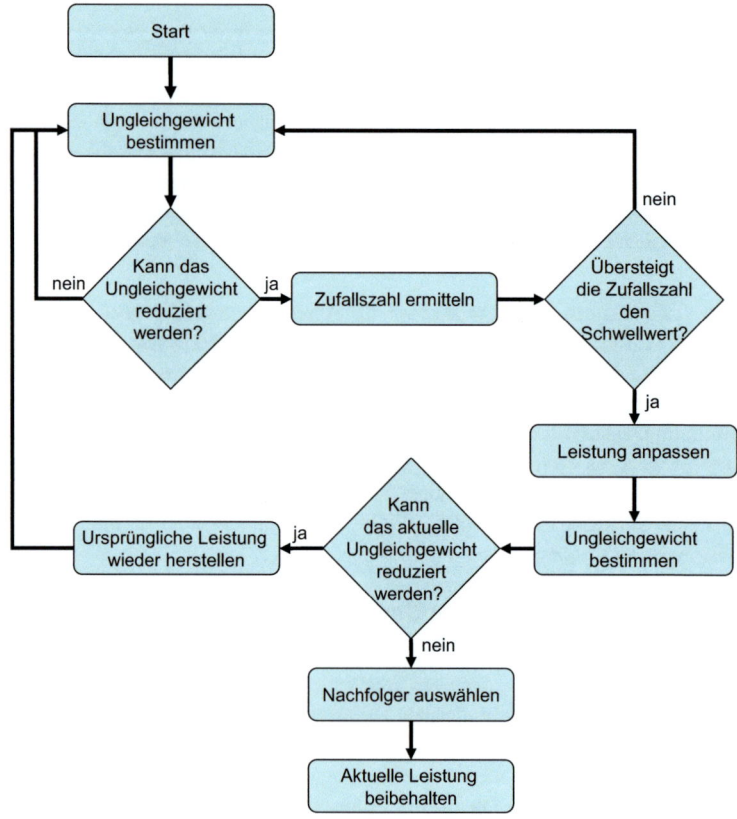

Abbildung 55: Ausgleich von Schwankungen ohne Kommunikation

Die Gruppenmitglieder führen unabhängig voneinander die in Abbildung 55 dargestellten Schritte aus. Im ersten Schritt wird die aktuelle Abweichung bestimmt oder vom Betreiber abgefragt. Wenn die eigene mögliche Lastveränderung die Abweichung reduzieren würde, wird eine Zufallszahl gezogen. Überschreitet diese einen vorgegebenen Schwellwert, wird die Laständerung durchgeführt. Gibt es kurze Zeit später ein entgegengesetztes Ungleichgewicht, wird die Laständerung wieder rückgängig gemacht. Hält die Abweichung für eine längere Zeit an oder vergrößert sie sich sogar, muss der Teilnehmer die Gruppe verlassen, da er seine mögliche Laständerung schon durchgeführt hat und somit nicht mehr verwendet werden kann. In der Nachbarschaft des Gruppenmitglieds, das ersetzt werden muss, wird ein neuer Teilnehmer gesucht, der kurzfristig eine Laständerung durchführen kann. Jedes Mitglied der Gruppe wählt seinen eigenen Nachfolger aus seiner Nachbarschaft aus. Der ursprüngliche Teilnehmer versucht, die einmal durchgeführte Laständerung so lange beizubehalten, wie es seine Restriktionen erlauben.

Die verwendeten Schwellwerte sind nicht fest vorgegeben, sondern orientieren sich an der aktuellen Abweichung. Der Schwellwert dient den Teilnehmern als Entscheidungsgrundlage. Werden z. B. bei einem Schwellwert von 0,95 gleichverteilte Zufallszahlen zwischen 0 und 1 gezogen, dann wird im Durchschnitt in 5% der Fälle der Schwellwert überschritten. Ist die Abweichung so groß, dass im Durchschnitt 50% der Gruppenmitglieder ihre Leistung anpassen müssen, dann muss der Schwellwert von allen Gruppenmitgliedern auf 0,5 gesenkt werden. Da die Gruppenmitglieder nicht miteinander kommunizieren, ist die genaue Leistung der Gruppen unbekannt und muss entweder geschätzt oder auf einen festen Durchschnittswert gesetzt werden. Ist die Abweichung viel größer als die potenzielle Leistung der Gruppe, führen alle Gruppenmitglieder ihre Lastveränderung durch, d. h., der Schwellwert ist 0. Je größer die Abweichung ist, desto höher ist auch die Wahrscheinlichkeit, dass ein Gruppenmitglied eine Lastveränderung durchführt. Durch die Schwellwerte soll verhindert werden, dass alle Gruppenmitglieder eine Lastveränderung durchführen, obwohl die Abweichung relativ klein ist (ähnlich zu den in Kapitel 3.1.3 genannten Lawineneffekten). Die Festlegung geeigneter Schwellwerte ist bei dieser Strategie ein großes Problem. Es soll immer nur der Anteil der Gruppenmitglieder reagieren, der notwendig ist, das Ungleichgewicht auszugleichen. Die genauen Schwellwerte hängen damit von der Leistung der Teilnehmer und der Größe der Gruppe ab. Da sich die Leistung der Gruppenmitglieder über die Zeit ändern kann, muss dieser Wert entweder geschätzt oder auf einen Durchschnittswert festgelegt werden. Die Größe der beiden Gruppen wird vom Betreiber vorgegeben und kann bei Bedarf nachträglich verändert werden. Dies kann z. B. dann sinnvoll sein, wenn die Größe der Ungleichgewichte zu- oder abgenommen hat und die aktuelle Gruppengröße diese nicht mehr sinnvoll beheben kann.

Das in Abbildung 55 eingeführte Verfahren wurde zunächst in einem synthetischen Test untersucht. Die Teilnehmer in diesem Test sind keinen Restriktionen unterworfen, d. h., sie können Strom verbrauchen oder produzieren und beliebig an- und ausgeschaltet werden. Die Leistung aller Teilnehmer ist identisch und das vorgegebene Ungleichgewicht ist so gewählt, dass immer ein vollständiger Ausgleich möglich ist. In den so durchgeführten Tests konnte die vorgegebene Abweichung reduziert und nach kurzer Zeit ausgeglichen werden.

Die Gruppen sind in der Lage, kleine fluktuierende Abweichungen zu kompensieren. Eine genaue Analyse der Ergebnisse zeigte aber verschiedene Probleme bei diesem Ansatz.

In Abbildung 56 ist dargestellt, wie die Gruppen iterativ eine große Abweichung reduzieren. Die einzelnen Blöcke symbolisieren unterschiedliche Teilnehmer, die positiven Zahlen in den Blöcken geben den Verbrauch wieder und die negativen Zahlen entsprechend die Erzeugung. Die Gruppenmitglieder sind mit einem gestrichelten Rahmen hervorgehoben.

In Abbildung 56a existiert eine Abweichung von -30kW, die ausgeglichen werden soll. Die Mitglieder der positiven Gruppe erhöhen daraufhin ihren Verbrauch auf insgesamt 20kW und reduzieren die Abweichung auf -10kW (Abbildung 56b). Da die Gruppenmitglieder ihre Leistung nicht weiter erhöhen können und die Abweichung noch nicht ausgeglichen werden konnte, werden die bisherigen Laständerungen beibehalten und neue Gruppenmitglieder gesucht (Abbildung 56c). Die neuen Gruppenmitglieder können wiederum ihren Verbrauch erhöhen und so die externe Abweichung ausgleichen (Abbildung 56d).

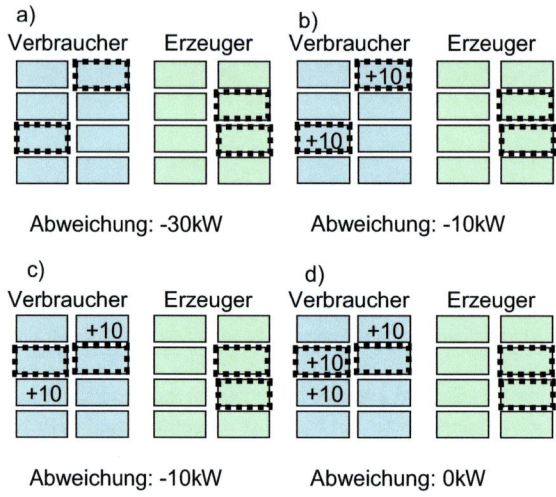

Abbildung 56: Ausgleich einer Überdeckung

Besteht die externe Abweichung nach einiger Zeit nicht mehr, muss der zusätzliche Verbrauch wieder reduziert werden. Liegt die erste Abweichung nicht zu weit in der Vergangenheit, kann es sein, dass Teilnehmer, die ihren Verbrauch gerade erhöht haben, noch Mitglied der positiven Gruppe sind (Abbildung 57a). In einem solchen Fall wird der Verbrauch wieder reduziert (Abbildung 57b). Die noch verbleibende Abweichung wird dann von den Mitgliedern der negativen Gruppe ausgeglichen, die ihre Erzeugung erhöhen (Abbildung 57c).

An diesem einfachen Beispiel wird ein großes Problem der Strategie deutlich. Es ist nicht sichergestellt, dass einmal durchgeführte Leistungsänderungen wieder rückgängig gemacht werden, wenn die externe Abweichung nicht mehr besteht. In Abbildung 57c gibt es zwar keine externe Abweichung mehr, trotzdem werden unnötig 20 kW erzeugt und verbraucht. Die durchgeführten Tests zeigen, dass nach und nach immer mehr Teilnehmer Strom verbrauchen und andere Teilnehmer Strom erzeugen, obwohl dies nicht notwendig wäre. Da die Mitglieder der Gruppen versuchen, handlungsfähig zu bleiben und nach kurzer Zeit einen Teilnehmer auswechseln, der seine Last nicht mehr weiter ändern kann, geht die Information, welche Laständerungen bereits durchgeführt wurden, verloren.

Wenn die Abweichungen stark fluktuieren, bilden sich in der Nachbarschaft der Gruppenmitglieder Bereiche von Teilnehmern, die beim Versuch, die Abweichung auszugleichen, alle ihre Last erhöht oder verringert haben.

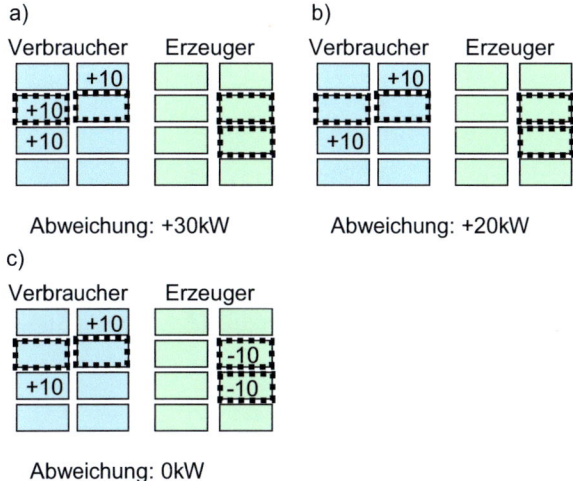

Abbildung 57: Ausgleich einer Unterdeckung

Dieser unnötige Betrieb reduziert die Freiheitsgrade in der Zukunft und führt dazu, dass immer weniger Teilnehmer ihre Leistung ändern können. Dies tritt besonders dann auf, wenn bei den Simulationen im Modellgebiet die Restriktionen berücksichtigt werden müssen. Die gesamte Erzeugungs- und Verbrauchsleistung wird dadurch verbraucht und steht später nicht mehr zur Verfügung.

Auch wenn bei der Wahl neuer Gruppenmitglieder darauf geachtet wird, vornehmlich Teilnehmer zu wählen, deren Laständerung durch die Abschaltung von Anlagen zustande kommt, bleibt das Problem erhalten, da normalerweise mehr Teilnehmer vorhanden sind, die gerade nicht betrieben werden, als Teilnehmer, die abgeschaltet werden können.

In Abbildung 58 sind Zustandsbilder zu verschiedenen Zeitpunkten der Simulation dargestellt. Jedes Quadrat in der Matrix repräsentiert einen Teilnehmer im Modellgebiet. Blaue Quadrate stehen für Stromverbrauch und rote für Stromerzeugung. Teilnehmer sind benachbart, wenn sie horizontal oder vertikal aneinandergrenzen (von-Neumann-Nachbarschaft).

In Abbildung 58a beginnt die Simulation. Zu diesem Zeitpunkt wird weder Strom erzeugt oder verbraucht. In Abbildung 58b soll das System eine Überproduktion ausgleichen. Die Teilnehmer erhöhen ihren Verbrauch und die Mitglieder der positiven Gruppe werden kontinuierlich erneuert. Da die Abweichung sehr groß ist, werden immer mehr Teilnehmer mit erhöhtem Verbrauch benötigt (Abbildung 58c). Nach einiger Zeit nimmt die externe Abweichung wieder ab, aber anstatt den Verbrauch wieder zu reduzieren, wird plötzlich die Erzeugung erhöht (Abbildung 58d). Da die Gesamtbilanz durch die externe Abweichung und den Verbrauch bzw. die Erzeugung im Pool abwechselnd positiv und negativ ist, nimmt bei dem Versuch, dies auszugleichen, die Zahl der Teilnehmer, die beginnen Strom zu erzeugen oder zu verbrauchen, kontinuierlich zu (Abbildung 58e). Am Ende produzieren oder verbrauchen die meisten Teilnehmer Strom, obwohl dies gar nicht notwendig wäre (Abbildung 58f).

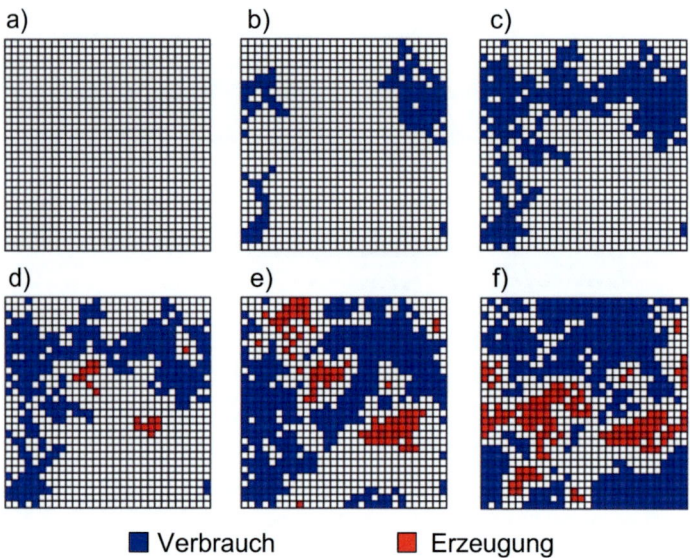

Abbildung 58: Unnötige Einplanungen beim Ausgleich von Schwankungen ohne Kommunikation

Über die Zeit entstehen immer mehr Bereiche, in denen Teilnehmer nur verbrauchen oder nur erzeugen. An den Rändern dieser Bereiche entsteht ein schmaler Abschnitt, in dem die Teilnehmer inaktiv sind. Änderungen an der Nachbarschaftsstruktur (z. B. größere oder zufällige Nachbarschaften) können das Problem nicht lösen. Auch verschiedene zusätzlich eingeführte Korrekturverfahren, die durchgängig nach unnötigen Einplanungen suchen und diese beheben, konnten die Ergebnisse ebenfalls nicht verbessern. Der Effekt der unnötigen Energienutzung kann damit zwar verlangsamt und insgesamt reduziert werden, lässt sich aber auf Dauer nicht aufhalten.

Ein weiteres Problem liegt in der Bestimmung der optimalen Gruppengröße. Ist die Gruppe zu klein, dauert es länger, bis sich eine große Abweichung ausgleichen lässt. Ist die Gruppe zu groß, kommt es häufiger zu einer Unter- oder Übersteuerung, wenn zu viele Teilnehmer aufgrund der gezogenen Zufallszahlen reagieren. Es kann damit passieren, dass ein positives Ungleichgewicht durch ein größeres negatives ersetzt wird. Dies erhöht die Summe der Abweichungen und verzögert den Ausgleich von externen Abweichungen. Zwar ist es möglich, die Gruppengröße dynamisch anzupassen, aber dies erfordert jedes Mal Eingriffe durch den Betreiber, die nach Möglichkeit vermieden werden sollten.

Des Weiteren besteht das Problem, die Schwellwerte für die Aktivierung der Gruppenmitglieder sinnvoll zu bestimmen. Dieses Problem kann nur schwer behoben werden, da sich die Leistung der aktuellen Gruppe ständig ändert. So kann sich bei gleichbleibender Abweichung die Anzahl der notwendigen Teilnehmer ändern, da die aktuellen Gruppenmitglieder je nach Gerät und vorhandenen Restriktionen mehr oder weniger Last verschieben können als ihre Vorgänger. Ohne Kommunikation zwischen den Teilnehmern können die Schwellwerte nicht effizient an die aktuelle Situation angepasst werden.

Die Charakteristika der durchgeführten Testläufe sind in Tabelle 21 aufgeführt. Die Vorteile der Strategie liegen darin, dass kaum kommuniziert werden muss. Es müssen lediglich regelmäßig Informationen über die aktuelle Abweichung ausgetauscht werden. Jeder Teilnehmer sieht an dem aktuellen Ungleichgewicht, ob seine Leistung benötigt wird. Da das aktuelle Ungleichgewicht mit einem Zahlenwert beschrieben wird, ist die resultierende Datenmenge (acht Byte für eine *double*-Variable) kleiner als die für die Koordination im Pool benötigten Freiheitsgradbeschreibungen, sodass der zusätzliche Kommunikationsaufwand kein Problem darstellt. Um ein gegebenes Ungleichgewicht auszugleichen, benötigt die Gruppe zum Teil sehr lange. Dies liegt daran, dass sich das Ungleichgewicht pro Minute nur um maximal die aktuelle Leistung der Gruppe reduzieren lässt und dass anschließend die Mitglieder der Gruppe ersetzt werden müssen. Die alten Mitglieder behalten die Laständerungen bei und der Betreiber misst das neue Ungleichgewicht und passt entsprechend seine Vorgaben an. Bei sehr großen Abweichungen und kleinen Gruppen kann dies zu langen Verzögerungen führen. Dies kann durch eine größere Gruppe vermieden werden, was aber wieder das Problem der Übersteuerung vergrößert.

Tabelle 21: Charakteristika des kurzfristigen Ausgleichs von Schwankungen ohne Kommunikation

Gruppengröße	n
Anzahl Nachrichten pro Minute	$O(n)$, da alle Gruppenmitglieder über das aktuelle Ungleichgewicht informiert werden müssen.
Datenvolumen pro Nachricht	8 Byte
Zeit bis zum Ausgleich (Minuten)	> Abweichung/Gruppengesamtleistung
Unnötige Einplanungen	40-70% (in Extremfällen bis zu 100%)

Insgesamt ist es mit der vorgestellten Strategie möglich, das Ungleichgewicht zu reduzieren, aber der Einsatz der Strategie ist wie dargestellt mit verschiedenen praktischen Problemen verbunden. Besonders der hohe Anteil der unnötig eingeplanten Teilnehmer macht einen Einsatz ineffizient und damit unrentabel. Nur kleinere kurzfristige Abweichungen können mithilfe der Gruppe effizient behandelt werden. Zwar muss der Betreiber für die Verwendung dieser Strategie keine eigene Rechnerinfrastruktur bereitstellen, aber für längere oder größere statische Abweichungen ist dies ohnehin notwendig (vgl. Abschnitt 5.4). Die hier vorgestellte Strategie ist damit nur eine Ergänzung zu den Möglichkeiten, die der Betreiber bereits zuvor hatte.

Die O/C-Architektur ändert sich durch die vorgestellte Strategie nicht, da der Betreiber weithin für den Ausgleich von größeren Abweichungen dem Netz beitreten muss (vgl. Abschnitt 5.4). Das Ziel ist es aber, dass der Betreiber nur die gewünschte Laständerung bekannt geben muss. Der Pool organisiert sich dann intern so, dass die Änderung durchgeführt wird, ohne dass zentral ein Eingriff vorgenommen werden muss.

Da es schon in einem synthetischen Test, bei dem die Teilnehmer alle Freiheitsgrade haben und keinen Restriktionen unterworfen sind, sehr schwierig ist, das Verhalten zu steuern, wurde diese Strategie nicht in den virtuellen Stadtteil integriert. Da es aber trotz der Probleme möglich war, das Ungleichgewicht zu reduzieren, wird die Idee einer kleinen Gruppe, die verbleibende Ungleichgewichte ausgleicht, im nächsten Abschnitt um interne Koordinationsstrategien erweitert.

5.5.2 Koordinierte dezentrale Gruppen

Aufgrund der fehlenden Koordination traten bei der im letzten Abschnitt vorgestellten Strategie verschiedene Probleme auf. Zu den auftretenden Problemen gehören die Übersteuerung, unnötige Einplanungen und die Tatsache, dass das System schwer zu konfigurieren ist. Durch die Erweiterung um entsprechende Koordinationsmechanismen können diese Probleme reduziert bzw. vermieden werden.

Die Teilnehmer der verschiedenen Gruppen sollen sich nicht mehr vollkommen unabhängig voneinander um den Ausgleich von Abweichungen kümmern, sondern sich innerhalb der Gruppen so koordinieren, dass eine Abweichung optimal ausgeglichen wird, ohne dass es zu einer signifikanten Übersteuerung kommt.

Die positive und negative Gruppe werden zu einer einzelnen Elitären Gruppe zusammengeschlossen. Alle Mitglieder der Elitären Gruppe können untereinander kommunizieren. Im Gegensatz zu den anderen Teilnehmern dürfen nur die Mitglieder der Elitären Gruppe ihre Leistung verändern, ohne sich mit anderen Teilnehmern abzustimmen. Sie sind zudem die einzigen Teilnehmer im Pool, die über das aktuelle Ungleichgewicht im Bilanzkreis informiert werden. Sobald eine Abweichung (unabhängig ob intern oder extern) erkannt wird, überprüfen alle Mitglieder der Elitären Gruppe, ob sie die Abweichung reduzieren können. Die Mitglieder der Elitären Gruppe sind durchnummeriert und das Mitglied mit der niedrigsten Nummer reduziert, wenn möglich, die Abweichung und stellt die Daten seiner Leistungsänderung den anderen Mitgliedern zu Verfügung. Dieser Vorgang wird der Reihe nach von allen Mitgliedern durchgeführt.

In Abbildung 59 ist der Ablauf in einem Beispiel dargestellt. Die Elitäre Gruppe besteht aus sechs Teilnehmern, von denen jeweils drei Teilnehmer positive und drei Teilnehmer negative Energie bereitstellen können. Die Gruppe ist so sortiert, dass Teilnehmer, die für eine Leistungsänderung Geräte abschalten müssten, außen stehen und Teilnehmer, die Geräte betreiben müssten, in der Mitte stehen. Links stehen Teilnehmer, die den Verbrauch senken oder die Produktion erhöhen können (Nr. 1–3), und rechts Teilnehmer, die den Verbrauch erhöhen oder die Produktion reduzieren können (Nr. 4–6). Teilnehmer, die für eine Laständerung Geräte abschalten, sind mit einem nach unten zeigenden Pfeil dargestellt. Für den Ausgleich von Ungleichgewichten sollten nach Möglichkeit diese eingesetzt werden.

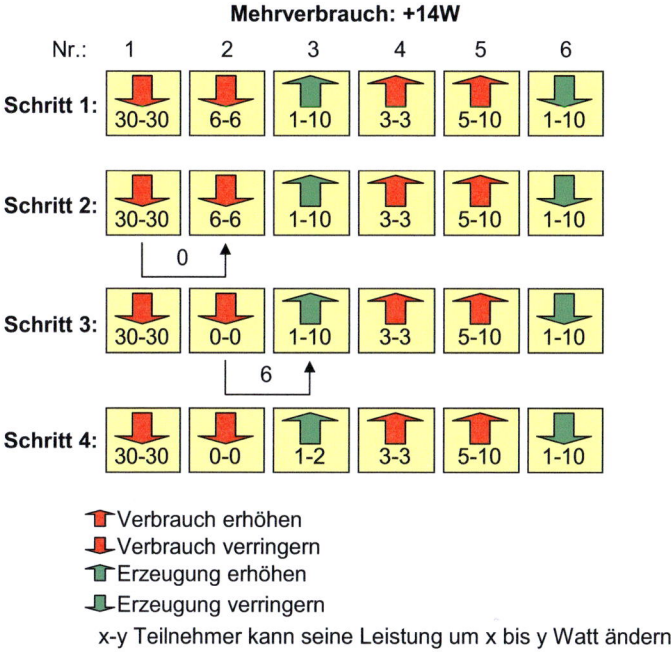

Mehrverbrauch: +14W

Nr.: 1   2   3   4   5   6

Schritt 1: | 30-30 | 6-6 | 1-10 | 3-3 | 5-10 | 1-10 |

Schritt 2: | 30-30 | 6-6 | 1-10 | 3-3 | 5-10 | 1-10 |
0

Schritt 3: | 30-30 | 0-0 | 1-10 | 3-3 | 5-10 | 1-10 |
6

Schritt 4: | 30-30 | 0-0 | 1-2 | 3-3 | 5-10 | 1-10 |

Verbrauch erhöhen
Verbrauch verringern
Erzeugung erhöhen
Erzeugung verringern
x-y Teilnehmer kann seine Leistung um x bis y Watt ändern

Abbildung 59: Ausgleich von externen Schwankungen mit Kommunikation

Im Modellgebiet tritt nun ein Mehrverbrauch (+14W) auf, der ausgeglichen werden soll. Der Teilnehmer 1 überprüft, ob er das Ungleichgewicht reduzieren kann, ohne zu übersteuern. Da er dies nicht kann, meldet er in Schritt 2 an seinen rechten Nachbarn, dass er keine Laständerung durchgeführt hat. Teilnehmer 2 kann durch eine Laständerung das Ungleichgewicht reduzieren und meldet dies ebenfalls an seinen rechten Nachbarn (Schritt 3). Zusätzlich aktualisiert Teilnehmer 2 die Informationen über seine Freiheitsgrade. In Schritt 4 muss schließlich Teilnehmer 3 seine Leistung anpassen, um das verbleibende Ungleichgewicht auszugleichen und anschließend die Informationen über seine Freiheitsgrade aktualisieren. Würde im Modellgebiet zu viel Energie produziert, würde von rechts nach links mit dem Ausgleich begonnen.

Durch diese Koordination unter den Teilnehmern werden die Festlegung von Schwellwerten und die Wahl von Zufallszahlen unnötig, da bekannt ist, welche Gruppenmitglieder reagieren und welchen Beitrag sie jeweils leisten. Durch dieses System kann es auch nicht mehr passieren, dass die Gruppe übersteuert.

Muss ein Mitglied der Elitären Gruppe ersetzt werden, weil es nicht mehr in der Lage ist, eine Laständerung vorzunehmen, muss ein entsprechender Nachfolger gefunden werden. Bei der unkoordinierten Gruppe kamen dafür nur Teilnehmer aus der Nachbarschaft des ursprünglichen Mitglieds infrage. Bei einer koordinierten Gruppe liefern alle Teilnehmer Informationen über eine vorgegebene Anzahl von Nachbarn, die eine Laständerung vornehmen können an ein Mitglied, welches dann die neuen Mitglieder bestimmt. Welches Mitglied der Elitären Gruppe die Auswahl durchführt, kann frei gewählt werden. Wie schon im unkoordinierten Fall werden dabei Nachbarn bevorzugt, die eine Laständerung durchführen können, indem sie ein Gerät oder eine Anlage abschalten. Die Nachbarschaftsgröße der Gruppenmitglieder ist deutlich kleiner als die für die Koordination innerhalb des Pools notwendige Nachbarschaft von 60 Teilnehmern. Es müssen in allen Nachbarschaften insgesamt genug geeignete Teilnehmer sein, um die Gruppenmitglieder ersetzen zu können. Die Nachbarschaftsgröße für die Auswahl von potenziellen Nachfolgern in der Elitären Gruppe liegt deshalb zwischen zwei und zehn.

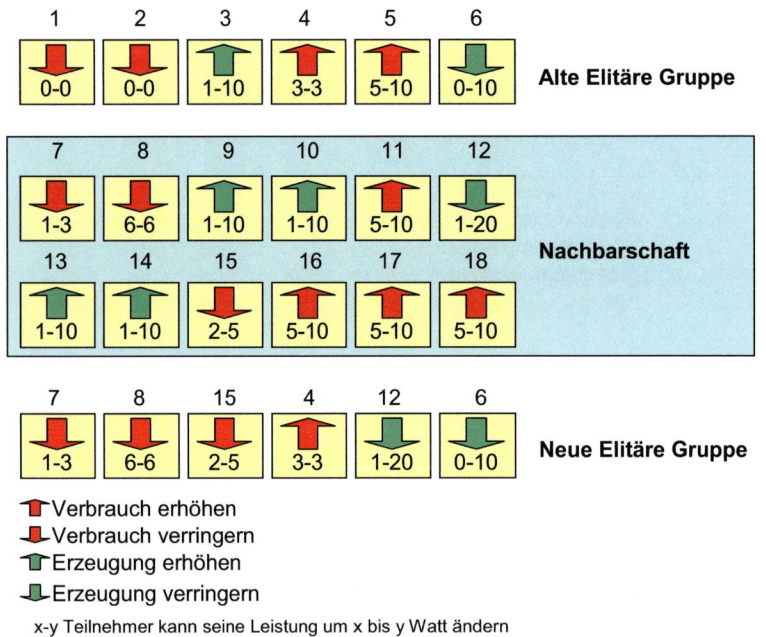

Abbildung 60: Auswahl der neuen Gruppenmitglieder

Die Elitäre Gruppe hat einen Überblick über die Nachbarschaft jedes Mitglieds. Erhöhen bei einer großen Abweichung viele Teilnehmer ihren Verbrauch, die danach keine Mitglieder der Gruppe mehr sind, so sind sie trotzdem mit hoher Wahrscheinlichkeit noch in der Nachbarschaft der Gruppenmitglieder und können problemlos wieder abgeschaltet werden. Da Teilnehmer bevorzugt in die Gruppe aufgenommen werden, wenn sie Geräte abschalten, werden seltener zusätzliche Geräte betrieben. In Abbildung 60 ist das entsprechende Schema dargestellt. Ausgehend von der aktuellen Elitären Gruppe wird die Nachbarschaft bestimmt. Für die neue Elitäre Gruppe kann aus den Teilnehmern der bisherigen Gruppe oder den Nachbarn ausgewählt werden. In der Elitären Gruppe in Abbildung 60 müssen auf jeden Fall die Teilnehmer 1 und 2 ausgetauscht werden, da sie ihre Leistung nicht mehr anpassen können. Die Teilnehmer 3, 4 und 5 sollten nach Möglichkeit ausgetauscht werden, da sie für Leistungsänderungen zusätzliche Geräte betreiben würden. Diese Teilnehmer sind an dem nach oben zeigenden Pfeil erkennbar. Da insgesamt genug Teilnehmer vorhanden sind, die ihren Verbrauch senken können, werden die Gruppenmitglieder 1, 2 und 3 durch die Teilnehmer 7, 8 und 15 ersetzt. Es gibt dabei keine Priorisierung unter den neuen Teilnehmern. Sie können in beliebiger Reihenfolge der Gruppe hinzugefügt werden. Da nicht ausreichend viele Teilnehmer vorhanden sind, die ihre Stromproduktion verringern können, werden die Teilnehmer 4 und 6 beibehalten und nur Teilnehmer 5 durch Teilnehmer 12 ersetzt.

Wie auch bei der unkoordinierten Gruppe versuchen Mitglieder der koordinierten Gruppe die eine Laständerung durchgeführt haben, diese so lange wie möglich aufrecht zuerhalten, auch wenn sie nicht mehr Teil der Gruppe sind. Auf diese Weise werden größere Abweichungen iterativ ausgeglichen.

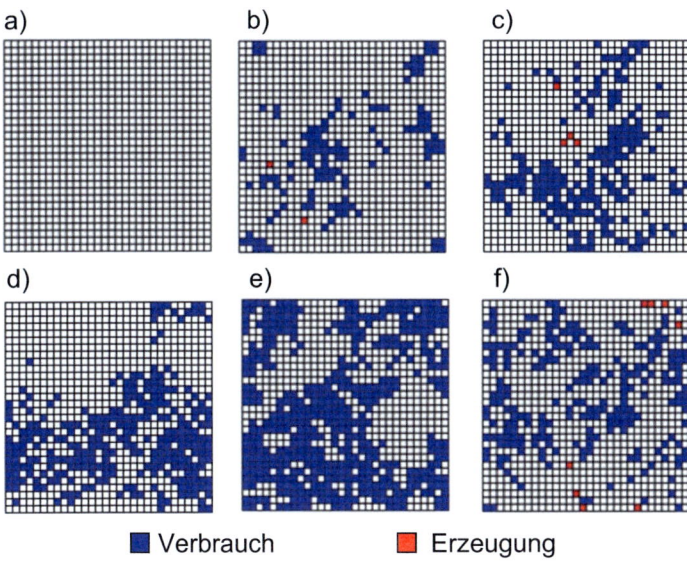

Abbildung 61: Unnötige Einplanungen beim Ausgleich von Schwankungen mit Kommunikation

Dieses Verfahren wurde ebenfalls zunächst in einem synthetischen Test untersucht, bei dem die Teilnehmer keinen Restriktionen unterworfen waren. Die Ergebnisse des synthetischen Tests zeigen, dass der Anteil an unnötig eingeplanten Geräten bei der koordinierten Gruppe gegenüber der unkoordinierten Gruppe signifikant abnimmt. Es kommt immer nur kurzzeitig zu geringen Überlappungen von Erzeugung und Verbrauch.

Der im unkoordinierten Fall auftretende schleichende Betrieb aller Teilnehmer tritt hier nicht auf. In Abbildung 61 ist die Energienutzung der Teilnehmer zu verschiedenen Zeitpunkten dargestellt. Jedes Quadrat in der Abbildung repräsentiert einen Teilnehmer und alle direkt angrenzenden Teilnehmer (Quadrate) bilden die Nachbarschaft (von-Neumann-Nachbarschaft). Rot eingefärbte Quadrate symbolisieren, dass der Teilnehmer zusätzlich Energie erzeugt und blau eingefärbte Quadrate symbolisieren, dass der Teilnehmer zusätzlich Energie verbraucht. Zu Beginn gibt es noch kein externes Ungleichgewicht, und da die Teilnehmer in dem synthetischen Test keinen Restriktionen unterworfen sind, wird kein Gerät betrieben (Abbildung 61a). Sobald Ungleichgewichte auftreten, erhöht das System den Verbrauch (Abbildung 61b). Wenn die Höhe des Ungleichgewichts stark schwankt, kommt es vereinzelt zu unnötigen Einplanungen (Abbildung 61c), die aber nach kurzer Zeit wieder behoben werden (Abbildung 61d). Nur vereinzelte wird Strom produziert, sodass kaum unnötig Energie verbraucht und erzeugt wird. Auch bei sehr hohen Abweichungen treten nur selten unnötige Einplanungen auf (Abbildung 61e). Sobald die externen Ungleichgewichte nicht mehr vorhanden sind, wird der zusätzliche Verbrauch wieder reduziert, ohne dabei viele unnötige Einplanungen vorzunehmen (Abbildung 61f). Der Grund dafür, dass fast keine unnötigen Einplanungen auftreten, liegt an der Tatsache, dass für die Auswahl neuer Gruppenmitglieder die Nachbarschaften aller Mitglieder gemeinsam betrachtet werden.

Bei kleineren Abweichungen kommt es zu keiner unnötigen Einplanung von Teilnehmern, da dies durch die Kommunikation der Gruppenmitglieder vermieden wird. Erst wenn große Abweichungen auftreten und Mitglieder ausgetauscht werden, kann es zu einer kurzfristigen unnötigen Einplanung kommen. Diese wird aber korrigiert, sobald entsprechende Teilnehmer in der Nachbarschaft der Gruppe sind. Die unnötig eingeplanten Teilnehmer werden dann sofort wieder ausgeschaltet (Abbildung 61f). Damit wird in den meisten Fällen entweder nur produziert oder nur verbraucht.

Tabelle 22: Charakteristika des kurzfristigen Ausgleichs von Schwankungen mit Kommunikation

Gruppengröße	n
Anzahl Nachrichten für den Ausgleich einer Abweichung	$O(n)$
Anzahl Nachrichten für die Aktualisierung der Gruppe	$O(n^2)$
Datenvolumen pro Nachricht	~ 8 Byte für Informationen über durchgeführte Laständerungen < 20 Byte pro potenziellem neuen Nachbarn
Zeit bis zum Ausgleich (Minuten)	Abweichung/Gruppengesamtleistung
Unnötige Einplanungen	<1%

Für die Koordination zum Ausgleich von Abweichungen müssen bei einer Gruppengröße von n Teilnehmern pro Zeiteinheit maximal $n/2$ Nachrichten ausgetauscht werden. Die Anzahl der ausgetauschten Nachrichten ist nicht gleich der Gruppengröße, da die eine Hälfte der Elitären Gruppe für positive und die andere Hälfte für negative Leistung zuständig ist und somit nie beide Hälften gleichzeitig benötigt werden (vgl. Abbildung 59). Um ein Gruppenmitglied zu ersetzen, müssen alle Mitglieder potenzielle Nachfolger bestimmen. Dazu können die Gruppenmitglieder ihre Kandidaten an ein Mitglied der Gruppe schicken, welches die Auswahl durchführt. Um die Informationen aller Nachbarn zusammenzutragen, muss jeder Teilnehmer seine Nachbarn kontaktieren und auf die Antwort warten. Dies entspricht $2n \cdot m$ Nachrichten, wobei n die Gruppengröße und m die Größe der Nachbarschaft ist. Diese Daten können zusammengefasst und für die Auswahl an ein Mitglied geschickt werden ($n-1$ Nachrichten), welches dann die Auswahl der neuen Mitglieder übernimmt. Um sowohl die neuen als auch die alten Gruppenmitglieder über die Auswahl zu informieren, müssen erneut maximal $2n$ Nachrichten verschickt werden. Insgesamt werden also $3n + 2nm - 1$ Nachrichten verschickt. Dies entspricht einem Kommunikationsaufwand von $O(n \cdot m)$ Nachrichten.

Sollen die Daten nicht bei einem Mitglied der Gruppe gesammelt werden, können alternativ auch alle Mitglieder der Gruppe, die ersetzt werden sollen, nacheinander die anderen Mitglieder fragen, ob sie in ihrer Nachbarschaft einen passenden Teilnehmer haben. Dazu müssen erneut alle Nachbarn kontaktiert und die Antworten verschickt werden (maximal $2n \cdot m$ Nachrichten), und anschließend muss jeder Teilnehmer maximal bei den $n-1$ Gruppenmitgliedern nach einem passenden Kandidaten fragen und die Antwort abwarten ($2n(n-1)$ Nachrichten). Sollte ein passender Kandidat gefunden worden sein, müssen der Kandidat und alle Gruppenmitglieder darüber informiert werden (n^2 Nachrichten). Die Information aller Gruppenmitglieder ist wichtig, damit ein Teilnehmer des Pools nicht zweimal gleichzeitig in die Elitäre Gruppe aufgenommen wird. Insgesamt sind maximal $2n(n-1) + 2n \cdot m + n^2$ Nachrichten notwendig. Da die Nachbarschaft im Normalfall kleiner ist als die Gruppengröße ($m<n$), liegt die Komplexität insgesamt bei $O(n^2)$.

Der notwendige Kommunikationsaufwand und die wesentlichen Charakteristika sind in Tabelle 22 dargestellt. Durch die Koordination zwischen den Mitgliedern der Gruppe steigen der Kommunikationsaufwand und das Kommunikationsvolumen an. Allerdings reduziert sich der Anteil an unnötigen Einplanungen auf einen zu vernachlässigenden Wert. Die minimale Zeitspanne, die benötigt wird, bis eine Abweichung ausgeglichen wird, hat sich gegenüber den Testläufen mit der unkoordinierten Gruppe nicht verändert, nur hängt die Zeitspanne nun nicht mehr vom Zufall ab. Werden bei der unkoordinierten Gruppe ungünstige Zufallszahlen gezogen, kann es sein, dass die Abweichung zu einem Zeitpunkt nicht verringert wird. Im Idealfall wird auch bei der unkoordinierten Gruppe die Abweichung immer um die aktuelle Leistung der Gruppe verringert bzw. vollständig ausgeglichen. Es kann aber nicht angenommen werden, dass immer der Idealfall eintritt. Durch die Koordination innerhalb der Elitären Gruppe wird die Abweichung in jedem Fall um die aktuell verfügbare Leistung der Elitären Gruppe reduziert, da auch die alten Mitglieder die durchgeführten Laständerungen beibehalten. Der Betreiber muss dann jede Minute die Informationen über das Ungleichgewicht anpassen, bis kein Ungleichgewicht mehr besteht. Daraus ergibt sich, dass der vollständige Ausgleich der Abweichung wieder *Abweichung/Gruppenleistung* Minuten benötigt.

Auch wenn die Ergebnisse sehr vielversprechend sind, so bleibt das Problem, dass zu keiner Zeit bekannt ist, wie viel Leistung gerade durch die Elitäre Gruppe zusätzlich erzeugt oder verbraucht wird. Zu der von der Elitären Gruppe umgeplanten Leistung gehört nicht nur die Leistung der aktuellen Mitglieder, sondern auch die beibehaltenen Last-änderungen der aus der Gruppe ausgeschiedenen ehemaligen Mitglieder. Da von der Elitären Gruppe nicht nachgehalten wird, welche Leistung die ehemaligen Mitgliedern noch zusätzlich bereitstellen, kann es zu großen Abweichungen kommen, wenn diese Leistung aufgrund von Restriktionen nicht weiter bereitgestellt wird. Die Information, wie viel Leistung zurzeit zusätzlich erzeugt oder verbraucht wird, wäre allerdings für einen Betreiber von Interesse, da sich daraus ableiten lässt, ob demnächst zusätzliche Leistung eingekauft werden muss, um den Pool zu versorgen.

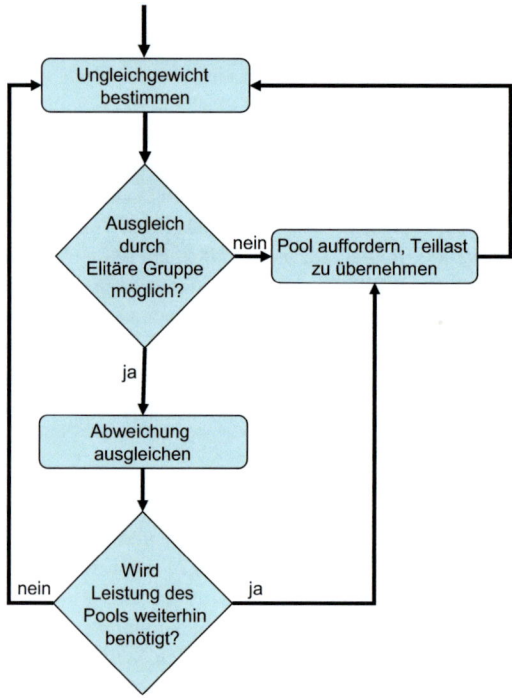

Abbildung 62: Kombination von Pool und Elitärer Gruppe

Die notwendigen Konzepte, um dieses Problem zu lösen, sind schon im Pool vorhanden. Genauso wie die Teilnehmer im Pool ihren Bedarf decken, kann auch die Elitäre Gruppe für eine gewisse Zeit zusätzliche Leistung anfordern. Dieses Vorgehen hat den Vorteil, dass genau festgelegt ist, wann die angeforderte Leistung aufhört und wann ggf. zusätz-liche neue Lastverschiebungen durch den Pool initiiert werden müssen. Der Betreiber kann bei Bedarf bei der Elitären Gruppe nachfragen, wie viel Leistung aktuell durch den Pool bereitgestellt wird und dann entscheiden, ob es sinnvoll ist, zusätzliche Kapazitäten einzukaufen. Durch dieses Vorgehen lassen sich auch größere Abweichungen in kurzer Zeit ausgleichen. Die Elitäre Gruppe gleicht nur kleine Abweichungen selber aus und bittet ansonsten den Pool, seine Last für eine gewisse Zeit entsprechend anzupassen. Die Zeit bis zum Ausgleich hängt damit von der Reaktionsgeschwindigkeit des Pools ab.

In Abbildung 62 ist das allgemeine Vorgehen dargestellt. Immer, wenn die Abweichung zu groß für die Elitäre Gruppe ist, fordert diese vom Pool zusätzliche Kapazitäten an. Diese Leistung kann nicht nur einmal, sondern beliebig oft und zu beliebigen Zeiten angefordert werden. Dies erlaubt es, die Größe der Elitären Gruppe klein zu halten, und damit den zusätzlichen Kommunikationsaufwand zu reduzieren. Da bekannt ist, ab wann die angeforderte Leistung nicht mehr zur Verfügung steht, kann der Pool im Vorfeld erneut aufgefordert werden, Lasten zu verschieben. Je größer die Elitäre Gruppe ist, desto mehr Abweichungen können auch ohne den Pool ausgeglichen werden.

Wenn die Abweichungen sehr groß sind und die Elitäre Gruppe diese nicht mehr selbst ausgleichen kann, müsste die Elitäre Gruppe die notwendige Optimierung durchführen, um eine passende Deckung durch den Pool zu initiieren. Dieses Optimierungsproblem ist aber sehr viel größer, als die bei der internen Koordination durchgeführten Optimierungsprobleme. Für die interne Koordination müssen alle Teilnehmer nur für ihre eigene Energienutzung eine Abdeckung finden. Externe Abweichungen können aber um ein Vielfaches größer sein. Für die Deckung einer großen Abweichung sind sehr viele Teilnehmer notwendig. Dies führt dazu, dass das Optimierungsproblem sehr viel schwerer zu lösen ist. Besonders bei der lokalen Suche spielt die Größe der Nachbarschaft eine entscheidende Rolle (vgl. Kapitel 5.3). Dieses Problem kann in der Gruppe selbst gelöst werden, indem jedes Mitglied der Gruppe nur einen Teil der Abweichung ausgleichen muss. Die abzudeckende Leistung wird auf alle Mitglieder der Gruppe verteilt und alle Gruppenmitglieder versuchen, unabhängig voneinander eine passende Deckung im Pool zu finden. Je nach Gruppengröße kann dadurch das resultierende Optimierungsproblem deutlich reduziert werden.

5.5.3 Integration der Elitären Gruppe in das virtuelle Modellgebiet

Aufgrund der guten Ergebnisse in den synthetischen Tests wurde das Konzept der Elitären Gruppe unter Einbeziehung des Pools zum Ausgleich größerer Abweichungen in den virtuellen Stadtteil integriert. In Abbildung 63 sind die Ergebnisse in Abhängigkeit der Gruppengröße dargestellt, die erzielt werden, wenn der Pool nur seinen eigenen Bedarf decken muss und noch keine externen Ungleichgewichte vorgegeben werden. Das verbleibende Ungleichgewicht ist deutlich unter 0,6% gesunken. Ohne die Elitäre Gruppe konnte das Ungleichgewicht nur auf 3,44% gesenkt werden und ohne Koordination lag das Ungleichgewicht bei 10,39%. Die Größe der Gruppe und der Nachbarschaft spielt in diesem Szenario noch keine so große Rolle, da die auftretenden Schwankungen so klein sind, dass sie sich problemlos auch von einer kleinen Gruppe ausgleichen lassen. Schon ab einer Gruppengröße von acht Teilnehmern und mindestens vier Nachbarn sind die einzelnen Ergebnisse nicht mehr signifikant unterschiedlich, sodass die kleinere Elitäre Gruppe verwendet werden kann. Bei gleichen Ergebnissen sind die kleineren Gruppen vorteilhafter, da sich mit ihnen der Kommunikationsaufwand reduzieren lässt.

Selbst ohne externe Abweichungen verbessert sich durch die Elitäre Gruppe das Ergebnis deutlich. Diese dezentrale Korrektur von Abweichungen erfordert keinen Eingriff durch den Betreiber und läuft völlig autonom ab. Der Betreiber muss nur die Informationen über das aktuelle Ungleichgewicht bekannt geben. Viele dieser Daten müssen auch jetzt schon für Abrechnungszwecke gemessen werden. Darüber hinaus wird keine zusätzliche zentrale Infrastruktur benötigt.

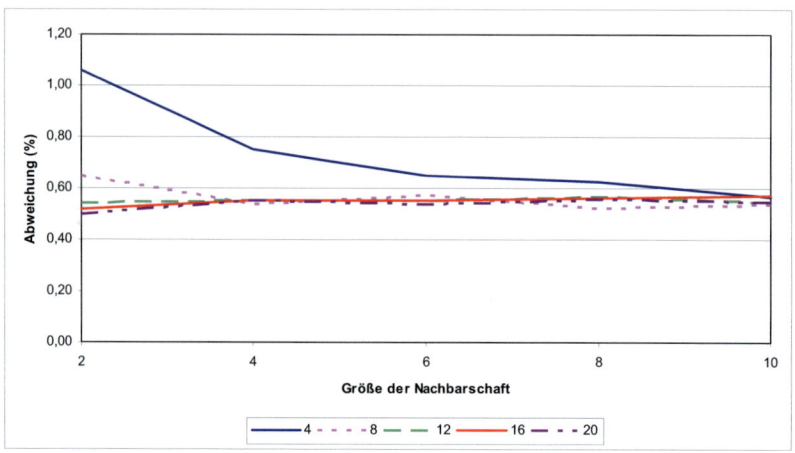

Abbildung 63: Ergebnisse für verschiedene Größen der Elitären Gruppe

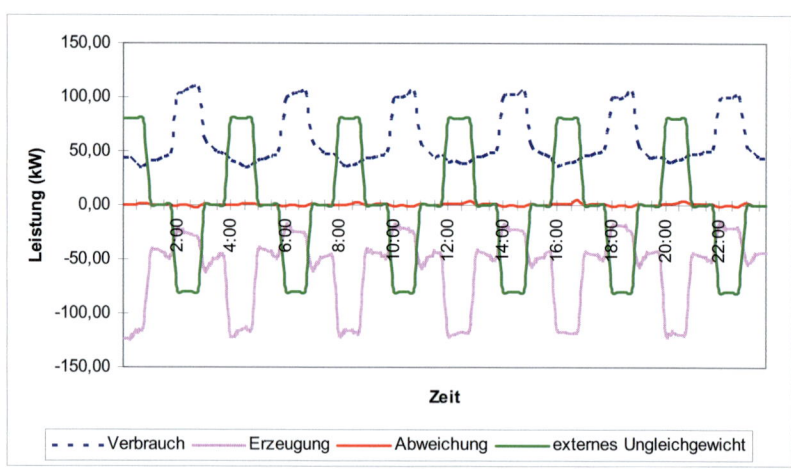

Abbildung 64: Ergebnisse bei statischen Abweichungen und Einsatz der Elitären Gruppe (Szenario 2)

Wird der Pool auch für den Ausgleich von externen statischen Abweichungen eingesetzt, die der Betreiber dem System fest vorgibt, können die Ergebnisse ebenfalls verbessert werden. Die Lastprofile in Abbildung 64 zeigen, dass die statische, externe Abweichung fast vollständig ausgeglichen wird (Szenario 2). Ohne die Elitäre Gruppe entstehen nach der externen Abweichung neue Abweichungen durch die Geräte im Pool (vgl. Abschnitt

5.4). Durch die Integration der Elitären Gruppe werden die neuen Abweichungen vermieden und das Gesamtungleichgewicht auf weniger als 2% reduziert. Die Abweichungskurve ist fast deckungsgleich mit der x-Achse was bedeutet, dass zu fast
keinem Zeitpunkt mehr eine signifikante Abweichung auftritt. Die resultierende Abweichung folgt zu keiner Zeit dem externen Ungleichgewicht. An der Abweichungskurve
ist nicht zu erkennen, dass überhaupt ein externes Ungleichgewicht vorgegeben wurde.
Die Erzeugungs- und Verbrauchskurven passen sich an das externe Ungleichgewicht an
und gleichen es fast vollständig aus. Die charakteristische Form des externen Ungleichgewichts ist bei der Erzeugung und beim Verbrauch deutlich zu erkennen.

Das Problem, dass in den Nachbarschaften verschiedener Teilnehmer keine geeigneten
Partner mehr für die interne Koordination vorhanden sind, wird durch die Integration der
Elitären Gruppe korrigiert. Die Nachbarschaft der Elitären Gruppe ändert sich ständig
und der Gruppe können nur Teilnehmer angehören, die in der Lage sind, kurzfristig eine
Laständerung durchzuführen. Damit stehen immer ausreichend Teilnehmer zur Ver-
fügung, um aktuelle Abweichungen auszugleichen.

**Tabelle 23: Ergebnisse des dezentralen Geräte- und Anlagenpools mit Elitärer Gruppe bei Abdeckung
externer statischer Ungleichgewichte – Pool mit Elitärer Gruppe (Referenzwerte ohne Elitäre Gruppe,
Referenz ohne Koordination)**

	Szenario 1	Szenario 2	Szenario 3	Szenario 4
Zu deckende Leistung (kW)	±20	±80	±60	±20
Anzahl der Abweichungen	5	5	12	24
Dauer der Abweichung (Minuten)	30	60	15	30
Maximaler Mehrverbrauch pro Minute (kW)	0,85 (4,07; 28,06)	7,98 (22,77; 88,06)	1,49 (11,08; 68,06)	0,94 (6,35; 28,06)
Maximale Mehrerzeugung pro Minute (kW)	0,41 (9,05; 35,12)	1,07 (33,68; 95,12)	0,89 (21,34; 74,83)	0,45 (8,76; 36,35)
Bedarf an positiver Ausgleichsenergie (kWh)	4,10 (16,66; 18,27)	6,04 (99,98; 197,18)	4,48 (30,95; 81,23)	4,25 (14,48; 78,84)
Bedarf an negativer Ausgleichsenergie (kWh)	0,00 (28,42; 177,10)	0,00 (82,57; 312,69)	0,00 (43,97; 250,07)	0,00 (28,32; 247,68)
Ungleichgewicht im Modellgebiet (%)	0,52 (3,34; 11,06)	0,36 (6,82; 20,67)	0,47 (4,24; 15,07)	0,48 (3,54; 13,84)

Wenn externe Abweichungen auftreten, wird die Größe der Elitären Gruppe und der
Nachbarschaft wichtiger. Dies liegt daran, dass jetzt viel größere externe Ungleich-

gewichte ausgeglichen werden müssen und nicht nur die Abweichungen im Pool. Die besten Ergebnisse mit einem Ungleichgewicht von weniger als 1% werden mit einer Elitären Gruppe mit mehr als zehn Mitgliedern und mindestens acht Nachbarn erreicht. Für die folgenden Versuche umfasst die Elitäre Gruppe deshalb immer zehn Teilnehmer mit je acht Nachbarn.

In Tabelle 23 sind die Ergebnisse für die unterschiedlichen externen Abweichungen dargestellt, die auch schon ohne die Elitäre Gruppe für die Simulation des Pools verwendet wurden (vgl. Tabelle 19). In Klammern stehen dabei sowohl die Werte, die gemessen wurden, wenn nur der Pool verwendet wird, als auch die Werte des unkoordinierten Referenzfalls. In allen Fällen konnte das verbleibende Ungleichgewicht weiter gesenkt werden. Wenn der Betreiber keine Abweichungen explizit vorgeben will, kann die Elitäre Gruppe auch auf Basis der Daten über das aktuelle Ungleichgewicht die Optimierung selbst übernehmen. Sind die Abweichungen nicht zu groß, gleicht die Elitäre Gruppe die Ungleichgewichte direkt aus. Sind die Abweichungen so groß, dass sie sich von der Elitären Gruppe nicht mehr direkt ausgleichen lassen, werden über den Pool weitere Kapazitäten angefordert. Diese Strategie wurde an den in Kapitel 4 vorgestellten dynamischen Abweichungen getestet.

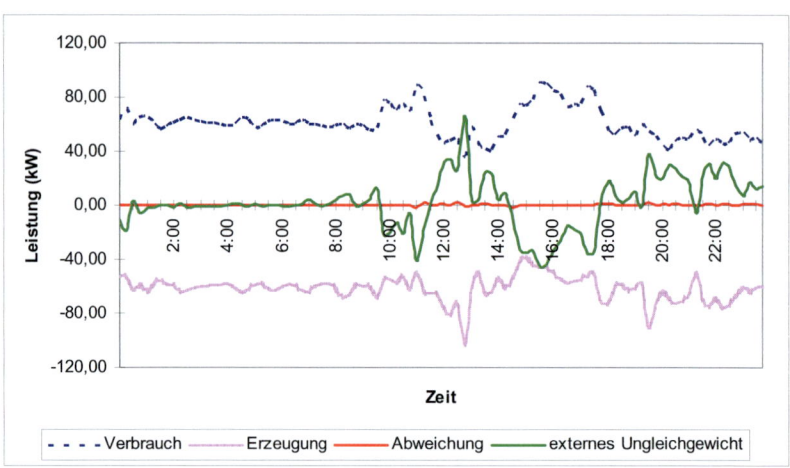

Abbildung 65: Ergebnisse bei dynamischen Abweichungen und Einsatz der Elitären Gruppe (dynamsiche Abweichung 1, 60kW)

Auch bei diesen großen Abweichungen kann sich die Kombination aus Anlagenpool und Elitärer Gruppe sehr gut an die externen Schwankungen anpassen (vgl. Abbildung 65). Die verbleibenden Abweichungen sind im Vergleich zur vorgegebenen externen, dynamischen Abweichung vernachlässigbar. Zwischen 11:00 Uhr und 14:00 Uhr ist deutlich zu erkennen, wie der Verbrauch reduziert und die Erzeugung zeitweise erhöht wird. Nach 14:00 Uhr wird der Verbrauch wieder deutlich erhöht. Ohne Optimierung läge die resultierende Abweichung bei 13,16% und durch die Koordination im Pool und der

Elitären Gruppe kann das Ungleichgewicht auf 0,79% reduziert werden. Der Gesamtbedarf an Regelleistung reduziert sich von 334,87kWh auf 8,64kWh.

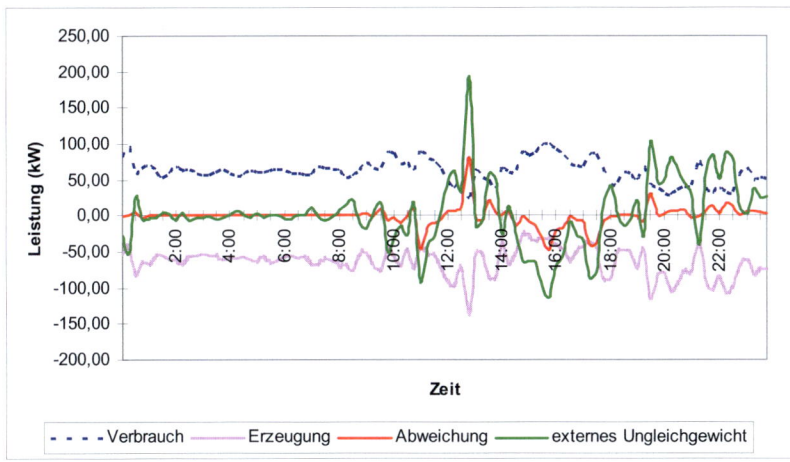

Abbildung 66: Ergebnisse bei dynamischen Abweichungen und Einsatz der Elitären Gruppe (dynamische Abweichung 5, 120kW)

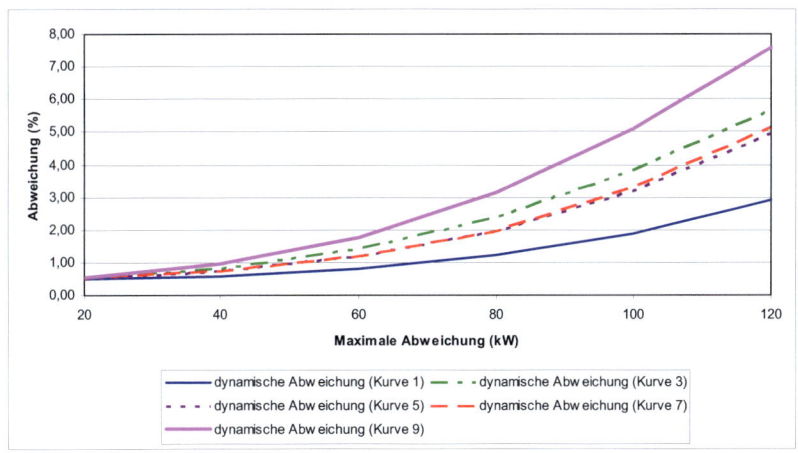

Abbildung 67: Ergebnisse für verschiedene Abweichungskurven bei unterschiedlicher Maximalleistung

Erst wenn die externen Abweichungen so groß werden, dass die Teilnehmer im Pool keine passenden Nachbarn mehr für die interne Koordination finden und auch die Elitäre Gruppe Schwierigkeiten hat, geeignete Mitglieder auszuwählen, kommt es zu signifikanten Abweichungen. Der Pool kann dann die Elitäre Gruppe auch nicht mehr mit

Lastverschiebungen unterstützen. Die externe dynamische Abweichung in Abbildung 66 ist in ihren Extremwerten so groß, dass der Pool nicht mehr in der Lage ist, die Leistung entsprechend anzupassen. Schon die mittleren Spitzen überschreiten den normalen Verbrauch und die Erzeugung des Pools. Die höchste Lastspitze ist dabei mehr als dreimal so groß wie der durchschnittliche Gesamtverbrauch. An der resultierenden Abweichungskurve ist deutlich die Form der externen Vorgabe zu erkennen. Die Extremwerte wurden zwar reduziert aber es verbleibt eine deutliche Abweichung. Da die Gesamtleistung im Pool konstant ist, stößt das Verfahren hier an seine Grenzen. Die Ergebnisse können durch eine vergrößerte Elitäre Gruppe noch geringfügig verbessert werden.

Obwohl der Pool bei so großen Abweichungen nicht mehr in der Lage ist, die externe Abweichung zu kompensieren, kann er das verbleibende Ungleichgewicht dennoch signifikant reduzieren. Das Ungleichgewicht reduziert sich von 31,08% auf 7,59% und der Bedarf an Regelleistung von 748,95 kWh auf 172,10 kWh.

In Abbildung 67 sind verschiedene Ergebnisse für die unterschiedlichen Abweichungsfunktionen aus Kapitel 4 dargestellt. Je größer die Abweichungen werden, desto schlechter werden die Ergebnisse. Insgesamt bleiben die Ergebnisse aber in allen Fällen deutlich besser als im unkoordinierten Referenzfall. Die Ergebnisse für verschiedene Konfigurationen sind in Tabelle 24 zusammengefasst. Die Ergebnisse unterstreichen, wie gut der Pool selbst bei großen dynamischen Abweichungen mithelfen kann, sowohl die maximale Abweichung als auch den Bedarf an Regelleistung zu reduzieren. Im Schnitt wurde das Ungleichgewicht bei Schwankungen mit einer maximalen Abweichung von unter 60kW um mehr als 90% reduziert und um mehr als 75% bei Abweichungen bis maximal 120kW.

Tabelle 24: Ergebnisse für dynamische Lasten – mit Koordination (ohne Koordination)

	Dynamische Abweichung			
Nr.	1	1	5	5
Grundleistung (kW)	60	100	60	120
Maximaler Mehrverbrauch pro Minute (kW)	21,18 (76,92)	49,35 (129,04)	62,82 (124,77)	136,66 (250,79)
Maximale Mehrerzeugung pro Minute (kW)	29,13 (54,43)	62,26 (90,73)	43,01 (75,92)	132,07 (151,87)
Bedarf an positiver Ausgleichsenergie (kWh)	7,13 (168,78)	16,17 (285,47)	16,34 (189,85)	73,58 (386,69)
Bedarf an negativer Ausgleichsenergie (kWh)	1,52 (166,09)	18,5 (263,48)	8,82 (190,76)	98,52 (362,26)
Ungleichgewicht im Modellgebiet (%)	0,79 (13,16)	1,89 (21,1)	1,77 (16,03)	7,59 (31,08)

Ist die externe Abweichung allerdings dauerhaft zu groß für den Pool, kann der Pool keine Verbesserung mehr erzielen. Ist die Abweichung so groß, wie in Abbildung 68 dargestellt, kann der Pool nur zu Beginn das Ungleichgewicht reduzieren. Anschließend wird die Ausgleichsleistung des Pools immer schwächer, bis fast kein Unterschied zum unkoordinierten Fall mehr erkennbar ist. Die Abweichungskurve folgt der externen Kurve nach einiger Zeit. An diesem Beispiel sind die Grenzen der vorgestellten Strategien zu erkennen. Da sich die Gesamtleistung des Pools vom Betreiber nicht ändern lässt, kann eine dauerhafte Unter- oder Überdeckung nicht kompensiert werden. Der Pool verliert durch die massiven Lastverschiebungen immer mehr Freiheitsgrade, bis er gar nicht mehr in der Lage ist, weitere Lasten umzuplanen. Nichtsdestotrotz bleibt der positive Effekt bestehen, dass die resultierende Abweichung zumindest um eine gewisse Zeit verzögert auftritt. Dies bedeutet, dass der Betreiber die Chance hat, die großen Abweichungen zu erkennen und anderweitig Kapazitäten bereitzustellen, bevor der Pool keine weitere Reduzierung mehr vornehmen kann. Je größer die abzudeckende Abweichung im Vergleich zur Größe des Pools ist, desto geringer ist der Effekt, den der Pool haben kann.

Nur wenn ungefähr gleichviel positive und negative Leistung angefordert wird, kann der Pool die Abweichungen dauerhaft ausgleichen. Ist dies nicht der Fall, muss der Betreiber dafür Sorge tragen, dass der Pool wieder entlastet wird. Das bedeutet, dass entweder zusätzliche Leistung eingekauft (z. B. über die EEX) oder dass die eingekaufte Leistung reduziert werden muss. Dazu kann die Leistung eigener Kraftwerke reduziert oder überschüssige Energie an der EEX verkauft werden. Der Pool verschafft dem Betreiber zumindest die notwendige Zeit, um auf die aktuellen Gegebenheiten reagieren zu können.

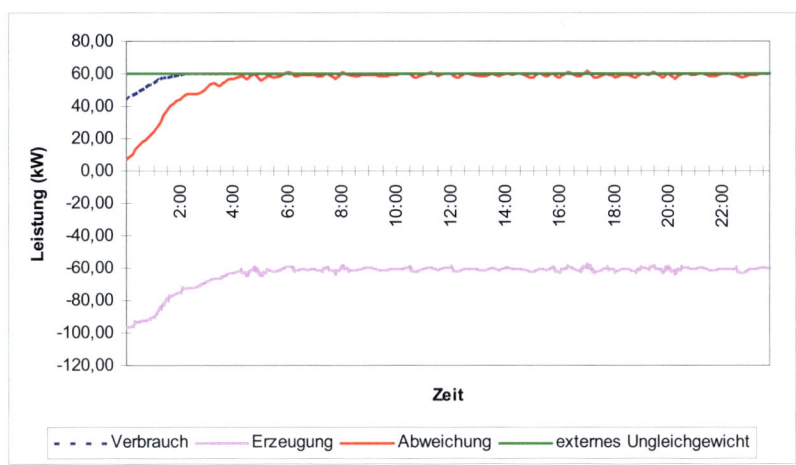

Abbildung 68: Auswirkung einer durchgängigen Unterdeckung im Modellgebiet

Für die hier präsentierten Ergebnisse wurde immer eine Kombination aus dem Zusammenschluss der Geräte und der Elitären Gruppe verwendet. Es wäre auch möglich, auf den Zusammenschluss und die Koordination zwischen den Teilnehmern zu verzichten und ausschließlich die Elitäre Gruppe zu verwenden. Da sie sehr kurzfristig reagieren kann, könnte sie unabhängig vom Pool alle Abweichungen ausgleichen. Dieses Vorgehen hat aber mehrere Probleme, die eine Realisierung erschweren.

Damit die Elitäre Gruppe große Abweichungen ausgleichen kann, müssten ihr sehr viele Teilnehmer angehören. Dies erhöht den Kommunikationsaufwand sehr stark. Besonders für die Identifikation von neuen Mitgliedern müssten sehr viele Nachrichten in sehr kurzer Zeit ausgetauscht werden. Die Anforderungen an das zugrunde liegende P2P-Netzwerk würden damit größer. Zusätzlich können für die Elitäre Gruppe nicht alle Arten von Teilnehmern genutzt werden. Für die Elitäre Gruppe kommen nur Teilnehmer infrage, die sofort ihre Leistung verändern können. Dezentrale Stromerzeugungsanlagen können dies aber in vielen Fällen nicht, da sie langsam anlaufen oder vorgewärmt werden müssen. Im Pool können diese Teilnehmer jedoch problemlos eingesetzt werden, da sich die Planung im Voraus durchführen lässt. Dadurch können im Pool sehr viel mehr Geräte und Anlagen als Teilnehmer genutzt werden als in der Elitären Gruppe.

Neben der Zeit, die vergeht, bis sich eine Leistungsänderung durchführen lässt, ist auch die notwendige minimale Betriebszeit der Teilnehmer von zentraler Bedeutung. Die Teilnehmer der Elitären Gruppe müssen ihre Leistungsänderung auch kurzfristig wieder rückgängig machen können, da ansonsten unnötige Einplanungen auftreten. Geräte wie Wasch- und Spülmaschinen können aber nicht sofort wieder ausgeschaltet werden, da dies die Funktion beeinträchtigen könnte. Geräte mit längeren Laufzeiten lassen sich deshalb nur sinnvoll im Pool aufeinander abstimmen, da sich dort auch für mehrere Stunden eine Abdeckung finden lässt. Insgesamt können durch die Elitäre Gruppe die Ergebnisse deutlich verbessert werden, aber dies wäre ohne den Zusammenschluss der Teilnehmer in einem Pool nicht möglich.

Erweiterung der O/C- Architektur

Durch die Elitäre Gruppe wird die bisher vorhandene zentrale Infrastruktur vollständig in den Pool integriert. Der Betreiber muss lediglich die gewünschte Laständerung vorgeben. Für die Steuerung des Pools sind keine direkten oder indirekten Steuersignale notwendig. Allerdings muss der Betreiber fehlende oder überschüssige Kapazitäten nachkaufen oder anderweitig verwenden. Da dies aber unabhängig vom Pool durchgeführt wird und sich nicht direkt auf das Verhalten des Pools auswirkt, wird dies in der O/C-Architektur nicht aufgeführt.

In Abbildung 69 ist die neue O/C-Architektur dargestellt, die durch die Integration der Elitären Gruppe entsteht. Die Teilnehmer der Elitären Gruppe sind Teil des Pools, müssen ihren Bedarf decken und können zusätzlich den Pool nutzen, um externe Ungleichgewichte zu reduzieren. Es existieren keine direkten Steuersignale des Betreibers mehr, stattdessen wird nur die gewünschte Laständerung spezifiziert. Die notwendigen Optimierungen sind dabei entweder so einfach, dass sie von den Internet-Routern durchgeführt werden können oder sie können, wie im Fall der Elitären Gruppe, unter mehreren Teilnehmern aufgeteilt werden. Dadurch handelt es sich um ein vollständig verteiltes System ohne die Notwendigkeit einer zentralen Infrastruktur.

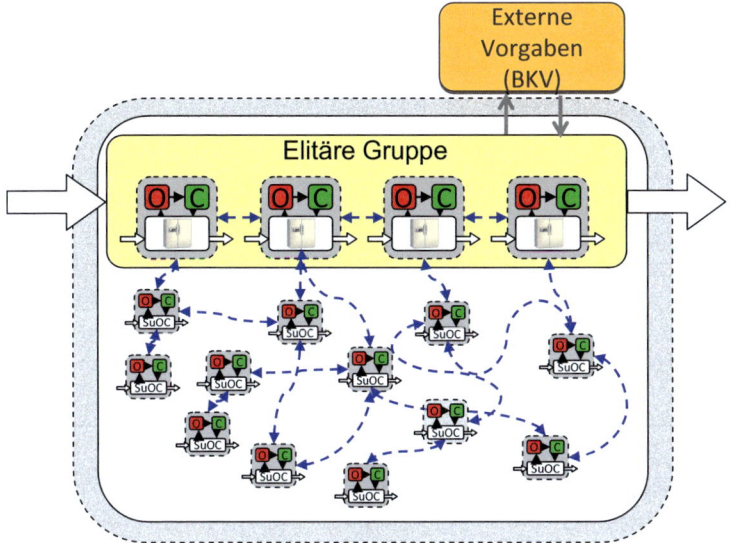

Abbildung 69: Hierarchische O/C-Architektur mit Elitärer Gruppe

5.6 Robustheit

In den bisherigen Simulationen wurde angenommen, dass die Geräte ihre Prognosen stets einhalten und dass alle Teilnehmer die vereinbarten Laständerungen wie abgesprochen durchführen. In der Realität kann aber nicht davon ausgegangen werden, dass die Prognosen immer richtig sind. Wenn der Benutzer die Tür eines Kühlschranks öffnet, erhöht sich die Temperatur im Inneren des Kühlschranks sehr schnell. Dies kann dazu führen, dass der Kühlschrank häufiger oder länger betrieben werden muss. Die bisherige Planung lässt sich dann meist nicht mehr einhalten. Zusätzlich kann es passieren, dass sich eine vereinbarte Laständerung nicht umsetzen lässt. Dieser Fall kann z. B. durch geänderte Restriktionen, Benutzervorgaben oder bei technischen Problemen auftreten.

In den folgenden Untersuchungen wird deshalb überprüft, wie robust sich der Pool und die Elitäre Gruppe verhalten, wenn nicht mehr von idealen Bedingungen ausgegangen wird. Dazu werden zwei verschiedene Störungstypen in das System integriert:

1. Reduktion der Zustandswerte der einzelnen Teilnehmer

2. Verwerfen vorgesehener Laständerungen

Der erste Störungstyp bildet externe Einflüsse nach, die die Geräte und Anlagen in den Haushalten beeinflussen können. Dazu zählen Benutzereingriffe wie z. B. das Öffnen von Kühlschränken oder der zusätzliche Verbrauch von Warmwasser und generelle Prognosefehler. Die Zustandsvariablen der Teilnehmer werden bei diesem Störungstyp um einen zufälligen Wert gesenkt. Dies führt dazu, dass der Teilnehmer häufiger betrieben wird, um seine Zustandsvariable wieder zu erhöhen.

Die Zustandsvariable wird durch die Störung jedoch nie erhöht, da dies auch in der Realität nicht vorkommt. Es kann z. B. nicht vorkommen, dass ein Kühlschrank spontan viel kälter ist als erwartet, und damit der Zustandswert ansteigt und sich bereits geplante Betriebszeiten nicht einhalten lassen.

Durch den zweiten Störungstyp werden Absprachen bezüglich durchzuführender Laständerungen mit einer gewissen Wahrscheinlichkeit verworfen. Eine Ursache dafür könnten z. B. die in Abschnitt 5.3.1 beschriebenen Konflikte sein. Ein Teilnehmer bekommt mehrere Aufforderungen seine Last zu verändern, kann aber nur eine davon umsetzten. Die restlichen Aufforderungen werden dann einfach verworfen. Werden 0% der Laständerungen verworfen, entspricht das Ergebnis dem in den letzten Abschnitten beschriebenen Idealfall. Wenn 100% aller Laständerungen verworfen werden, verhält sich das System wie im unkoordinierten Fall. Selbst wenn die Teilnehmer nicht alle Laständerungen durchführen, sind sie doch Teil des Pools und versuchen, ihre Energienutzung zu koordinieren.

Durch diese beiden Störungstypen können viele der in der Realität auftretenden Probleme abgebildet werden. In der Realität kann es in den meisten Fällen nur vorkommen, dass die Bestimmung der Freiheitsgrade nicht korrekt oder nicht mehr aktuell ist oder dass ein Gerät aus irgendwelchen Gründen nicht reagiert oder Laständerungen verwirft. Für die Untersuchungen wird erneut eine externe dynamische Abweichung mit einer Grundabweichung von 60kW verwendet. Ohne die hier eingefügten Störungen kann das Ungleichgewicht auf 0,79% reduziert werden bzw. liegt bei 13,16%, wenn keine Koordination stattfindet.

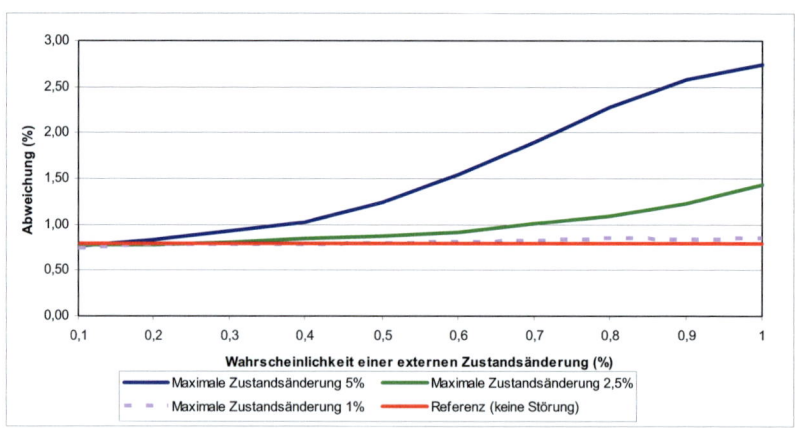

Abbildung 70: Ergebnisse bei zufälligen Zustandsänderungen der Teilnehmer (Störungstyp 1)

Um die Einflüsse externer Zustandsänderungen untersuchen zu können, wird zunächst der Zustandswert jedes Gerätes minütlich mit einer gewissen Wahrscheinlichkeit um einen zufälligen Wert reduziert. Bei den durchgeführten Simulationen liegt die maximale

Zustandsveränderung bei einem bzw. fünf Prozentpunkten, wobei der Zustandswert niemals unter 0% absinken kann.

In Abbildung 70 sind die Ergebnisse in Abhängigkeit von der Wahrscheinlichkeit der Zustandsänderung dargestellt. Bei einer Wahrscheinlichkeit von 0,1% wird der Zustand im Schnitt ein- bis zweimal pro Tag nach unten korrigiert. Bei einer Wahrscheinlichkeit von 1% wird die Zustandsvariable im Durchschnitt ungefähr 14-mal pro Tag angepasst.

Ist die Wahrscheinlichkeit für diesen Störungstyp gering, sind die Zustandsänderungen nicht signifikant. Erst wenn sehr häufig große Zustandsänderungen auftreten, wirkt sich dies auf das Gesamtergebnis aus. Sind die Zustandsänderungen insgesamt eher klein, verschlechtert sich das Ergebnis auch bei häufigen Anpassungen nicht wesentlich, da alle Teilnehmer ihre Energienutzung untereinander abstimmen. Dieses Vorgehen ist unabhängig davon, wie oft Energie benötigt wird bzw. wie groß der Energiebedarf ist. Erst wenn die Teilnehmer sehr häufig betrieben werden und sich damit die Menge der Freiheitsgrade reduziert, kommt es zu einer Verschlechterung. Ein Teilnehmer, der nur 50% der Zeit betrieben wird, hat meist mehr Freiheitsgrade, als ein Teilnehmer, der 90% der Zeit betrieben wird. Je mehr Teilnehmer durchgängig oder sehr häufig betrieben werden, desto schlechter werden die Ergebnisse. Insgesamt kann das externe Ungleichgewicht in den untersuchten Szenarien mit den zusätzlichen Störungen um mehr als 75% reduziert werden. Ohne Koordination liegt die Abweichung bei 13,16% und trotz der zusätzlichen Störung kann der Pool die resultierende Abweichung auf weniger als 3% reduzieren.

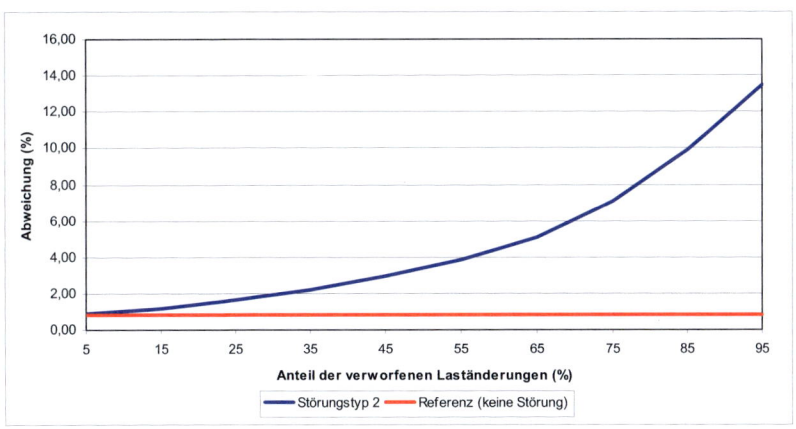

Abbildung 71: Ergebnisse bei zufällig verworfenen Laständerungen (Störungstyp 2)

Abbildung 71 stellt die Ergebnisse für den zweiten Störungstyp dar. Selbst wenn 15% aller Laständerungen aufgrund von Störungen, Konflikten oder Prognosefehlern nicht durchgeführt werden, verschlechtern sich die Ergebnisse nur leicht. Je höher der Anteil der nicht durchgeführten Laständerungen ist, desto stärker nähert sich die Abweichung dem Referenzszenario, in dem keine Koordination stattfindet. An der Kurve ist deutlich zu erkennen, dass sich selbst bei einem hohen Anteil verworfener Laständerungen von

35–55% das Ungleichgewicht um mehr als 65% reduzieren lässt. Das resultierende Ungleichgewicht liegt bei unter 4% im Gegensatz zu 13,16%, wenn keine Koordination stattfindet. Der Grund dafür liegt in der Tatsache, dass der Beitrag eines einzelnen Teilnehmers an einer Laständerung in den meisten Fällen nur sehr klein ist, sodass erst durch viele Teilnehmer die notwendige Laständerung erreicht wird. Hinzu kommt, dass die Elitäre Gruppe ständig nachkorrigiert und neue Laständerungen initiiert. Auch wenn ein Großteil der Laständerungen verworfen wird, schafft es die Elitäre Gruppe trotzdem nach einiger Zeit, ein externes Ungleichgewicht auszugleichen.

Wenn einzelne Teilnehmer eine zugesagte Laständerung aufgrund ihres internen Zustands nicht mehr durchführen können, wirkt sich dies nicht auf die Lösung aus. Dieses Fehlverhalten spielt bei der großen Menge von Teilnehmern kaum eine Rolle und reduziert die Leistung des Pools nicht signifikant.

In den folgenden Untersuchungen werden die beiden vorgestellten Störungstypen kombiniert, die Ergebnisse sind in Abbildung 72 dargestellt. Der Zustandswert der Teilnehmer kann bei diesen Untersuchungen um maximal fünf Prozentpunkte pro Minute reduziert werden. Auch wenn die Störungen gemeinsam auftreten, kann der Pool das externe Ungleichgewicht immer noch um mehr als 70% reduzieren (von 13,16% auf 3,78%). Kleinere Störungen führen nur zu geringen Einbußen bei der Leistung des Pools.

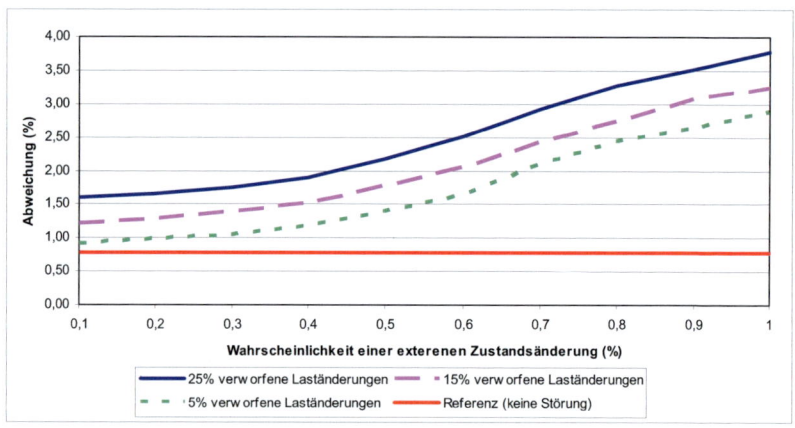

Abbildung 72: Kombination der Störungen bei den Teilnehmern

Insgesamt sind die entwickelten Konzepte unempfindlich gegen kleinere Prognosefehler oder zugesagte, aber nicht durchgeführte Laständerungen. Je größer diese externen Einflüsse werden, desto schlechter werden auch die Ergebnisse, bis kein Unterschied zum unkoordinierten Fall mehr besteht. In den in dieser Arbeit durchgeführten Untersuchungen konnte der Pool das verbleibende Ungleichgewicht trotzdem um mehr als 75% reduzieren. Sollten der Anteil der ungeplanten Zustandsänderungen oder nicht durchgeführten Laständerungen zu groß werden, müssten die Prognoseverfahren (vgl. Abschnitt 5.2.1) oder die Modellierung der Geräte angepasst werden, um besser mit diesen Störungen zurechtzukommen. Insbesondere müsst untersucht werden, wie Konflikte bei der Einplanung von Nachbarn vermieden werden können. In dieser Arbeit wurden nur sehr einfache Verfahren für die Prognose des zukünftigen Zustands und der Energienutzung verwendet. Wenn diese Modelle in der Realität nicht ausreichen, müssen leistungsfähigere Varianten integriert werden. Alternativ wäre es z. B. möglich die Unsicherheiten sowohl bei der Prognose als auch bei der Optimierung mit zu betrachten und so die Ergebnisse zu verbessern. Dadurch ließe sich die Leistung des Pools wieder steigern. Welche Fehlerrate noch akzeptabel ist, muss vom Betreiber des Pools entschieden werden. In den in dieser Arbeit durchgeführten Simulationen reicht die verwendete Modellierung aus, um sehr gute Ergebnisse zu erzielen.

5.7 Skalierbarkeit

Bisher wurden alle Strategien in einem virtuellen Stadtteil mit 1.001 Haushalten getestet. In der Realität sind die meisten Bilanzkreise aber deutlich größer. Aus diesem Grund wurden die Strategien an den in Kapitel 4 aufgeführten größeren Modellgebieten mit 2.002, 5.005, 10.010 und 20.020 Haushalten getestet.

Die Untersuchungen zeigen, dass die interne Koordination des Pools auch in größeren Modellgebieten sehr gute Ergebnisse liefert, da die Größe des Modellgebiets fast keine Auswirkungen auf die einzelnen Teilnehmer hat. Jeder Teilnehmer hat 60 virtuelle Nachbarn, die ausreichen, um die eigene Energienutzung abzudecken (vgl. Kapitel 5.3.1). Ob die Nachbarn Teil eines größeren Pools sind, ist nicht von Bedeutung. Da das Verhalten und auch die Größe der Nachbarschaft unverändert bleiben, erhöht sich der Kommunikationsaufwand für eine einzelne Optimierung nicht. Das Gesamtdatenvolumen nimmt linear mit der Modellgröße zu, da in einem größeren Modellgebiet mehr Optimierungen durchgeführt werden.

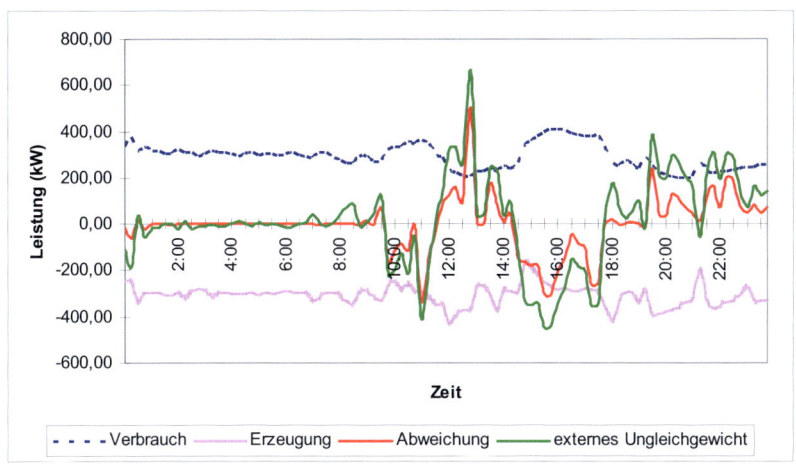

Abbildung 73: Modellgebiet mit 5005 Haushalten und einer Elitären Gruppe

Beim Ausgleich von externen Schwankungen lässt die Qualität der Lösungen allerdings stark nach. Wenn die Gesamtschwankung entsprechend der Modellgröße wächst, verschlechtern sich die Ergebnisse schon bei einem Modellgebiet von 5.005 Haushalten und einer Grundabweichung von 600kW. Die Grundabweichung wurde entsprechend dem größeren Modellgebiet vergrößert. In Abbildung 73 sind die entsprechenden Kurven dargestellt. Die resultierende Abweichung folgt deutlich der externen Vorgabe. Die Extremwerte können zwar etwas abgemildert werden aber der Effekt ist eher gering. Das Ungleichgewicht steigt auf über 12% an. Mit einer Vergrößerung der Elitären Gruppe und deren Nachbarschaft können die Ergebnisse etwas verbessert werden, erreichen aber nicht die Qualität wie im kleinen Modellgebiet.

Der Grund für die deutliche Verschlechterung liegt in der Struktur der Elitären Gruppe. Die Elitäre Gruppe muss sehr große Abweichungen ausgleichen und ist hierfür zwingend auf die Hilfe des Pools angewiesen (vgl. Abschnitt 5.5.3). Da in einem großen Modellgebiet auch größere Abweichungen auftreten können, werden mehr Teilnehmer für den Ausgleich benötigt. Damit der Pool aber sehr große Lasten aufnehmen kann, wird auch eine sehr große Nachbarschaft der Elitären Gruppe benötigt. Ist die Nachbarschaft zu klein, kann keine gute Lösung gefunden werden. Wird allerdings die Nachbarschaft bzw. die Elitäre Gruppe selbst vergrößert, so erhöht sich zum einen der Kommunikationsaufwand und zum anderen wird durch die größere Teilnehmermenge das Optimierungsproblem sehr viel komplexer. Bei den bisherigen Simulationen bestand die Elitäre Gruppe aus zehn Teilnehmern mit je acht Nachbarn. Vergrößert man die Elitäre Gruppe entsprechend der Modellgröße, müsste die Elitäre Gruppe im größten verwendeten Modellgebiet 200 Mitglieder und insgesamt 1.600 Nachbarn haben. Der Rechen- und Kommunikationsaufwand für die Optimierung und die Aktualisierung einer so großen Elitären Gruppe ist sehr hoch.

In allen bisherigen Simulationen wurden die Optimierungsalgorithmen nur verwendet, um die Energienutzung von kleinen Geräten und dezentralen Stromerzeugungsanlagen abzudecken. Die Abdeckung einer Abweichung von mehr als 1.200kW (bei einem Modellgebiet mit 20.020 Haushalten) kann mit diesen Algorithmen auch mit einer sehr großen Elitären Gruppe nicht mehr in akzeptabler Zeit erreicht werden. Die verwendeten Algorithmen wurden nicht dafür ausgelegt so große Probleme zu lösen. Zusätzlich stellt sich die Frage, ob solche Problemgrößen von der verfügbaren Hardware (Hausautomatisierungssystemen oder Internet-Router) mit den begrenzten Ressourcen (Rechenleistung und Speicher) überhaupt bearbeitet werden können.

Durch die dezentrale Struktur des Pools und der Elitären Gruppe kann das Problem aber relativ leicht gelöst werden. Betrachtet man einen großen Bilanzkreis mit 20.020 Haushalten als eine Menge von 20 einzelnen Bilanzkreisen mit je 1.001 Haushalten, so ist jeder einzelne Bilanzkreis in der Lage, externe Schwankungen bis zu einer gewissen Größe auszugleichen. In Summe können dann alle Bilanzkreise ein 20-mal größeres Ungleichgewicht ausgleichen. Die Aufteilung in eine Vielzahl kleinerer logischer Bilanzkreise kann in beliebig großen Bilanzkreisen verwendet werden. Da die Koordination der Teilnehmer innerhalb des Pools unabhängig von der Gesamtmenge an Teilnehmern ist, muss nur die Anzahl der Elitären Gruppen entsprechend der Modellgröße erhöht werden.

Werden Informationen über die gewünschte Laständerung vom Betreiber bereitgestellt, muss er beachten, dass mehr als eine Elitäre Gruppe reagieren wird. Der Betreiber muss also die gewünschte Laständerung an die aktuelle Anzahl an Elitären Gruppen anpassen. Das bedeutet, dass die gewünschte Laständerung durch die Anzahl der vorhandenen Gruppen geteilt wird. Wenn zehn Elitäre Gruppen vorhanden sind und die externe Abweichung 500kW beträgt, darf der Betreiber als Laständerung nur 50kW vorgeben, da jede der zehn Elitären Gruppen 50kW bereitstellen wird. Jede einzelne Gruppe sorgt so dafür, dass ihr Anteil an der gesamten Abweichung ausgeglichen wird. Alternativ könnten auch die Elitären Gruppen ihre genaue Anzahl kennen und ihrerseits die gewünschte Abweichung gleichmäßig unter den Gruppen aufteilen. Bei einer Abweichung von 500kW und zehn Elitären Gruppen würde jede einzelne Elitäre Gruppe wissen, dass sie nur für den Ausgleich von 50kW verantwortlich ist. Wenn die Anzahl der Gruppen konstant bleibt, ist auch in diesem Fall keine Kommunikation zwischen den Gruppen notwendig.

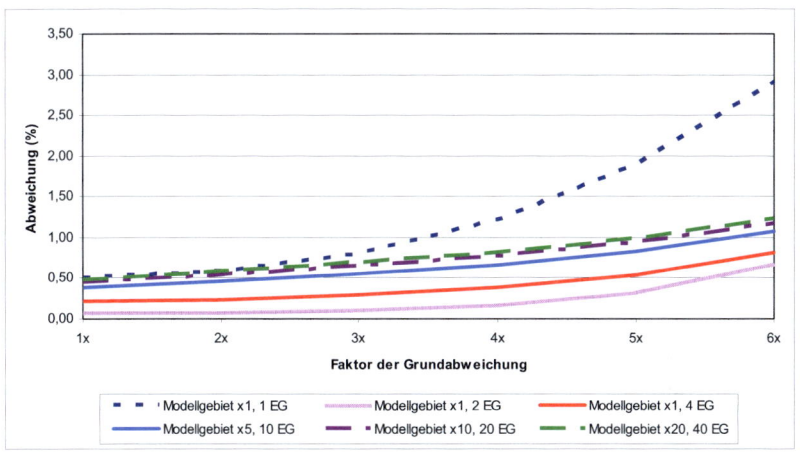

Abbildung 74: Abweichung in größeren Modellgebieten

Wenn der Betreiber die Informationen über das Ungleichgewicht an die Anzahl der Gruppen anpasst, hat er die Möglichkeit, nach Belieben weitere Elitäre Gruppen hinzuzufügen oder wieder aus dem System zu entfernen. Der Betreiber kann so dynamisch auf unterschiedliche Situationen reagieren. Sind lediglich kleine Abweichungen zu erwarten, sind wenige Elitäre Gruppen ausreichend. Wenn mit großen Abweichungen gerechnet wird, können weitere Gruppen hinzugefügt werden. Zwar verursachen zusätzliche Elitäre Gruppen keine Kosten, aber der Kommunikationsaufwand erhöht sich und die Ressourcen der Teilnehmer (Bandbreite und Rechenkapazitäten) werden stärker belastet. Daher ist es vorteilhaft, die Anzahl der Elitären Gruppen niedrig zu halten. Alternativ könnte der Einsatz der Elitären Gruppen auch über Schwellwerte automatisch gesteuert werden. So könnte z. B. bei einer Abweichung bis 50 kW nur eine (festgelegte) Elitäre

Gruppe reagieren, zwischen 50kW und 100kW reagieren 2 Elitäre Gruppen und danach entsprechend mehr Gruppen.

In Abbildung 74 sind die Ergebnisse für die verschiedenen Modellgebiete dargestellt. Um die Ergebnisse vergleichen zu können, wurde die Grundabweichung immer im Verhältnis zur Größe des Modellgebietes festgelegt. So beträgt die Grundabweichung im Modellgebiet mit 1.001 Haushalten 20kW und entsprechend im Modellgebiet mit 20.020 Haushalten 400kW. Die Anzahl der Elitären Gruppen (EG) wurden ebenfalls entsprechend der Modellgröße angepasst. In der Abbildung sind zusätzlich auch die Ergebnisse, die bei Verwendung von Vielfachen dieser Grundabweichung gemessen werden, dargestellt.

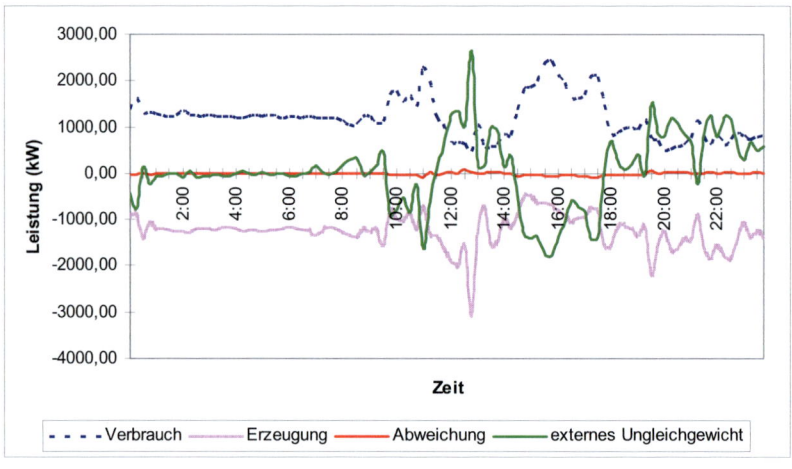

Abbildung 75: Abweichung im Modellgebiet mit 20.020 Haushalten

Schon bei 1.001 Haushalten können die Ergebnisse durch das Hinzufügen einer weiteren Elitären Gruppe deutlich verbessert werden. Auch in größeren Modellgebieten können mit mehreren Elitären Gruppen die Abweichungen fast vollständig ausgeglichen werden. Zwar erhöht sich die verbleibende Abweichung mit steigender Größe des Modellgebiets, aber dies liegt unter anderem daran, dass in jeder Elitären Gruppe eine kleine Restabweichung verbleibt, die sich nicht ausgleichen lässt. Diese addiert sich bei vielen Elitären Gruppen zu einer größeren Abweichung. Trotzdem sind die Ergebnisse sehr gut und die Gesamtabweichung bleibt deutlich unter 2%. In Abbildung 75 ist die Lastkurve für das Modellgebiet mit 20.020 Haushalten dargestellt. Die maximale externe Abweichung beträgt dabei im größten Modellgebiet mehr als 2,5MW. Die 40 Elitären Gruppen können jedoch in Kombination mit dem Pool die Abweichung beinahe vollständig ausgleichen. Trotz des sehr großen externen Ungleichgewichts ist die resultierende Abweichungskurve wieder nahe der x-Achse. Das Ungleichgewicht wurde fast völlig ausgeglichen. Im Gegensatz zu den Kurven in Abbildung 73 folgt die Abweichung nicht mehr dem externen Ungleichgewicht. Es ist zu keiner Zeit zu erkennen, dass ein großes externes Ungleichgewicht bestanden hat. An den Verbrauchs- und Erzeugungskurven ist deutlich zu erkennen, wie der Pool auf die externen Vorgaben reagiert. Zwischen 12:00 Uhr und 15:00 wird der Verbrauch deutlich reduziert und zeitweise die Erzeugung signifikant erhöht. Dadurch kann das externe Ungleichgewicht fast vollständig ausgeglichen werden.

Anpassung der O/C-Architektur

Die Ergebnisse zeigen, dass sich das vorgestellte Verfahren aus Kombination von Elitärer Gruppe und Geräte und Anlagenpool mit geringen Einbußen auf größere Modellgebiete übertragen lässt. Dadurch, dass die Elitären Gruppen nicht miteinander kommunizieren müssen, erhöht sich der Kommunikations- und Rechenaufwand nur linear mit der Modellgröße. Für den Betreiber ergeben sich durch die zusätzlichen Elitären Gruppen fast keine Veränderungen, sodass er die Konzepte problemlos an die Größe seines Bilanzkreises anpassen kann.

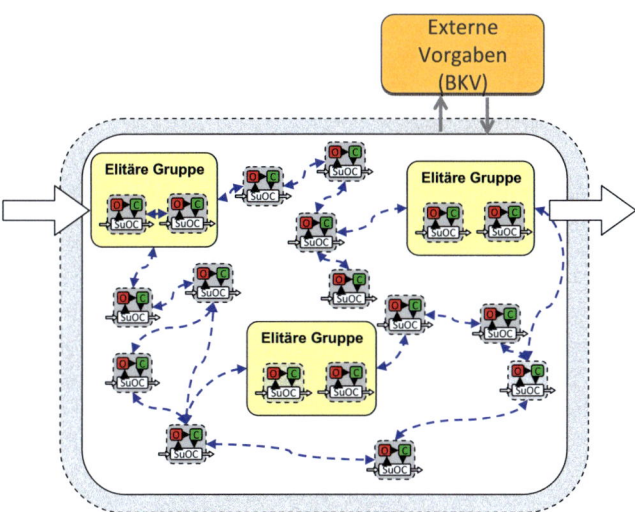

Abbildung 76: O/C-Architektur in großen Bilanzkreisen

In Abbildung 76 ist die resultierende Architektur dargestellt. Alle vorhandenen Teilnehmer bilden zusammen den Pool und koordinieren ihre eigene Energienutzung. Statt einer einzelnen Elitären Gruppe kann aber, je nach Größe des Bilanzkreises, eine Vielzahl von Elitären Gruppen existieren. Die einzelnen Gruppen sind vollständig unabhängig und müssen zu keiner Zeit miteinander kommunizieren. Bei der Realisierung muss nur darauf geachtet werden, dass kein Teilnehmer Mitglied in zwei Elitären Gruppen ist. Die Mitgliedschaft in zwei Gruppen verursacht Probleme bei der Optimierung, da die Teilnehmer nur einmal ihre Last verändern können.

5.8 Fazit

Mit den in diesem Kapitel vorgestellten Konzepten zum kurzfristigen dezentralen Last-management kann ohne zentrale Infrastruktur das Lastverhalten der vorhandenen Geräte und dezentralen Stromerzeugungsanlagen präzise beeinflusst werden. Der Betreiber des Geräte- und Anlagenpools erhält die Möglichkeit, die Energienutzung der Teilnehmer zu verändern, ohne die einzelnen Teilnehmer und deren Restriktionen kennen zu müssen.

Alle Konzepte wurden in einem virtuellen Stadtteil mit 1.001 Haushalten getestet und können problemlos auch auf größere Modellgebiete übertragen werden. Insgesamt wurden im Rahmen dieser Arbeit mehr als 2.500 verschiedene Szenarien und Konfigurationen mit jeweils mindestens 25 Durchgängen simuliert und analysiert. Ein Durchlauf der Simulation dauert dabei je nach Szenario zwischen 40 Minuten und 48 Stunden[10].

Für einen Betreiber ergeben sich unter anderem folgende Einsatzmöglichkeiten:

- Reduzierung des Regelleistungsbedarfs

- Bessere Integration von Kraftwerken, die mit fluktuierenden erneuerbaren Energien betrieben werden

- Kurzfristiger Kauf und Verkauf von Strom an Strombörsen

Der Betreiber muss nur wenige eigene Ressourcen bereitstellen, da der Hauptteil der notwendigen Koordination in den Haushalten durchgeführt wird. Die verwendeten Algorithmen benötigen nur wenige Ressourcen und können problemlos in zusätzliche Steuermodule bzw. in die vorhandene Infrastruktur (wie z. B. Internet-Router) integriert werden. Die Ressourcen der Haushalte werden dabei nicht übermäßig belastet, sodass die Besitzer nicht mit Einbußen rechnen müssen.

Die Ergebnisse zeigen, wie auch kleine Haushaltsgeräte und dezentrale Erzeugungs-anlagen ohne großen Aufwand einen Beitrag zur effizienten Energienutzung erbringen können. Externe Abweichungen oder vorgegebene Lasten können signifikant verringert bzw. ganz ausgeglichen werden. Je nach Höhe und Art der externen Abweichungen konnten die Abweichungen um mindestens 60% reduziert und in vielen Fällen fast voll-ständig (95%) ausgeglichen werden. Mit den in dieser Arbeit vorgestellten Konzepten ergeben sich ganz neue Möglichkeiten, das Lastverhalten von Kunden zu beeinflussen.

---

[10] Für die Simulationen wurde der CIP-Pool der Universität Karlsruhe verwendet. Der CIP-Pool besteht aus 117 einzelnen Arbeitsplatzrechnern. Die Computer im CIP-Pool besitzen einen 2.0GHz Intel Core TM2 Duo E2180 Prozessor. Für eine Simulation kann jeweils nur ein einzelner Kern des Prozessors ver-wendet werden.

Kapitel 6

Zusammenfassung und Ausblick

Durch die zunehmende Dezentralisierung der Energieerzeugung und die Integration fluktuierender Energiequellen wird das Energiesystem vor neue Herausforderungen gestellt. Trotz der fluktuierenden Einspeisung müssen Stromerzeugung und Stromverbrauch zu jeder Zeit im Gleichgewicht sein, da ansonsten Stromverbraucher und Kraftwerke beschädigt werden oder Stromausfälle auftreten. Der Ausgleich von Erzeugung und Verbrauch durch sogenannte Regelleistung ist allerdings sehr aufwendig und verursacht derzeit hohe Kosten.

Durch neuartige Methoden zum intelligenten kurzfristigen Lastmanagement können viele der Probleme, die durch fluktuierende Stromeinspeisung oder kurzfristige Ungleichgewichte in Bilanzkreisen verursacht werden, reduziert bzw. gelöst werden. Im Folgenden werden die wesentlichen Konzepte und Ergebnisse dieser Arbeit zusammengefasst und es wird ein Ausblick auf zukünftige Forschungsthemen gegeben. Durch die vorgestellten Konzepte können bereits vorhandene Komponenten effizienter genutzt werden.

6.1 Zusammenfassung

In den letzten Jahren wurden verschiedene Konzepte getestet, die das Ziel hatten, das Lastverhalten von Kunden zu beeinflussen. Neben Konzepten zur zentralen Steuerung von größeren Verbrauchern werden vielfach Preissignale genutzt, um einen Anreiz für Lastverschiebungen zu bieten. Durch Lastverschiebungen sollen die vorhandenen Kraftwerke besser ausgelastet und der Stromverbrauch zu Spitzenzeiten reduziert werden. Die bisherigen Konzepte eignen sich aber nur bedingt um kurzfristige Ungleichgewichte zwischen Erzeugung und Verbrauch auszugleichen. Diese kurzfristigen Abweichungen verursachen aber vielfach hohe Kosten.

Anders als bei bisher verfolgten Ansätzen, bei denen mit Strompreissignalen das Lastverhalten aller Kunden mittel- bis langfristig beeinflusst werden soll und anders als bei Konzepten zum zentral gesteuerten Lastmanagement, liegt der Fokus in dieser Arbeit auf neuartigen Strategien zum kurzfristigen dezentralen Lastmanagement. Die gesteuerten Geräte und dezentralen Stromerzeugungsanlagen sollen ohne zentrale Infrastruktur kurzfristig Laständerungen in Bilanzkreisen oder sonstigen in sich abgeschlossenen Netzgebieten durchführen, um dadurch z. B. den Bedarf an externer Regelleistung zu reduzieren.

Der Grundgedanke des in dieser Arbeit eingeführten kurzfristigen Lastmanagements ist, dass geeignete Stromverbraucher und Stromerzeuger virtuell zu einem Geräte- und Anlagenpool zusammengeschlossen werden. Viele Haushaltsgeräte und dezentrale Stromerzeugungsanlagen besitzen Freiheitsgrade bezüglich ihrer Energienutzung, die für Lastverschiebungen genutzt werden können.

Die Geräte und dezentralen Anlagen sollen ihre Energienutzung untereinander so abstimmen, dass Stromproduktion und Stromverbrauch innerhalb des Gerätepools immer im Gleichgewicht sind. Die noch verbleibenden Freiheitsgrade können dann genutzt werden, um externe Abweichungen zwischen Erzeugung und Verbrauch zu reduzieren. Dadurch reduziert sich auch der Bedarf an teurer Regelleistung.

Damit sich Geräte und dezentrale Stromerzeugungsanlagen (allgemein Teilnehmer) in den Pool integrieren lassen, müssen sie in der Lage sein, ihre Energienutzung zu beeinflussen, eine Prognose für die Zukunft zu erstellen und Informationen über ihre Freiheitsgrade auszutauschen. In dieser Arbeit wurden die technischen Voraussetzungen vorgestellt, die notwendig sind, um die Teilnehmer über ein Peer-to-Peer-Netz miteinander zu verbinden. Es wurde ein Datenformat entwickelt, mit dem sich Informationen über die vorhandenen Freiheitsgrade der Teilnehmer austauschen lassen.

Durch den Zusammenschluss aller Teilnehmer in einem Pool sind die Energienutzung und die Restriktionen der Teilnehmer gekapselt und nach außen unsichtbar. Da keine zentrale Infrastruktur vorhanden ist, müssen die für den Zusammenschluss und die Abstimmung notwendigen Algorithmen durch die Teilnehmer selbst ausgeführt werden. In dieser Arbeit wurde für diesen Zweck ein Optimierungsverfahren eingeführt, das auf einem Evolutionären Algorithmus in Kombination mit einer lokalen Suche aufbaut. Die für die Koordination notwendigen Rechenkapazitäten sind so gering, dass die Berechnungen auf einfachen Steuermodulen oder auch auf Internet-Routern durchgeführt werden können.

Ein Betreiber (z. B. ein Bilanzkreisverantwortlicher) kann nun als virtueller Teilnehmer dem Pool beitreten und externe Ungleichgewichte ausgleichen lassen, ohne befürchten zu müssen, dass dadurch an anderer Stelle neue Ungleichgewichte entstehen. Der Betreiber erhält die Möglichkeit, durch intelligentes Lastmanagement den Bedarf an Regelleistung zu reduzieren und seine Ausgaben für Regelleistung zu senken. Er muss sich nicht um die Restriktionen der Teilnehmer oder die Koordination innerhalb des Pools kümmern.

Durch den Zusammenschluss der Teilnehmer wird das Ungleichgewicht zwar signifikant reduziert, aber es verbleibt dennoch ein Restungleichgewicht. Um dieses Restungleichgewicht auch noch auszugleichen, wurde der Pool um eine sogenannte Elitäre Gruppe ergänzt, welche selbstständig kleinere Ungleichgewichte ausgleichen kann. Die Elitäre Gruppe besteht aus einer kleinen Menge von Teilnehmern, die bei Bedarf sofort ihre Leistung ändern können. Für den Ausgleich größerer Ungleichgewichte bezieht die Elitäre Gruppe den Pool mit ein. Durch die Einführung der Elitären Gruppe ist es nicht mehr notwendig, dass der Betreiber eigene virtuelle Teilnehmer dem Pool hinzufügt. Der Betreiber muss nun lediglich noch Informationen über die gewünschte Laständerung zu Verfügung stellen. Die Elitäre Gruppe setzt diese mithilfe des Pools um.

Der Betreiber erhält durch die neuen Konzepte zum dezentralen Lastmanagement neue Handlungsoptionen. Neben der Reduzierung des Regelenergiebedarfs können auch kurzfristige Störungen von Kraftwerken ausgeglichen und fluktuierende regenerative Energien besser eingebunden werden. Zusätzlich erhält der Betreiber die Möglichkeit, ohne eigene Kraftwerke Strom an Strombörsen zu handeln. Dazu veranlasst er zu einem Zeitpunkt, an dem der Strompreis an der Börse ein hohes Niveau erreicht hat, eine Lastverschiebung und vermeidet damit, Strom zu ungünstigen Bedingungen einkaufen zu müssen. Frei werdende Leistung kann er zusätzlich gewinnbringend verkaufen. Später, wenn der Strompreis gefallen ist, kann die entsprechende Strommenge zu besseren Konditionen eingekauft und an den Pool zurückgegeben werden.

Alle Konzepte wurden mit einem virtuellen Stadtteil mit 1.001 Haushalten und 2.162 Teilnehmern (1.961 Stromverbraucher und 101 Stromerzeuger) getestet. Zusätzlich wurden statische oder dynamische externe Abweichungen vorgegeben, die vom Pool ausgeglichen werden sollten. Dabei überstiegen einzelne Spitzen der externen Abweichungen die Leistung des Pools zeitweise um das Dreifache. Je nach Höhe und Art der externen Abweichungen konnten diese um mindestens 60% reduziert und in vielen Fällen fast völlig (95%) ausgeglichen werden. Der Bedarf an zusätzlicher Regelleistung sank entsprechend. Die Ergebnisse haben gezeigt, dass der Pool auch ohne zentrale Infrastruktur in der Lage ist, kurzfristig Laständerungen durchzuführen und damit einen Beitrag zur effizienten Energienutzung zu leisten. Die Konzepte sind dabei so robust, dass kleinere Ungenauigkeiten, Fehler oder sonstige externe Einflüsse das Ergebnis nicht signifikant verschlechtern. Die Möglichkeiten des Pools zur Lastverlagerung werden allerdings immer durch den Gesamtstrombedarf und die Gesamtstromerzeugung begrenzt. Das vorgestellte Konzept ist somit nicht geeignet, die vorhandenen Konzepte für Regelenergie zu ersetzen.

Im Rahmen der Arbeit wurde zusätzlich untersucht, ob sich die entwickelten Konzepte auf größere Modellgebiete übertragen lassen. Es konnte gezeigt werden, dass die Ergebnisse auch in einem Modellgebiet mit 20.020 Haushalten ähnlich gut sind, wie im ursprünglichen virtuellen Stadtteil mit 1.001 Haushalten. Für die Verwendung in größeren Gebieten müssen die Algorithmen nicht angepasst werden, es kann jedoch notwendig sein, die Anzahl der Elitären Gruppen zu erhöhen. Aufgrund der dezentralen Struktur des Pools und der Elitären Gruppe stellt damit auch der Transfer auf größere Modellgebiete keine Schwierigkeit dar.

6.2 Ausblick

Die vorgestellten Konzepte zum dezentralen Lastmanagement wurden an einer Vielzahl von Szenarien getestet. Dennoch gibt es einige Aspekte, in denen noch weiterer Forschungsbedarf besteht.

6.2.1 Erweiterung des Modells

Im bisherigen Modell wurden ausschließlich kleinere Erzeugungsanlagen sowie Kühl- und Gefriergeräte betrachtet. Das entwickelte Modell ist allerdings so konzipiert, dass sich auch eine Vielzahl anderer Haushaltsgeräte integrieren lässt. In das Modell können zusätzliche Geräte integriert werden, um das Gesamtpotenzial der vorgestellten Strategien bestimmen zu können.

Die Integration von Elektrofahrzeugen ist ein weiterer Punkt, dessen Betrachtung in Zukunft vielversprechend erscheint. Derzeit werden in Deutschland verschiedene Modellversuche durchgeführt, die untersuchen, wie sich Elektrofahrzeuge sinnvoll in das Energiesystem einbinden lassen [Bun09b]. Da die Batterien in den Elektrofahrzeugen sowohl geladen als auch entladen werden können, ließen sich diese Stromspeicher sehr gut in die vorgestellten Konzepte integrieren. Die Speicher sind sehr gut für den Ausgleich kurzfristiger Schwankungen geeignet, da sie viele Freiheitsgrade besitzen. Aufgrund der hohen Leistung und der relativ großen Kapazität der Batterien ergeben sich daraus ganz neue Handlungsmöglichkeiten. So könnten die Autobatterien z. B. bei Stromausfällen wichtige medizinische Geräte weiter mit Strom versorgen.

Obwohl die hier vorgestellten Konzepte für das dezentrale Lastmanagement von Haushaltsgeräten entwickelt wurden, können die Konzepte auch für die Koordination von Bilanzkreisen eingesetzt werden. Analog zu Geräten, die ihre Energienutzung untereinander abstimmen, können auch Bilanzkreise die entwickelten Konzepte nutzen, um zusätzliche Stromproduktion oder zusätzlichen Stromverbrauch effizient auszugleichen. Dabei ist allerdings zu beachten, dass dann die Randbedingungen der Stromnetze in das System integriert werden müssen. Da insbesondere auf höheren Netzebenen Engpässe in Stromleitungen auftreten können, erscheint es sinnvoll, die entwickelten Konzepte mit Lastflussmodellen zu koppeln, um sicherzustellen, dass die initiierten Lastverschiebungen auch im realen System durchgeführt werden können. Dies betrifft sowohl die Koordination innerhalb von Bilanzkreisen als auch die Koordination von mehreren Bilanzkreisen auf höheren Netzebenen. Die in dieser Arbeit entwickelten Konzepte könnten dann auch für die Optimierung und Steuerung von Lastflüssen genutzt werden, ohne die Umsetzung der Laständerungen innerhalb der Bilanzkreise kennen zu müssen.

6.2.2 Geschäfts- und Vergütungsmodelle

In der vorliegenden Arbeit wurde davon ausgegangen, dass den Teilnehmern ein allgemeiner Anreiz gegeben wird, an dem System teilzunehmen. Dieser Anreiz könnte monetärer Art sein oder an das ökologische Bewusstsein appellieren. Neben diesem sehr einfachen Konzept können auch andere Modelle verwendet werden. Um eine präzise Abrechnung zu ermöglichen, ist es allerdings notwendig, dass genau gemessen wird, welche Aktionen jeder Teilnehmer zu jeder Zeit durchgeführt hat und inwieweit diese bei der Behebung von Ungleichgewichten hilfreich waren.

Neben den Konzepten zur Schaffung von Anreizen für die Teilnahme am Pool können auch Konzepte zur Kombination des Pools mit anderen Steuerungsmöglichkeiten und Preismodellen entwickelt werden. Ein Konzept könnte sein, dass die Geräte im Pool auf allgemeine Preissignale reagieren, wenn keine Ungleichgewichte auftreten, und damit die Stromkosten der Haushalte zusätzlich reduzieren.

Über die in dieser Arbeit vorgestellten Einsatzmöglichkeiten des Pools hinaus ergeben sich für den Betreiber noch weitere neue Handlungsoptionen und damit verbunden neue Geschäftsmodelle. Der Verkauf von Energie an der Strombörse stellt nur ein mögliches

Geschäftsfeld dar. Kooperationen zwischen verschiedenen Bilanzkreisen oder die Koordination mit größeren mit regenerativen Energien betriebenen Kraftwerken sind ebenfalls denkbar. Auch durch die zuvor bereits erwähnte Integration von Elektrofahrzeugen würden sich neuartige Geschäftsmodelle ergeben, die in Zukunft untersucht werden müssten.

6.2.3 Sicherheit

Für die vorgestellten Lastmanagementstrategien wurde bisher nicht untersucht, welche Maßnahmen notwendig sind, um das System aus informationstechnischer Sicht sicher zu gestalten. Wenn die vorgestellten Lastmanagementstrategien in einem realen Modellversuch untersucht werden sollen, ist die Integration entsprechender Sicherheitskonzepte notwendig. Dazu gehört z. B. der Schutz vor externen Angriffen auf das System oder einzelne Teilnehmer. Zusätzlich muss verhindert werden, dass das System manipuliert oder sabotiert wird.

Da die vorgestellten Lastmanagementstrategien nicht nur genutzt werden können, um Abweichungen zu reduzieren, sondern auch missbraucht werden könnten, um große Abweichungen zu erzeugen, muss sichergestellt werden, dass sich das System korrekt verhält. Es wäre z. B. möglich die Elitäre Gruppe zu übernehmen, indem man so lange manipulierte Teilnehmer einschleust, bis alle Mitglieder ersetzt wurden. Danach kann das System zu beliebigen Laständerungen veranlasst werden. Weitere mögliche Angriffe auf das vorgestellte System können z. B. *Denial Of Service* (DoS) Angriffe auf einzelne Teilnehmer sein oder auch das bewusste Verändern von Nachrichten oder aktives Fehlverhalten bei der Steuerung. Da an dem hier vorgestellten dezentralen System sehr viele Teilnehmer beteiligt sind und nicht alle kontrolliert und überwacht werden können, darf durch einen Angriff kein (großer) Schaden verursacht werden.

Die Teilnahme an dem in dieser Arbeit vorgestellten System erfordert sowohl vom Betreiber als auch von den teilnehmenden Haushalten ein gewisses Vertrauen. Der Betreiber vertraut dem Haushalt, dass dieser sinnvoll auf die externen Vorgaben reagiert und der Haushalt vertraut dem Betreiber und den anderen Teilnehmern, dass die ausgetauschten Daten nicht missbraucht werden oder die Steuerkomponenten kompromittiert werden und ungünstige Laständerungen verursachen.

In die vorgestellten Lastmanagementstrategien müssten deshalb Verfahren integriert werden, die die Integrität, die Authentizität und auch die Vertraulichkeit sicherstellen und für den Benutzer vertrauenswürdig sind. Aus der Informatik sind verschiedene Konzepte bekannt, die sich auf dieses System übertragen lassen. Dazu gehören Verschlüsselungsverfahren, Signaturen, Zertifikate und Ähnliches. Auch wäre es möglich, bei der Umstellung der alten analogen Stromzähler auf moderne intelligente Stromzähler, eine Authentifizierungskomponente in den Zähler zu integrieren, welche die Integration von Sicherheitskonzepten unterstützt.

6.2.4 Umsetzung in einem realen Modellgebiet

Alle in dieser Arbeit durchgeführten Simulationen wurden jeweils auf einzelnen Rechnern und ohne Simulation des zugrundeliegenden Peer-to-Peer-Netzes durchgeführt.

Um die Ergebnisse dieser Arbeit zu verifizieren, sind weitere Untersuchungen auf einer verteilten Infrastruktur notwendig. Nur so können die Probleme, die in einem verteilten System auftreten, richtig eingeschätzt werden. Dies betrifft insbesondere die reale Belastung des Netzwerks, sowie die Reaktionszeit des Systems, welche auch maßgeblich von den Anforderungen an die Kommunikationsinfrastruktur, die für die vorgestellten Konzepte benötigt wird, abhängt.

Da bisher die notwendigen Steuerkomponenten und auch die Geräte und dezentralen Stromerzeugungsanlagen nur simuliert wurden, sollten die entwickelten Strategien und Konzepte in einem realen Modellgebiet überprüft werden. Dazu müssen die verwendeten Algorithmen in die entsprechende Hardware integriert und die zu steuernden Geräte und Anlagen um die notwendigen Sensoren und Steuermöglichkeiten erweitert werden. In einem realen Feld- oder Modellversuch können die Ergebnisse aus dieser Arbeit verifiziert und in der Simulation nicht vorhandene Effekte, z. B. auf das Stromnetz, untersucht werden.

6.3 Abschließende Bewertung

Die in dieser Arbeit vorgestellten Konzepte zeigen deutlich, welches Potenzial im Lastmanagement von dezentralen Stromerzeugungsanlagen und Haushaltsgeräten steckt. Dies gilt nicht nur für die allgemeine Beeinflussung durch Strompreissignale, sondern insbesondere auch für die in dieser Arbeit vorgestellten Konzepte zum kurzfristigen Ausgleich von Abweichungen im Stromnetz. Mit den vorgestellten Konzepten können die vorhandenen Ressourcen besser genutzt werden und erlauben somit eine Effizienzsteigerung ohne große zusätzliche Investitionen.

Besonders unter Berücksichtigung der zunehmenden fluktuierenden, dezentralen Einspeisung stellen die in dieser Arbeit vorgestellten Konzepte eine Möglichkeit dar, die entstehenden Probleme zu reduzieren.

Literatur

[AHF⁺06]   H. Auer, R. Haas, T. Faber, L. Weißensteiner, C. Obersteiner, E. Fuchs,
            A. Heher, U. Höhne, P. Molnar, S. Kastner. *Faire
            Wettbewerbsbedingungen für Virtuelle Kraftwerke - Projektbericht im
            Rahmen der Programmlinie Energiesysteme der Zukunft.*
            Bundesministerium für Verkehr, Innovation und Technologie, Wien,
            2006.

[ARM09]   ARM Ltd. Webseite: Processor Families, 2009. Abgerufen am 5. Mai
            2009 von http://www.arm.com/products/CPUs/families.html.

[AvRW06]   U. Arndt, S. v. Roon, U. Wagner. Virtuelle Kraftwerke: Theorie oder
            Realität? *BWK Das Energie Fachmagazin*, 56 (6):Seiten 52–57, 2006.

[BBN⁺06]   C. Bendel, M. Braun, D. Nestle, J. Schmid, P. Strauß.
            Energiemanagement in der Niederspannungsversorgung mit dem
            Bidirektionalen Energiemanagement Interface (BEMI). In *21.
            Symposium Photovoltaische Solarenergie.* Ostbayerisches Technologie-
            Transfer-Institut e.V. (OTTI), Regensburg, 2006.

[BDNR05]   M. Bergfelder, A. Dietrich, T. Nitschke, O. Raabe. SESAM AP 1.4:
            Entwicklung juristischer und technischer Mechanismen zur
            Überwindung von Regelungsunterschieden. Technischer Bericht,
            Universität Karlsruhe (TH), 2005.

[Ben04]   G. Bengel. *Grundkurs Verteilte Systeme: Grundlagen und Praxis des
            Client-Server-Computing - inklusive aktueller Technologien wie Web-
            Services.* Vieweg, Wiesbaden, 3. Auflage, 2004.

[BHK08]   BHKW-Infozentrum GbR. Webseite: BHKW-Infozentrum, 2008.
            Abgerufen am 5. Mai 2009 von http://www.bhkw-
            infozentrum.de/innovative/mikrogasturbine.html.

[BKS04]   J. Branke, A. Kamper, H. Schmeck. Distribution of Evolutionary
            Algorithms in Heterogeneous Networks. In *Genetic and Evolutionary
            Computation Conference*, Band 3102 - *LNCS*, Seiten 923–934. Springer
            Verlag, Berlin Heidelberg, 2004.

[BMMS⁺06]   J. Branke, M. Mnif, C. Müller-Schloer, H. Prothmann, U. Richter, F. Rochner, H. Schmeck. Organic Computing - Addressing Complexity by Controlled Self-organization. In T. Margaria, A. Philippou, B. Steffen (Hrsg.), *Post-Conference Proceedings of the 2nd International Symposium on Leveraging Applications of Formal Methods, Verification and Validation (ISoLA 2006)*, Seiten 185–191. IEEE Computer Society, 2006.

[BNKM05]   C. Bendel, D. Nestle, S. Kleinlütke, S. Malcher. Dezentrale Energieeinspeisung ins Niederspannungsnetz - technische und wirtschaftliche Entwicklungslösungen. In *ISET Kassel 20. Symposium Photovoltaische Solarenergie*. Ostbayerisches Technologie-Transfer-Institut e.V. (OTTI), Regensburg, 2005.

[Bon08]   M. Bonn. *JoSchKa - Jobverteilung in heterogenen und unzuverlässigen Umgebungen*. Doktorarbeit, Universität Karlsruhe (TH), 2008.

[Bou01]   T. Bourke. *Server load balancing*. O'Reilly Media, Inc. Sebastopol, CA, 1. Auflage, 2001.

[BR03]   H. Burger, W. Rogatty. *BHKS-Almanach 2003*, Kapitel Anpassung der Kesselleistung an die Heizlast, Seiten 41–47. TGC – Technische Gebäudeausrüstung Consulting GmbH, Bonn, 2003.

[Bun08a]   Bundesministerium für Umwelt, Naturschutz und Reaktorsicherheit (BMU). Gesetz für den Vorrang Erneuerbarer Energien (Erneuerbare-Energien-Gesetz - EEG) vom 25. Oktober 2008, (BGBl. I S. 2074), 2008.

[Bun08b]   Bundesministerium für Wirtschaft und Technologie (BMWi). Webseite: E-Energy - IKT-basiertes Energiesystem der Zukunft, 2008. Abgerufen am 5. Mai 2009 von http://www.e-energie.info/.

[Bun09a]   Bundesministerium für Umwelt, Naturschutz und Reaktorsicherheit (BMU). Gesetz für die Erhaltung, die Modernisierung und den Ausbau der Kraft-Wärme-Kopplung (Kraft-Wärme-Kopplungsgesetz) vom 21. August 2009 (BGBl. I S. 1092), 2009.

[Bun09b]   Bundesministerium für Wirtschaft und Technologie (BMWi). Bundeswirtschaftsministerium kürt Sieger seines Wettbewerbs "IKT für Elektromobilität". Pressemitteilung, 2009. Abgerufen am 1. Juni 2009 von http://www.bmwi.de/BMWi/Navigation/Presse/pressemitteilungen,did=301874.html.

[Bun10]   Bundesministerium für Justiz. Webseite: Verordnung über
             energiesparenden Wärmeschutz und energiesparende Anlagentechnik
             bei Gebäuden, 2010. Abgerufen am 2. Frebruar 2010 von
             http://www.gesetze-im-internet.de/enev_2007/index.html.

[CB98]   P. C. Chu, J. E. Beasley. A Genetic Algorithm for the Multidimensional
             Knapsack Problem. *Journal of Heuristics*, 4 (1):Seiten 63–86, 1998.

[CDG⁺99]   D. Corne, M. Dorigo, F. Glover, D. Dasgupta, P. Moscato, R. Poli, K. V.
             Price. *New ideas in optimization*. Advanced Topics in Computer
             Science. McGraw-Hill Ltd., UK, 1999.

[CDS03]   M. Conrad, J. Dinger, M. Schöller. SESAM AP 4.1: Analyse von
             Internet-Sicherheitsarchitekturen. Technischer Bericht, Universität
             Karlsruhe (TH), 2003.

[CDS04]   M. Conrad, J. Dinger, M. Schöller. SESAM AP 4.2: Spezielle
             Anforderungen von Spontaneität und Selbstorganisation an eine
             Architektur für Sicherheit und Robustheit. Technischer Bericht,
             Universität Karlsruhe (TH), 2004.

[CDS06]   M. Conrad, J. Dinger, M. Schöller. SESAM AP 4.5/AP 4.5b: Erprobung
             der Architektur und Durchführung von Robustheitstest/Erweiterte
             Erprobung und Verifikation der Architektur und der Sicherheits- und
             Robustheitsmechanismen. Technischer Bericht, Universität Karlsruhe
             (TH), 2006.

[cMMS⁺07]   E. Çakar, M. Mnif, C. Müller-Schloer, U. Richter, H. Schmeck. Towards
             a Quantitative Notion of Self-organisation. In D. Srinivasan, L. Wang
             (Hrsg.), *Proceedings of the 2007 IEEE Congress on Evolutionary
             Computation (CEC 2007)*, Seiten 4222–4229. IEEE Press, 2007.

[CPU09]   CPU-WORLD.COM. Webseite: AMD Athlon 64 X2 4000+, 2009.
             Abgerufen am 5. Mai 2009 von http://www.cpu-
             world.com/CPUs/K8/AMD-Athlon%2064%20X2%204000+%20-
             %20ADO4000IAA5DD%20(ADO4000DDBOX).html.

[Cra00]   V. Crastan. *Elektrische Energieversorgung 1*. Springer Verlag, Berlin
             Heidelberg, 2000.

[Cs09]   D. K. Chandrashekhara, J. Østergaard. Battery Energy Storage
             Technology for power systems - An overview. *Electric Power Systems
             Research*, 79:Seiten 511–520, 2009.

[CSWH01]   I. Clarke, O. Sandberg, B. Wiley, T. W. Hong. Freenet: A Distributed
             Anonymous Information Storage and Retrieval System. In H. Federrath
             (Hrsg.), *Designing privacy enhancing technologies: International*

Workshop on Design Issues in Anonymity and Unobservability, Band 2009 - *LNCS*, Seiten 46–66. Springer Verlag, Berlin Heidelberg, 2001.

[Deu04] Deutsche Energie Agentur (dena). Webseite: Kühl- und Gefriergeräte: Die Klassen des Effizienzlabels, 2004. Abgerufen am 5. Mai 2009 von http://www.stromeffizienz.de/fileadmin/InitiativeEnergieEffizienz/strom -effizienz/downloads/EU-Label/Inhalt_Kuehlgeraete.pdf.

[Deu09a] Deutsche Energie Agentur (dena). Webseite: Das EU-Label, 2009. Abgerufen am 5. Mai 2009 von http://www.stromeffizienz.de/eu-label.html.

[Deu09b] Deutsche Energie Agentur (dena). Webseite: Einfach Strom sparen - Ich will doch kein Geld verschenken, 2009. Abgerufen am 5. Mai 2009 von http://www.stromeffizienz.de/fileadmin/InitiativeEnergieEffizienz/strom -effizienz/downloads/Broschueren/BR_WeisseWare.pdf.

[Dit89] M. Dittmer. *Lastmanagement bei zeitvariabler Elektrizitätspreisbildung in Industriebetrieben*. Springer Verlag, Berlin Heidelberg, 1989.

[EFK06a] A. Eßer, M. Franke, A. Kamper. SESAM AP 3.4: Modelle zur Steuerung, Planung und Optimierung in virtuellen Kraftwerken. Technischer Bericht, Universität Karlsruhe (TH), 2006.

[EFK06b] A. Eßer, M. Franke, A. Kamper. SESAM AP 3.7: Simulation und Einplanung dezentraler Energieerzeugungsanlagen. Technischer Bericht, Universität Karlsruhe (TH), 2006.

[EFK+07] A. Eßer, M. Franke, A. Kamper, D. Möst, O. Rentz. Simulation einer Marktplattform für den Handel mit dezentral erzeugter elektrischer Energie. In *Internationale Energiewirtschaftstagung Wien*. (CD ROM), 2007.

[EFKM07] A. Eßer, M. Franke, A. Kamper, D. Möst. Future Power Markets - Impacts of Consumer Response and Dynamic Retail Prices on Electricity Markets. *Wirtschaftsinformatik*, 49 (5):Seiten 35–41, 2007.

[EKF+06] A. Eßer, A. Kamper, M. Franke, D. Möst, O. Rentz. Scheduling of Electrical Household Appliances with Price Signals. In K. Waldmann, U. M. Stocker (Hrsg.), *Proceedings of Operations Research 2006*, Band 2006, Seiten 253–258. Springer Verlag, Berlin Heidelberg, 2006.

[e*M09] e*Message Wireless Information Services Deutschland GmbH. Webseite: e*Message, 2009. Abgerufen am 5. Mai 2009 von http://www.emessage.de/.

[Ene05]   Energiewirtschaftliches Institut an der Universität zu Köln.
             *Energiereport IV - Die Entwicklung der Energiemärkte bis zum Jahr
             2030 - Energiewirtschaftliche Referenzprognose.* Oldenbourg
             Industrieverlag, 2005.

[Ene07]   Energie Baden-Württemberg AG (EnBW). Vom Kellerkind zum
             hauseigenen Energiemanager: Der intelligente Stromzähler.
             Pressemitteilung, April 2007.

[Ene08]   Energie Baden-Württemberg AG (EnBW). Webseite: Pinoniere
             erkunden die Welt des moderenen Energiemanagements, 2008.
             Abgerufen am 1. Oktober 2008 von
             http://www.enbw.com/content/de/privatkunden/pioniere/.

[Ene09a]   Energie Baden-Württemberg AG (EnBW). Webseite: Aktuelle
             Information zu den Preisen Ausgleichsenergie, 2009. Abgerufen am 5.
             Mai 2009 von
             http://www.enbw.com/content/de/netznutzer/strom/bilanzkreis/bilanzkre
             isabrechnung/index.jsp.

[Ene09b]   Energie Baden-Württemberg AG (EnBW). Webseite: EnBW
             Intelligenter Stromzähler® - Jetzt wird Ihr Stromverbrauch transparent,
             2009. Abgerufen am 5. Mai 2009 von
             http://www.enbw.com/content/de/privatkunden/produkte/strom/enbw_is
             z/index.jsp.

[Ene09c]   Energie Baden-Württemberg AG (EnBW). Webseite: MEREGIO - Das
             schlaue Netz kommt, 2009. Abgerufen am 5. Mai 2009 von
             http://www.enbw.com/content/de/magazin/sub_informieren/energiewiss
             en/schlaues_netz/index.jsp.

[Ern03]   B. Ernst. *Entwicklung eines Windleistungsprognosemodells zur
             Verbesserung der Kraftwerkseinsatzplanung.* Doktorarbeit, Institut für
             Elektrische Energietechnik Elektrische Energieversorgungssysteme
             Universität Kassel, Oktober 2003.

[Eur09a]   European Energy Exchange AG (EEX). Webseite: European Energy
             Exchange (EEX), 2009. Abgerufen am 5. Mai 2009 von www.EEX.de.

[Eur09b]   Europäische Funk-Rundsteuerung GmbH. Webseite: Europäische Funk
             Rundsteuerung (EFR), 2009. Abgerufen am 5. Mai 2009 von
             http://www.efr-funk.eu/de/index2.htm.

[Evo09]   Evonik Steag GmbH. Webseite: Evonik Steag GmbH, 2009. Abgerufen
             am 5. Mai 2009 von http://www.steag.de/.

[Fac00]   Fachverband für Energie-Marketing und -Anwendung (HEA) e.V. beim
             VDEW. *VDEW-Haushaltskundenbefragung 2000*. Fachverband für
             Energie-Marketing und -Anwendung (HEA) e.V. beim VDEW,
             Frankfurt (a.M.), 2000.

[FH05]   R. Flosdorff, G. Hilgarth. *Elektrische Energieverteilung*. B. G. Teubner
             Verlag/GWV Fachverlage GmbH, 2005.

[FK05]   M. Franke, A. Kamper. SESAM AP 3.3: Konzepte für die Koordination
             und die Optimierung bei Teilnehmern virtueller Märkte. Technischer
             Bericht, Universität Karlsruhe (TH), 2005.

[FKE07]   M. Franke, A. Kamper, A. Eßer. Pricing Energy in a Multi-Utility
             Market. In R. Decker, H.-J. Lenz (Hrsg.), *Advances in Dataanalysis:
             Proceedings of the 30th Annual Conference of the German
             Classification Society*, Seiten 433–441. Springer Verlag, Berlin
             Heidelberg, 2007.

[Fre06]   H. Frey. Strompreissignal an der Steckdose – effiziente Laststeuerung
             durch variable Tarife. 11. Kasseler Symposium, 2006.

[Fre09a]   Freenet. Webseite: The Freenet Projekt, 2009. Abgerufen am 5. Mai
             2009 von http://freenetproject.org/.

[Fre09b]   Freetz. Webseite: Freetz, 2009. Abgerufen am 5. Mai 2009 von
             www.freetz.org.

[GKK04]   I. Gerdes, F. Klawonn, R. Kruse. *Evolutionäre Algorithmen*. Vieweg
             Verlag, Wiesbaden, 2004.

[GT05]   R. Gasch, J. Twele. *Windkraftanlagen*. Teubner Verlag, Wiesbaden,
             2005.

[GTW05]   I. Glende, T. Tellefsen, B. Walther. Norwegian System Operator Facing
             a Tight Capacity Balance and Severe Supply Conditions in Dry Years.
             In *Hydropower 05, Stavanger*, May 2005.

[Han08]   Hansen + Klümpen Ingenieurbüro. Webseite: Das virtuelle
             Regelkraftwerk, 2008. Abgerufen am 5. Mai 2009 von http://www.hk-
             ing.de/typo3/fileadmin/files/Das_virtuelle_Regelkraftwerk.pdf.

[Han09]   Hansen + Klümpen Ingenieurbüro. Webseite: Hansen + Klümpen
             Ingenieurbüro, 2009. Abgerufen am 5. Mai 2009 von http://www.hk-
             ing.de/typo3/index.php?id=36.

[HB09]   L. Hovestad, R. E. Barth. *Jahrbuch Anlagetechnik*, Kapitel
              digitalSTROM - Das Internet der Dinge in der Energietechnik, Seiten
              63–74. VWEW Energieverlag, 2009.

[HDS05]   K. Heuck, K.-D. Dettmann, D. Schulz. *Elektrische Energieversorgung.*
              Vieweg & Sohn Verlag/GWV Fachverlage GmbH, 2005.

[HKS05]   W. E. Hart, N. Krasnogor, J. E. Smith. *Recent advances in memetic
              algorithms*, Band 166 - *Studies in Fuzziness and Soft Computing.*
              Springer Verlag, Berlin Heidelberg, 2005.

[HM99]   O. Holland, C. Melhuish. Stigmergy, Self-Organisation, and Sorting in
              Collective Robotics. *Artificial Life*, 5 (2):Seiten 173–202, 1999.

[HP04]   M. Hille, W. Pfaffenberger. Power Generation in Germany: How to
              Close the Gap in Gemeration Capacity in the Context of a Liberalized
              Energy Market. In *3rd Conference on Applied Infrastructure Research
              Network Economics: Financing, Regulation and Capacity Allocation in
              Infrastructure Sectors*, Seite 953–972, 2004.

[IBM08]   IBM Deutschland GmbH. IBM Kundenreferenz Kosten sparen durch
              zeitgerechten Stromverbrauch. Pressemitteilung, April 2008. Abgerufen
              am 1. Dezember 2008 von http://www-
              05.ibm.com/de/energy/pdf/8019_gk12-4356-00.pdf.

[IEE09]   IEEE Computer Society. Webseite: Foundation for Intelligent Physical
              Agents, 2009. Abgerufen am 5. Mai 2009 von http://www.fipa.org/.

[Ins04]   Institut für Solare Energieversorgungstechnik. Vom Stromkunden zum
              Energiehändler - Startschuss für die Entwicklung des automatischen
              dezentralen Energiemanagers im Niederspannungsnetz.
              Presseerklärung, 2004. Abgerufen am 11. Dezember 2008 von
              http://www.iset.uni-kassel.de/abt/FB-A/dinar/Data/presse300404.pdf.

[Ins05]   Institut für Solare Energieversorgungstechnik. Webseite: Distributed
              Generation with High Penetration of Renewable Energy Sources, 2005.
              Abgerufen am 5. Mai 2009 von http://www.dispower.org/.

[Ins09a]   Institut für Solare Energieversorgungstechnik. Webseite: Dezentrale
              regenerative Energieversorgungsanlagen: Technische und
              wirtschaftlichen Integration in den Netzbetrieb und Anpassung von
              Rahmenbedingungen - DINAR, 2009. Abgerufen am 5. Mai 2009 von
              http://www.projektdinar.de/.

[Ins09b]   Institut für Solare Energieversorgungstechnik. Webseite: Flexible
              Electricity Network Integrate the eXpected energy evolution (fenix),
              2009. Abgerufen am 5. Mai 2009 von http://www.fenix-project.org/.

[Ins09c]   Institut für Solare Energieversorgungstechnik. Webseite: Institut für
            Solare Energietechnik (ISET), 2009. Abgerufen am 5. Mai 2009 von
            www.iset.uni-kassel.de.

[Jun07]   C. H. Jungbluth. *Kraft-Wärme-Kopplung mit Brennstoffzellen in
            Wohngebäuden im zukünftigen Energiesystem.* Forschungszentrum
            Jülich GmbH, 2007.

[KB06]   R. Kumar, N. Banerjee. Analysis of a multiobjective evolutionary
            algorithm on the 0-1 knapsack problem. *Theoretical Computer Science*,
            358 (1):Seiten 104–120, 2006.

[KC03]   J. Kephart, D. Chess. The vision of autonomic computing. *IEEE
            Computer Society*, 36 (1):Seiten 41–50, 2003.

[KE09]   A. Kamper, A. Eßer. *Biologically-inspired Optimisation Methods:
            Parallel Algorithms, Systems and Applications*, Band 210 - *Studies in
            Computational Intelligence*, Kapitel Strategies for decentralised
            balancing power, Seiten 261–289. Springer Verlag, Berlin Heidelberg,
            2009.

[KM02]   T. Kingberg, Manfredi. Webseite: Gnutella 0.6, 2002. Abgerufen am 5.
            Mai 2009 von http://rfc-gnutella.sourceforge.net/src/rfc-0_6-draft.html.

[KPP04]   H. Kellerer, U. Pferschy, D. Pisinger. *Knapsack problems.* Springer
            Verlag, Berlin Heidelberg, 2004.

[Mar07]   F. Marquardt. Analyse industrieller Bereitstellungspotentiale an
            Netzregelenergie. Diplomarbeit, Universität Karlsruhe (TH), Karlsruhe,
            2007.

[MHH07]   H. Merz, T. Hansemann, C. Hübner:. *Gebäudeautomation:
            Kommunikationssysteme mit EIB/knx, Lon und BACnet.* Hanser Verlag,
            München, 2007.

[Pat06]   M. R. Patel. *Wind and solar power systems: Design, Analysis, and
            Operation.* CRC Press Taylor & Francis, Boca Raton, 2. Auflage, 2006.

[RMB$^+$06] U. Richter, M. Mnif, J. Branke, C. Müller-Schloer, H. Schmeck.
            Towards a generic observer/controller architecture for Organic
            Computing. In C. Hochberger, R. Liskowsky (Hrsg.), *INFORMATIK
            2006 - Informatik für Menschen!*, Band 93 - *GI-Edition - Lecture Notes
            in Informatics (LNI)*, Seiten 112–119. Bonner Köllen Verlag, 2006.

[RNDB04]   O. Raabe, T. Nitschke, A. Dietrich, M. Bergfelder. SESAM AP 1.3:
              Bestimmung und technische Formalisierung von
              Regelungsunterschieden und internationalen Vorgaben. Technischer
              Bericht, Universität Karlsruhe (TH), 2004.

[Roh03]   K. Rohrig. Windleistungsprognose für die deutschen
              Übertragungsnetzbetreiber. *BWK Das Energie Fachmagazin*, 55:42–45,
              2003.

[Rot05]   H. Rothweiler. Marktgesetz oder Manipulation. *Energiespektrum*, 20
              (11):Seiten 24–25, 2005.

[RWE09]   RWE Transportnetz Strom GmbH. Webseite: Regelenergie -
              Kennzahlen und Statistiken, 2009. Abgerufen am 5. Mai 2009 von
              http://rwetransportnetzstrom.rwe.com/bilanz.aspx.

[SGE$^+$04]   B. Schlomann, E. Gruber, W. Eichhammer, N. Kling, J. Diekmann, H.-J.
              Ziesing, H. Rieke, F. Wittke, T. Herzog, M. Barbosa, S. Lutz,
              U. Broeske, D. Merten, D. Falkenberg, M. Nill, M. Kaltschmitt,
              B. Geiger, H. Kleeberger, R. Eckl. Energieverbrauch der privaten
              Haushalte und des Sektors Gewerbe, Handel, Dienstleistungen (GHD).
              Technischer Bericht, Fraunhofer-Institut für Systemtechnik und
              Innovationsforschung (ISI), Deutsches Institut für Wirtschaftsforschung
              (DIW), GFK, Institut für Energietechnik und Umwelt, and Lehrstuhl für
              Energiewirtschaft und Anwendungstechnik an der TU München, 2004.

[SMS08]   H. Schmeck, C. Müller-Schloer. A Characterization of Key Properties of
              Environment-Mediated Multiagent Systems. In D. Weyns, S. A.
              Brueckner, Y. Demazeau (Hrsg.), *Engineering Environment-Mediated
              Multi-Agent Systems: International Workshop, EEMMAS 2007,*, Band
              5049/2008 - *Lecture Notes in Computer Science*, Seiten 17–38. Springer
              Verlag, Berlin Heidelberg, 2008.

[SS07]   A. Schill, T. Springer. *Verteilte Systeme: Grundlagen und
              Basistechnologien.* eXamen.press. Springer Verlag, Berlin Heidelberg,
              2007.

[Sta03]   Statistisches Bundesamt Deutschland. Bewohnte Wohneinheiten nach
              Beheizungs- und Energieart, 2003. Abgerufen am 5. Mai 2009 von
              http://www.destatis.de/jetspeed/portal/cms/Sites/destatis/Internet/DE/Co
              ntent/Statistiken/BauenWohnen/Wohnsituation/Tabellen/Content75/Woh
              neinheitenWohngebaeudenBeheizung,templateId=renderPrint.psml.

[Sta05]   Statistisches Bundesamt Deutschland. Haushalte nach Haushaltstypen,
               2005. Abgerufen am 5. Mai 2009 von
               http://www.destatis.de/jetspeed/portal/cms/Sites/destatis/Internet/DE/Co
               ntent/Statistiken/Bevoelkerung/Haushalte/Tabellen/Content50/Haushalts
               typen,templateId=renderPrint.psml.

[Sta09a]   Statistisches Bundesamt Deutschland. Energie in Deutschland, 2009.
               Abgerufen am 5. Mai 2009 von
               http://www.destatis.de/jetspeed/portal/cms/Sites/destatis/Internet/DE/Na
               vigation/Statistiken/Energie/Tabellen.psml.

[Sta09b]   Statnett SF. Webseite: Stattnet, 2009. Abgerufen am 5. Mai 2009 von
               www.statnett.no.

[Ste05]   R. Sterritt. Autonomic computing. *Innovations in systems and software
               engineering*, 1 (1):Seiten 79–88, 2005.

[SV00]   P. Stone, M. Veloso. Multiagent Systems: A survey from a machine
               learning perspective. *Autonomous Robots*, 8 (3):Seiten 345–383, 2000.

[Swi06]   D. J. Swider. *Handel an Regelenergie- und Spotmärkten*. Deutscher
               Universitätsverlag / GWV Fachverlage GmbH, 2006.

[TC06]   L. Tummolini, C. Castelfranchi. Trace signals: The meanings of
               stigmergy. In *Environments for Multi-Agent Systems III, Third
               International Workshop, E4MAS*, Seiten 141–156, 2006.

[TS07]   A. Tanenbaum, M. V. Steen. *Distributed Systems - Principles and
               Paradigms*. Pearson Prentice Hall, London, 2007.

[tsg09]   transpower stromübertragungs gmbh. Webseite: Bilanzkreisabweichung,
               2009. Abgerufen am 5. Mai 2009 von
               http://www.transpower.de/pages/tso_de/Transparenz/Veroeffentlichunge
               n/Bilanzkreis/Bilanzkreisabweichung/index.htm.

[UE05]   S. Uyar, G. Eryigit. Improvements to penalty-based evolutionary
               algorithms for the multi-dimensional knapsack problem using a gene-
               based adaptive mutation approach. In H.-G. Beyer, U.-M. O'Reilly,
               D. V. Arnold, W. Banzhaf, C. Blum, E. W. Bonabeau, E. Cantu-Paz,
               D. Dasgupta, K. Deb, J. A. Foster, E. D. de Jong, H. Lipson, X. Llora,
               S. Mancoridis, M. Pelikan, G. R. Raidl, T. Soule, A. M. Tyrrell, J.-P.
               Watson, E. Zitzler (Hrsg.), *GECCO '05: Proceedings of the 2005
               conference on Genetic and evolutionary computation*, Seiten 1257–
               1264. ACM Press, New York, 2005.

[Uni06]   Universität Karlsruhe (TH). Webseite: Selbstorganisation und
               Spontaneität in liberalisierten und harmonisierten Märkten (SESAM),
               2006. Abgerufen am 5. Mai 2009 von
               http://www.internetoekonomie.uni-karlsruhe.de/.

[Vat09]   Vattenfall Europe Transmission GmbH. Webseite: Regelenergie -
               Arbeitspreise, 2009. Abgerufen am 5. Mai 2009 von
               http://www.vattenfall.de/www/trm_de/trm_de/178414ausgl/177385rcgcl
               /177675arbei/index.jsp.

[VBFO03]   H. Van Dyke Parunak, S. Brueckner, M. Fleischer, J. Odell. A
               preliminary taxonomy of multi-agent interactions. In *The Second
               International Joint Conference on Autonomous Agents & Multiagent
               Systems*, Seiten 1090–1091. ACM, 2003.

[Ver82]   Verein Deutscher Ingenieure. VDI. Richtlinie 2067/4 Berechnung der
               Kosten von Wärmeversorgungsanlagen; Warmwasserversorgung.
               Düsseldorf, VDI, 1982.

[Ver02]   Verband der Elektrizitätswirtschaft e.V. Energie im Haushalt. 2002.
               Verband der Elektrizitätswirtschaft e.V., 2002.

[Ver03]   Verband der Elektrotechnik Elektronik Informationstechnik e.v.,
               Gesellschaft für Informatik e.V. VDE/ITG/GI-Positionspapier Organic
               Computing Computer- und Systemarchitektur im Jahr 2010, 2003.
               Abgerufen am 9. Oktober 2008 von http://www.gi-
               ev.de/fileadmin/redaktion/Presse/VDE-ITG-GI-
               Positionspapier_20Organic_20Computing.pdf.

[Ver07]   Verband der Netzbetreiber (VDN). Daten und Fakten Stromnetze in
               Deutschland 2007. Verband der Netzbetreiber – VDN – e.V. beim
               VDEW, April 2007.

[WAG09]   WAGO Kontakttechnik GmbH & Co. KG. Handbuch Linux-
               Feldbuskoppler 750-860, 2009. Abgerufen am 5. Mai 2009 von
               http://www.wago.com/wagoweb/documentation/
               750/ger_manu/860/m086000d.pdf.

[Wei00]   G. Weiß. *Multiagent systems: A modern approach to distributed
               artificial intelligence*. MIT Press, Cambridge, Mass., 2. Auflage, 2000.

[Wei07]   K. Weicker. *Evolutionäre Algorithmen*. Teubner, Wiesbaden, 2007.

[Wie08]   H. Wiechmann. *Neue Betriebsführungsstrategien für unterbrechbare
               Verbrauchseinrichtungen*. Doktorarbeit, Universität Karlsruhe (TH),
               2008.

[Yel09]   Yello Strom GmbH. Webseite: Strom wird sichtbar - mit dem
            Sparzähler, 2009. Abgerufen am 5. Mai 2009 von
            https://www.yellostrom.de/privatkunden/sparzaehler/index.html.